BIBLIOTHECA
SCRIPTORVM GRAECORVM ET ROMANORVM
TEVBNERIANA

BT 2009

L. CAELIVS FIRMIANVS LACTANTIVS

DIVINARVM INSTITVTIONVM LIBRI SEPTEM

FASC. 4
LIBER VII
APPENDIX
INDICES

EDIDERVNT

EBERHARD HECK
ET
ANTONIE WLOSOK

BEROLINI ET BOSTONIAE
DE GRUYTER MMXI

ISBN 978-3-11-022467-2
e-ISBN 978-3-11-026238-4
ISSN 1864-399X

Bibliografische Information der Deutschen Nationalbibliothek

Die Deutsche Nationalbibliothek verzeichnet diese Publikation in
der Deutschen Nationalbibliografie; detaillierte bibliografische Daten
sind im Internet über http://dnb.d-nb.de abrufbar.

© 2011 Walter de Gruyter GmbH & Co. KG, Berlin/Boston

Satzaufbereitung: Eberhard Heck
Satz: pagina GmbH, Tübingen
Druck: Beltz Bad Langensalza GmbH
∞ Gedruckt auf säurefreiem Papier

Printed in Germany

www.degruyter.com

PRAEFATIONIS SVPPLEMENTVM

Primum Lactantii Diuinarum institutionum editionis fasciculum, qui a. 2005 publici iuris factus continet libros I *De falsa religione* et II *De origine erroris*, et alterum, qui a. 2007 impressus exhibet libros III *De falsa sapientia* et IV *De uera sapientia et religione*, et tertium, qui a. 2009 emissus praebet libros V *De iustitia* et VI *De uero cultu*, hic sequitur quartus; qui constat ex libro VII *De uita beata*, appendice inscripta *Interpretamenta Graecorum Diuinis institutionibus insertorum* et tribus indicibus, scilicet locorum, nominum, formarum et scripturarum. Iam pridem indicauimus[276] etiam huic fasciculo praefationis supplementum praemissum iri, cuius paginae numeris q. d. Romanis numeratae continuent praefationem tertii fasciculi, i. e. ab LXXXV incipiant (similiter notarum numeri ab 276), quo modo etiam paginae textus per numeros q. d. Arabicos inde a p. 641 numerentur. In hoc suppelemento 1. addentur quaedam de codicibus et recensione, 2. dicetur de recentissima libri VII editione, 3. explicabitur ratio appendicis, 4. agetur de indicibus, 5. indicabuntur corrigenda et addenda. Conspectus siglorum (p. LVI) nonnullis mutatis p. XCVIII repetetur.

1. De codicibus et recensione addenda

B³: Supra[277] codicis B manum, quae B³ notari solet, saec. V / VI dedimus auctorem B. Bischoff laudantes, quem dissentire dixi- B³

---

[276] V. primi fasc. p. VII. Cum paginarum numeri continuentur, et in praefationis supplemento et in notis textui subiectis abhinc lectores nonnisi ad hos numeros relegamus nusquam fasciculo primo uel altero uel tertio uel quarto ipso appellato. – De commentationibus laudandis u. p. VIII n. 1 et XLIX n. 158; cf. infra p. XCVII.

[277] Supra p. XIV n. 41; cf. infra n. 281 de corrigendo.

mus ab E. A. Lowe, qui B³ saec. VII tribuisset. Quod corrigamus necesse est Lowe denuo inspecto²⁷⁸. Nam sicut Brandt²⁷⁹ ea quae B³ uindicantur tamquam una manu scripta tractauimus; sed Lowe distinxit plures manus, quae a B¹ falsa reddita uel omissa (et a B² neglecta) siue inter lineas siue in marginibus correxerunt uel suppleuerunt aliaque addiderunt. Haec litteris siue uncialibus (uel semiuncialibus) siue cursiuis q. d. scripta sunt – e. g. omissa breuia uncialibus, longiora uelut 4, 29, 4–6. 5, 18, 7–14 cursiuis suppleta sunt; interpretamenta Graecorum in libris I, II, IV cursiuis, in VII uncialibus litteris²⁸⁰. Lowe haec omnia fere saec. V uel paulo recentiora esse censuit, partem tantum marginalium cursiuarum saec. VII tribuit²⁸¹. Ergo ea quae B³ notantur potius plurium manuum quam unius sunt. Tamen quia in erroribus correctis et in lacunis suppletis textum eidem fonti a B¹ alieno, i. e. β³ debent, has correctionum copias ('Korrekturschicht') uno siglo B³ notare pergamus licet²⁸².

P   P: Cum in recensendis Institutionibus de P uel π egimus²⁸³, non satis certum esse statuimus unde P uel π ortus sit et quomodo cum hyparchetypis δ et σ eorumque proauo ψ coniungendus sit; praesertim quatenus π et δ adfines sint, iudicari non posse antequam libri VI et VII editi essent. Quod postquam factum est, pauca adiungere possumus: Cum DV et P i. e. δ et π per libros I et VI saepissime consentiant, in libros II-V multo rarius²⁸⁴, in

---

²⁷⁸ Cf. Heck, 2011 (u. infra n. 295) 139 n. 15. 140 n. 26.
²⁷⁹ Brandt, Ed. I, XXV sq.; cf. Heck l. c. n. 24. – A B³ discernitur B² eodem atramento ac B¹ usa; u. Brandt XXV et supra n. 248.
²⁸⁰ Lowe, CLA III 280; cf. supra p. LVII n. 162.
²⁸¹ Cf. Heck l. c. n. 26, qui Bischoff a. 1966 secum collocutum non recte intellexit, quia ut Brandt B³ unicam manum putabat, cum Bischoff se non nisi de parte marginalium cursiuarum aliter ac Lowe sentire diceret uncialium hic mentione non facta.
²⁸² Cf. Heck l. c. 139 n. 15, quod iam supra ad p. XIV n. 41 respiciatur.
²⁸³ Supra p. XL sq.; u. et XXXVII n. 107. 108. LXXVIII n. 250.
²⁸⁴ I: 141 locis; II: 8; III: 12; IV: 34; V: 5; VI: 116.

libro VII uidendum est, quae ratio intercedat inter P et D, qui cum V antea desierit in hoc libro classis δ remanet testis. Inuenimus DP uel DP¹ contra ceteros nusquam consentire nisi in rectis lectionibus 7, 4, 7 *lumine*. 12, 6 *quod*. 20, 5 *de his in*. 25, 8 *illa illa*. 27, 5 *induxit*, falsis 7, 9, 2 *appareret*. 15, 16 *lacera*. In interpretamentis Graecorum DP et Sedulius nusquam consentiunt, D et Sedul. septies, BP et Sedul. quater. Ergo P a D in libro VII alienus est. Vergit potius ad classem σ, cum PKS in hoc libro contra ceteros consentiant 30ies, praesertim mendis 7, 5, 12 *moderationes ... temperauit*. 5, 14 *procreandae*, lacuna 12, 28, uerborum ordine falso 9, 11. 10, 3. 11, 4, rectis 5, 26 *maluerit*. 19, 2 σκοτόεντι[285]. Ergo P uel π[286] textum praebent praesertim ex classibus δ (per libros I et VI, alibi rarius, e. g. 4, 1, 1) et σ mixtum, tamen etiam aliunde ortum, i. e. ex ψ uia recta, sicut iam supra[287] coniecimus.

Quamquam adfinitates classium δ π σ adhuc incertae sunt nec fortasse umquam penitus explorari possunt, putamus ea, quae p. XLI sq. nouem uersibus circumscripsimus, adhuc ualere et quasi stemmatis loco sufficere. Tamen, quia id in quibusdam censuris[288] desideratum est, nunc stemma designare conamur, unde hyparchetyporum uel classium signa nostra[289] appareant:

---

[285] Hic ut in quibusdam supra indicatis locis (7, 4, 7. 9, 2. 25, 8) edd. non consentiunt. – In libro VII KS interpretamentis Graecorum carent.

[286] Huic classi et A adiunximus (u. p. LXXV), quod nonnisi in libro V certum est; de ceteris libris iudicare non possumus.

[287] V. p. XLI cum n. 128.

[288] B. Colot, Gnomon 79, 2007, 700, causa quam p. XLI n. 129 diximus non relata; S. Freund, Plekos 9, 2007, 67 causa relata; qui ipse in fine censurae (77; cf. 68 n. 18) ex nostra circumscriptione stemma designauit ei quod nunc damus simile.

[289] Ingremeau, Ed. inst. VI 93, stemma fecit adhuc hyparchetyporum signis, quae Brandt inuenerat et Wissowa 1895, 519 in stemma redegerat, adhibitis et contaminationibus neglectis (cf. supra p. LXXIX nr. 3). – Manus correctrices non respicimus nisi B³ et R² = Rᵖ.

Stemma codicum (sec. recensionem pp. XXIX–XLII datam)

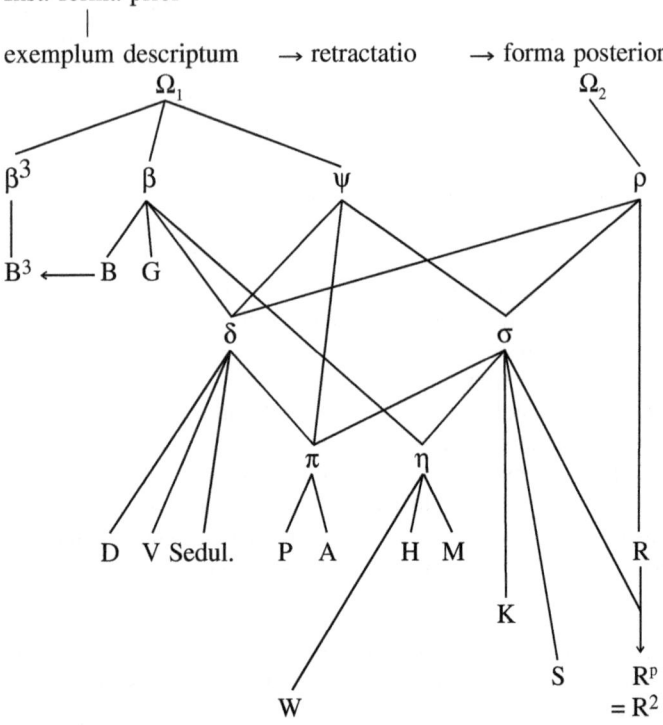

2. De recentissima libri VII editione

A. 2009 S. Freund[290] enarrationem libri VII publici iuris fecit, cui textum subiuncta breui adnotatione critica et Germanica

---

[290] S. Freund, Laktanz, Divinae institutiones Buch 7: De vita beata. Einleitung, Text, Übersetzung und Kommentar, Berolini / Noui Eboraci 2009 (Texte und Kommentare 31). Quem librum auctor nobis statim comiter dedit; ergo centies fere in adnotationem recipi potuit.

uersione opposita praemisit. Maximi momenti sunt quae de rerum in libro VII praecipue tractatarum historia et de fontibus Lactantii protulit[291]. Sed etiam de lingua et elocutione egit necnon de textu constituendo, in quo copiis nostris usus[292] nonnulla bene explicauit, quae sequimur[293].

3. De appendice 'Interpretamenta Graecorum Diuinis institutionibus insertorum' inscripta

In libris I, II, IV et VII 69 loci auctorum Graecorum Graece laudantur, praecipue ex Oraculis Sibyllinis et ex Corpore q. d. Hermetico, quae suo loco in apparatus sectione 'Auct.' indicata inuenias. His Graecis accedunt 43 locis (etiam librorum III, V, VI) uerba singula uel pauca congesta uelut operum inscriptiones uel ueriloquia uel uerborum oppositorum paria[294]. Omnes loci ex Graecis fontibus descripti et nonnulla singulorum uel paucorum uerborum Graeca etiam in linguam Latinam conuersa extant in codicibus Lactantii tradita. Sed haec interpretamenta[295] quamquam testimonia memoriae Lactantianae non minima parte certe antiqua[296] sunt atque materiam historiae linguae Latinae inues-

---

[291] De iis rebus in amplis prolegomenis ('Einleitung', praecipue 33–71) egit, unde singulas adnotationes reperias, e. g. de Hystaspis oraculis (53–69). – Adnotationes interdum nimis longae sunt.

[292] V. Freund 79 de ratione textus sui (cf. 'Vorwort' III). Sequitur fere Brandt, sed 40 locis (80 sq. indicatis) textum aliter ac ille constituit.

[293] E. g. ad 7, 4, 7 *lumine*. 12, 21 *dissimile*. 19, 2 σκοτόεντι. 20, 9 *impiorum*. 25, 8 *illa illa*. In Lucretiano 7, 12, 5 *in terras et* Lact. ut Lucr. scripsisse idque postea deprauatum esse recte coniecit, quod nos in textum recepimus.

[294] E. g. operis inscriptio 1, 22, 19 ἐξηγήσεως Πινδαρικῆς, ueriloquium 4, 26, 40 *pascha* ἀπὸ τοῦ πάσχειν, oppositorum par 4, 13, 2 ἀπάτωρ / ἀμήτωρ, singula uox 7, 9, 11 θεοπτίαν.

[295] V. E. Heck, Zu den lateinischen Übersetzungen griechischer Zitate bei Lactanz, in: Variante loquella, Alexandro Gavrilov septuagenario, Hyperboreus 16–17, 2010–2011, Petropoli 2011, 137–148.

[296] Sc. quae B saec. V / VI addita habet; u. p. LXXXVI et infra n. 306.

tigandae praebent, hucusque non satis explorata sunt nedum edita. Nam Brandt interpretamenta quidem attigit[297], sed fere unius formae nec prius quam saec. IX orta esse censuit. At nos interpretamentis denuo examinatis[298] inuenimus ea omnibus fere locis iam a saec. V / VI uariis formis tradita esse, quae uarietas fere codicum recensioni a nobis explicatae respondeat. Statuimus ergo iam pridem[299] ea spatii causa in appendicem huius fasciculi (infra p. 737–762) relegata secundum uarias formas distincta cum adnotatione critica edere.

Exhibent interpretamenta hi codices: B i. e. B^3[300] in marginibus iuxta columnas siue cursiuis (I, II, IV) siue maiusculis (VII) litt.; D, i. e. D^2, et V, i. e. V^2, in marginibus (ubi in D quaedam damno exciderunt); P et quoad extant KS ea manu prima textui inserta habent, i. e. partim ante Graeca ipsa textus lineis inserta, partim propriis columnis Graeca iuxta Latina[301]; R, i. e. R^2 saec. XII quibusdam locis in margine aut inter lineas interpretamenta habet; HM (et W) in initio iuxta Graeca iam perperam reddita in margine Latina ex KS deriuata praebent. G quoad extat nec Graeca nec Latina habet.

Diuersae interpretamentorum formae singulis locis non semper eodem modo codicibus uel classibus tribuuntur, sed plerumque B et alii, DV et alii, PKS et alii quibusque locis diuersas

---

[297] Brandt, Ed. I, CIV–CVII; u. infra p. XCI et nn. 304. 305.

[298] Graeca et interpretamenta Latina iam collegerat et fere in classes distinxerat W. Schaub (u. supra p. XIV n. 40); omnia interpretamenta a. 2010 denuo contulit Heck, quem egregie, praesertim nonnullis cursiuis in B difficillimis lectu optima acie detectis, adiuuit Marco Blumhofer studiosus Tubingensis (u. et Heck, 2011, 148 n. 59).

[299] V. supra p. XLIX (cf. Heck, 2011, 138). De instructione u. p. XCIII.

[300] B^3 plures manus eodem textus fonte usas indicat; u. p. LXXXVI et infra n. 306.

[301] De Graecis et interpretamentis in P u. iam Brandt, Ed. I, XXXIX. – KS 1, 6, 15 – 7, 1 etiam in mg. manu recentiore habent interpretamenta ex B deriuata; in libro VII interpretamentis omnino carent.

formas praebent; quod in appendice nostro uno quoque loco indicabitur.

Praeter codices etiam Sedulius[302] Graecis excerptis uno quoque loco in columna sinsitra redditis in dextra interpretamenta Latina opposuit. Quae sicut Graeca plerumque classi δ adfines sunt, sed incertum est, Seduliine ipsius interpretamenta sint in DV recepta an DV et Sedulius ex eodem fonte pendeant[303].

Interpretamenta etiam in recentioribus exhibentur et in quibusdam editionibus, postremo apud Lenglet-Dufresnoy 1748, sed sine adnotatione critica. Quam etiam Brandt non praebet nisi quod singulis locis notat in S et P interpretamenta esse et in libro VII quaedam ex B uerbo tenus laudat; singulis locis ad textum constituendum ea adhibet. In prolegomenis[304] ea uix a Sedulio diuersa considerat, a quo edendo abstinet, quia Montfaucon[305] excerpta et interpretamenta iam diligenter ediderat. Cum etiam B^3 saec. XIII tribuisset, interpretamenta antiquitati adscribere nequaquam potuit.

Hoc primus fecit B. Bischoff[306], qui post Lowe B^3 saec. V / VI dedit, cum antiquas Oraculorum Sibyllinorum interpretati-

---

[302] De Sedulio (in cod. Paris. bibl. armamentarii 8407, foll. 64ᵛ–66ᵛ, ed. Montfaucon, 1708, 243–247) u. p. XVII sq. cum nn. 50. 51; Heck, 2011, 140 cum n. 19. Graeca apud Sedulium a textu nostro recepto aliena in appendicis apparatus sectione superiore notantur, cum ea in editione rarissime notauerimus (u. nn. 50. 51).

[303] Cf. Heck, 2011, 141 cum n. 29.

[304] Brandt, Ed. I, CIV–CVII; de B^3 ibid. XXV; cf. supra p. LXXXVI.

[305] Montfaucon, 243–247 (u. supra n. 302); u. Brandt l. c. CVI n. 1. – Diligentius egit Brandt de interpretamentis, quae uersibus Graecis ira 22, 7 – 23, 12 laudatis in B^3 et P adiuncta sunt, cum ea uerbo tenus in adnotatione critica Ed. II 1, 124–129 attulit. Eadem praebet Ingremeau, Ed. Lact. ira, 1982, adn. crit. ad l., B et P denuo inspectis.

[306] B. Bischoff, Die lateinischen Übersetzungen und Bearbeitungen aus den Oracula Sibyllina (1951), in: Bischoff, 1966, 150–171 (de B 151: interpretamenta duabus manibus eiusdem aetatis tribuit); u. et Heck, 2011, 141.

ones Latinas extra Lactantium traditas perscrutatus (Lactantii codd. B P R S V laudatis) eas interpretationes Sibyllinorum plus uel minus feliciter elaboratas saec. IV post Lactantium ante Augustinum factas esse monstrauit. Nam Augustinus cum de Sibyllinis ageret, cum alios uersus tum eos, quos Lactantius inst. 4, 18, 5 – 19, 10 Graece praebuerat, Latine redditos collegit[307], sed nec indicauit ipsene hos conuertisset an alius nec omnino dixit a Lactantio Graece laudatos esse. Augustini interpretamenta cum iis quae PKS praebent consentiunt, sed incertum est, utrum PKS ea ex Augustino receperint an ille ea eidem fonti debeat ac proauus classium π et σ[308]. Quamquam ergo praeter B et locos ab Augustino redditos incerta res manet, tamen putemus licet interpretamenta Sibyllinorum aliorumque auctorum Graecorum in Lactantii codicibus partim certe – sc. in B et Aug. –, partim uerisimiliter antiquitati tribui posse.

Quae cum ita sint, operae pretium uidetur inuestigare, quibus uerbis uel qua elocutione interpretes usi sint, cum Graeca in linguam Latinam conuerterent. Hoc quidem nostrae editionis esse non potest, qua his quaestionibus tractandis interpretamentorum textu quantum potest constituto materia tantum praebeatur. Notamus tamen in ea praeparanda apparuisse interpretes maximam partem Lactantii uerborum copia usos, sed et 56 uerba Lactantio aliena inueniri, ex quibus quaedam rarissima lexicis addenda censemus[309].

---

[307] Aug. ciu. 18, 23 p. 287, 20 – 288, 1 (u. supra ad 4, 18, 15 'Test.:' et infra ad interpr. graec. 4, 18, 15 sqq., ubi interpretamenta Aug. cum PKS coniungimus); u. et Heck, 2011, 141 et n. 27.

[308] Cf. Heck, 2011, 141 et n. 28 (etiam de origine cod. P).

[309] Rem scrutatus est Heck Thesauri linguae Latinae copiis in tabulario Monacensi usus (quem adiuuit Manfred Flieger Thesauri secretarius); u. Heck, 2011, 142 cum n. 31. Exempla inueniuntur ordine alphabetico ibid. 143–147: e. g. extra interpretamenta Lactantii Graecorum semel occurrunt *carniuorax* (Interpr. graec. Lact. inst. 7, 24, 12 B); *errabilis* (2, 16, 1 PH); *prospeculator* (1, 13, 11 HKS;

PRAEFATIONIS SVPPLEMENTVM   XCIII

Instruitur appendix hoc modo: Interpretamenta praebentur secundum Institutionum textus ordinem. Vni cuique loco praeponuntur numeri libri et capitis et paragraphi, unde facile inueniri laudarique possit. Deinde redditur textus Graecus in nostram editionem receptus; tunc sequuntur interpretamenta Latina, i. e. eorum formae secundum codices uel codicum classes (cf. supra p. XC) inde a B[310] (et aliis) usque ad R (et alios) digestae; separantur unius loci formae perpendicularibus lineolis. Cuiusque formae textui proponuntur codicis uel codicum sigla, quibus suo quoque loco adiungitur Sedul. (e. g. 1, 6, 16. 11, 13) uel Aug. (4, 18, 5 – 19, 10). Non notatur, ubi interpretamentum deest siue codicis damno (uelut B 1, 13, 11 – 17, 13; D 1, 6, 15 – 7, 1) siue codice integro omissum (e. g. B 4, 6, 5 altero loco. 7, 18, 8; KS per librum VII); ergo singulis formis praemittuntur sola sigla codicum qui interpretamentum habent.

Apparatus sectiones sunt duae: Superior exhibet uarias lectiones, quas Sedulius habet a textu Graeco recepto alienas, ita ut aliquatenus[311] loco editionis excerptorum Graecorum a Montfaucon curatae adhiberi possit. Inferior praebet uarias lectiones testium a textu supra editae formae discedentium, i. e. adnotationis interpretamentorum criticae munere fungitur.

de alio loco dubio u. Thes. X 2, 2207, 53–61; Heck 146); alias nusquam extat uox incertae originis *perio(n)* (4, 15, 25 PS *perionis* pro πήρης; etiam Graece deminutiuum πηρίον non legitur nisi duobus locis saec. VI p. Chr. n.; u. Heck 145 cum nn. 46–48 et Lampe, A Patristic Greek Lexicon, Oxonii 1971 s. u.); singulare etiam *mirificet* actiue pro θαυμάζῃ 7, 13, 3 BP (u. Heck 145).

[310] 4, 7, 3 (primo loco bis, altero semel). 7. 17, 4 signo * * * indicantur litterae in B incerta, non ut alias lacunae statutae.

[311] V. supra n. 302. Minutias ad scribendi rationes pertinentes negleximus; haec denuo collegit (interdum Montfaucon correcto) Brandt, primo (lib. I et II) in addendis Ed. I, CX–CXIII passim, deinde (lib. IV et VII) adnotationi criticae inserta; cf. eius indicem Ed. II 2, 275 sq. (in nostrum indicem locorum Sedulium non recepimus Isidoro posteriorem; u. infra p. XCIV).

4. De indicibus

a. De indice locorum praeter notam indici praemissam (infra p. 763) haec praemonemus: Brandt[312] duos indices fecit, unum auctorum, alterum expilatorum et testium. Nobis melius uisum est Lactantii fontes (in apparatus sectione 'Auct.' laudatos) et testes (in sectione 'Test.' indicatos) in unum indicem congerere. Cum inter testes nonnisi antiquitatis auctores usque ad Isidorum Hispalensem citauissemus, Sedulium Scottum, quem Brandt ut testem receperat[313], exclusimus, cuius excerpta et interpretamenta sine indice in appendice p. 837–862 passim secundum textus ordinem inueniuntur. – Quosdam locos in indice non secundum easdem editiones ac in apparatu, sed secundum recentiores laudatos inuenies, quosdam (uelut Hystaspis apocalypsin uel Oracula Apollinis) secundum commentationes. Auctores plene Latine scribuntur, operum inscriptiones breuiantur[314].

b. De indice nominum[315] haec sufficiant: Nomina propria et quae ab iis deriuata sunt alphabetico ordine congessimus secundum textum a nobis constitutum. Quosdam locos asterisco signauimus, siue quia scriptura incerta est (e. g. 1, 9, 1 *Alcimenae*. 1, 11, 33 *Messena*) siue quia aliud nomen recepimus ac Brandt (e. g. 3, 25, 15 *Pythagoram*. 3, 18, 5 *Socraticae*); ter nomina a Brandt recepta, a nobis recusata uncis inclusa dedimus (s. u. *Ops, Phaedo, Stoici, -us* adi.). Nomina, quorum uariae partes laudantur, uelut *Cicero* et *Tullius*, *Iesus* et *Christus*, non uno lemmate, sed duobus subsumimus secundum eam partem, quae quoque loco redditur. Interdum quaedam litteris inclinatis

---

[312] Brandt, Ed. II 2, 241–269: Index auctorum; 269–278: Index expilatorum et testium. Indices fontium habent etiam editiones in serie *Sources Chrétiennes* curatae (inst. I, II, IV, V Monat, VI Ingremeau).

[313] V. supra n. 311.

[314] De breuiatis auctoribus et operibus u. supra p. XLVII n. 155.

[315] Indicem nominum praeparauit Horst Grohmann a. 2003 studiosus Tubingensis, cum nomina propria ex horreo electronico supra p. XII n. 29 dicto selecta in indicis formam redegit hic illic perpoliendam.

suppleuimus ad distinguenda nomina aequa, e. g. *Iohannes*, *Paulus*; speramus quaecumque quaeruntur inueniri posse[316].

c. De indice formarum et scripturarum indicamus: Iam in Epitomes editione[317] res orthographicas, ne adnotatio critica nimis oneraretur, in praefatione, cum codices, in primis T describeremus, in indicem redactas congessimus. In opere maiore edendo hoc tamquam pars praefationis fieri non potest nisi de unius codicis scripturis uel formis[318]; sed cum plures codices respiciendi sint, opus est indice editioni subiungendo. Qui non in locum 'indicis uerborum rerumque grammaticarum notabilium' succedere potest, quem Brandt summa cura confecit[319], sed fortasse supplemento esse poterit. Nam certe singularium uocum formae uel scripturae traditae aliquantum ualent ad historiam linguae Latinae inuestigandam, et ab iis, quae uel qui Thesaurum linguae Latinae componunt, plerumque in exordiis uocum tractatuum etiam 'de formis' et 'de scriptura' agitur[320], ubi praesertim testes priores saec. VII respiciuntur, saepe hucusque etiam B et G, sed nonnumquam etiam codices medii aeui; ergo et hos Institutionum codices respiciendos putamus. Fortasse haud immodica spes nostra est huic Thesauri parti aliquid auxilii subministratum iri.

---

[316] Adhuc operae pretium est indicem nominum et rerum inspicere, quem curauit Brandt, Ed. II 2, 279–362, nomina ambigua explicans et saepe res gestas nomini adiungendas indicans, secundum paginas et lineas suae editionis, sed loci in nostra editione inueniuntur paginarum Brandt numeris in margine additis (u. supra p. XLVI litt. c).

[317] Heck–Wlosok, Ed. epit, 1994, de T XXVII–XXXI (nonnulli locorum numeri corrigendi), de B XXXII. Orthographica congesta praefationi subiunxerunt etiam E. H. Alton, D. E. W. Wormell, E. Courtney, Ed. Ou. fast., Lipsiae 1978, XVI–XX.

[318] E. g. Brandt, Ed. I, XIX–XXII de uariis scripturis in B inuentis.

[319] Brandt, Ed. II 2, 363–568; cf. supra p. XII n. 29.

[320] V. Thesaurus linguae Latinae, Praemonenda de rationibus et usu operis, Lipsiae 1990, 9 (II B 2 'exordium' Latine).

Formae a scripturis non semper facile distingui possunt, e. g. non satis certum est utrum *rettuli / retuli* uel *derigo / dirigo* ad formam uerborum pertineant an ad scripturam; qua de causa 'indicem formarum et scripturarum' inscripsimus. Elegimus[321] formas uel scripturas inusitatas quas Lactantii codices (saepe iuxta usitatas; e. g. s. u. *contemno*) praebent et quae nobis alicuius momenti uidentur esse; fieri potuit, ut aliquid omitteretur quod alii pluris aestimandum putent. Collegimus et quae in adnotatione critica omnino non exhibentur, uelut *necleg-* pro *negleg-*, et in adnotatione appellata uelut *repper-* pro *reper-*.

Lemmatum constitutio uel ordo fortasse non omnibus lectoribus satisfaciet. Partim uoces plenas posuimus uelut *iucundus*, partim litterarum uel sonorum coniunctiones ut *exs-*, *ext-*, *imp-* et litterarum uel sonorum confusiones ut *b* pro *u*, *o* pro *u* et uice uersa. Ordinauimus exempla plerumque secundum textus ordinem, rarius ordine alphabetico. Verba composita sub lemmate simplicis uerbi apparent (e. g. *conscribo* sub *scribo*). Quae antecedenti exemplo similes scribuntur uel iisdem codicibus traduntur, uncis siue rotundis siue angulatis inclusa adiunguntur fere eodem modo quo his Thesaurus utitur. Signo / distinguuntur formae usitatae ab inusitatis in iisdem codicibus, praesertim B, traditae, uelut *apud* ab *aput*, *contemptus* a *contemtus*.

5. Corrigenda et addenda

Corrigenda omnia per fasc. 1, 2, 3 congeruntur:
(fasc. 1) p. VII l. 26 lege 'alterius'.
p. XII n. 33 lege '(1986), 23 sq.'.
p. XIV l. 6 lege 'coniuncti'.
p. XXI l. 17 lege '7, 3, 19 *curae haberet*'.
p. XXIII l. 8 lege '*quas etiam*'.
p. XXX n. 79 lege 'Ead., The making of a'.
p. LI l. 7 lege 'p. X n. 18'.
p. LII l. 33 dele ', 152–158'.

---

[321] Materiam elegit indicemque composuit et recoluit solus Heck.

PRAEFATIONIS SVPPLEMENTVM XCVII

p. LV l. 1 lege 'probauit uel probabile censuit, probante'.
p. LV l. 36 post 'statuta' adde '(sed u. et p. XCIII n. 310)'.
1, 8, 3 adn. l. 17 adde 'δυνατε B'.
1, 12, 5 l. 4 lege 'adripuerit'.
1, 17, 13 adn. l. 5 lege 'terra DV'.
2, 2, 13 adn. l. 11 lege 'suspiciat D, suscipiat V'.
2, 6, 3 adn. l. 9 lege 'cottidie B *(pr.* t *euan. uel eras.)* R*;*'.
2, 14, 5 adn. l. 4 lege 'inmundis H^{ar}'.
2, 15, 8 adn. l. 11 lege 'daemones'.
(fasc. 2) p. LVIII l. 17 lege '30, 2. 6. 11'.
p. LXIX n. 220 lege '63–77'.
3, 2, 7 adn. l. 16 adde 'quaerit aliud quod *om.* G'.
3, 17, 22 adn. l. 8 lege 'experta B^{ac}'; 25 adn. l. 4 'amata B^{ac} P^{pr}'.
3, 25, 15 adn. l. 7 lege '*Betuleius (1563)*'.
3, 28, 2 l. 4 lege 'quaesierunt'; adn. 'quaesierunt G, -iue- *cet.*'.
4, 10, 10 adn. l. 11 adde 'cuturnices G'.
4, 12, 9 adn. l. 12 lege 'P *recc., edd., Buen; cf. Thes. X 2, 2585, 70*'.
4, 13, 21 l. 3 lege 'dicit:'.
4, 14, 11 adn. l. 1 lege 'zaccarias, *pr.* c *eras.*, B, zacca- R'.
4, 27, 4 adn. l. 11 lege '-rorum S^2'.
4, 27, 20 Auct.: l. 8 lege 'Trismegistus'.
4, 28, 13 Auct.: l. 11–12 lege '*cf. 1, 16, 3*'.
(fasc. 3) 5, 8, 4 adn. l. 11 lege 'deorum]'.
6, 3, 2 Codd.: l. 6 lege '*ad 6, 4, 1*'.
6, 24, 25 Auct.: l. 19 lege 'Sib. 8, 481–498'.
Commentationibus (pp. LI-LIII. LXIX. LXXXIII) adde Freund, 2009 (supra n. 290), Heck, 2011 (n. 295), Bischoff (n. 306).

Gratias denique agimus iis, quae uel qui cum toti editioni tum huic fasciculo auxilio fuerunt; ultra pp. L. LXIX. LXXXIII hic appellamus: Stefan Freund (n. 290), Marco Blumhofer (n. 296), qui etiam appendicem recoluit, Horst Grohmann (n. 314), Katrin Fürst, quae etiam in hoc fasciculo relegendo nos adiuuit, Sabine Vogt, cui nunc Berolini Bibliotheca Teubneriana curae est.

Tubingae et Moguntiaci, E. H.
mense Iulio a. MMXI A. W.

CONSPECTVS SIGLORVM
CODICVM EDITORVM CRITICORVM

(De siglis B^1 B^2 B^3 D^{ac} D^{pc} P^{ar} P^{pr} sim. u. p. XLVIII)

A	fragmenta lib. IV / V in codd. Auerbodensi 44 et Florentino Laur. Ashb. 1899, saec. IX; u. p. LXXII–LXXV
B	Bononiensis bibl. uniu. 701, saec. V (m. 3 saec. V / VI); u. p. XIV sq. LVII. LXXXV sq.
D	Cameracensis bibl. mun. 1219, saec. IX; u. p. XVI sq.
G	Sangallensis 213 (rescriptus) saec. V; u. p. XV sq.
H	Palatino-Vaticanus 161, saec. IX; u. p. XIX sq. LIX
K	Casinensis 595, saec. XI; u. p. XXI sq.
M	Montepessulanus schol. med. 241, saec. IX; u. p. XX. LIX
P	Parisinus BN lat. 1662 (Puteani), saec. IX; u. p. XVIII
R	Parisinus BN lat. 1663 (Regius), saec. IX; u. p. XXIII sq. LIX. LXXV (R^p = supplementum libri II et III saec. XII)
S	Parisinus BN lat. 1664, saec. XII; u. p. XXII
V	Valentianensis bibl. mun. 147, saec. IX; u. p. XVII
W	Vindobonensis 719, saec. XIII, u. p. XX sq.
recc.	codices recentiores; cf. p. XLIII
edd.	editores omnes uel plurimi (saepe de coniectura incerti auctoris ante Brandt uulgo recepta; cf. p. X n. 17)
Br	Brandt (1890)
Buen	Bünemann (1739)
Fr	Fritzsche (1842)
Frd	Freund (2009 inst. VII; u. p. LXXXVIII sq.)
Hm	Heumann (1736)
Le	Le Brun – Lenglet-Dufresnoy (1748)
St 230	Stangl (1915) p. 230

L. CAELI FIRMIANI LACTANTI

DIVINARVM INSTITVTIONVM

LIBER SEPTIMVS

DE VITA BEATA

1. 'Bene habet, iacta sunt fundamenta', ut ait eximius orator. uerum nos non fundamenta solum iecimus quae firma et idonea essent operi perferendo, sed magnis robustisque molibus aedificium totum paene usque ad summa perduximus. restat id quod est multo facilius, uel tegere uel ornare, sine quo tamen priora opera et inutilia sunt et ingrata. nam quid prodest aut falsis religionibus liberari aut intellegere ueram? quid aut uanitatem falsae sapientiae peruidere aut quae sit uera cognoscere? quid, inquam, prodest caelestem illam iustitiam defendere? quid cum magnis difficultatibus cultum dei tenere, quae est summa

Auct.: 5 Cic. Mur. 14

Test.: 5 § 1] *cf.* Salu. gub. 3, 1

Codd.: *ab initio extant* B D P H M; *desunt* K *a 6, 6, 17 ad 7, 3, 19,* S *a 6, 6, 14 ad 7, 5, 6,* R *a 6, 25, 4 ad 7, 7, 3*

4 *de inscriptione u. p. XXVII*   **5** bene ... orator *om.* D habeat P^ac   **6** fundamenta *ex* -tum P   quae] e *exp.* B   **7** magis M   mobilibus D^ac   **8** perduxerimus H M   restat] s *et a in ras., alt.* t *s.l. m.3* B   **9** quo] quod H^ar M   **10** aut B² P M; a B¹; aut a H; *om.* D   **11** uerum H M   **12** prouidere D   **13** prodeest B; *u. 6, 5, 7*   **14** cultu H M

uirtus, nisi eam diuinum praemium beatitudinis perpetuae sub-
sequatur? de qua nobis est in hoc libro disserendum, ne priora
omnia inrita et infructuosa uideantur, si hoc cuius causa illa
suscepta sunt incertum relinquamus, ne quis forte arbitretur tan-
tos labores in cassum suscipi, dum eorum caelesti mercede dif-
fidit, quam deus statuit ei, qui haec suauia terrae bona prae sola
nudaque uirtute contempserit. satis et huic parti faciamus cum
testimoniis diuinarum litterarum tum etiam probabilibus argumentis, ut aeque clarum sit et futura praesentibus et diuina terrenis et perpetua breuibus esse anteponenda, quoniam temporalia sunt praemia uitiorum, sempiterna uirtutum. exponam
igitur rationem mundi, ut facile possit intellegi et quando et
quare sit effectus a deo, quod Plato, qui de mundi fabricatione
disseruit, nec scire poterat nec explicare, quippe qui caeleste
mysterium, quod non nisi prophetis ac deo docente discitur,
ignorabat ideoque 'in perpetuum' dixit 'esse fabricatum'. quod
longe secus est, quoniam quidquid est solido et graui corpore ut
initium cepit aliquando, ita finem capiat necesse est. nam

Epit.: 7, 1, 4 – 4, 1] 62, 4 de qua ... adnuntiante *(ordine mutato; nonnulla aliunde)*   7, 1, 4] *cf.* 62, 4 de qua ... arbitrantur   7] *cf.* 62, 6
... dicerent

Auct.: **13** Plato] *cf.* Cic. ac. 2, 118 *et 7, 3, 16*

Test.: **17–18** quidquid ... est] *cf.* Lucif. moriend. 10 l. 36–37 Diercks

1 eam] eadem H M; eum *recc., edd.; cf. Buen ad l.*   **2** qua *ex* quo P
in *om.* P   **3** uideatur D^{ac}; uiantur H^1 **4** incertum] in inc- P *edd.*
5 suscipi dum] -piendum D^{ar}; dum] m *in ras. m.2* B   horum B
6 suauia ... prae] suauitate prae bona P   terra M   prae] per B
7 satisque et H M   **7–8** cum ... tum] tum ... cum D *(corr.?)*
8 tum *s.l.* B^2 probabimus *ex* -auimus B^3 argumentis] a. uatum B
9 ut aeque] cum B   aequa H^1 **10** temporalium P; *antea eras.*
omnia? H   **11** uitiorum *om.* P   **12** et *ante* quando *om.* P
13 quidem mundi D^{ac} H^{ar} M   **14** disserunt H^{ac} poterant H^{ar} M^{ar}
15 docente *ex* dic-? B^3 **16** ideoque *ex* ideo P^2 esse dixit H M
esset P^{ar} **17** quoniam] et q. B   **18** coepit B^{ar} P   fine H M

Aristoteles, qui cum non uideret, quemadmodum posset tanta rerum magnitudo interire, et hanc praescriptionem uellet effugere, 'semper' ait 'fuisse mundum ac semper futurum', prorsus nihil uidit, quia quidquid est necesse est habuerit aliquando principium nec omnino quidquam potest esse nisi coeperit. nam cum terram et aquam et ignem disperire consumi extinguique uideamus, quae sunt utique mundi partes, intellegitur id totum esse mortale cuius sunt membra mortalia. ita fit, ut natum sit quidquid potest interire. sed et omne quod sub uisum oculorum uenit, et corporale, ut ait Plato, et solubile sit necesse est. unus igitur Epicurus auctore Democrito ueridicus in hac re fuit, qui ait et ortum aliquando et aliquando esse periturum. nec tamen rationem reddere ullam potuit aut quibus de causis tantum hoc opus aut quo tempore resoluatur. quod quoniam nobis deus reuelauit nec coniecturis id adsequimur sed traditione caelesti, docebimus sedulo, ut tandem studiosis ueritatis appareat non uidisse neque comprehendisse philosophos ueritatem, sed ita leuiter odoratos, ut tamen unde eos odor ille sapientiae tam suauis, tam iucundus adflaret, nullo modo senserint. interim ne-

Auct.: **1** Aristoteles] *cf.* ibid. 119   **9–10** *cf.* Plato Phaed. 80 c   **10** § 10] Epicur. frg. 304 Usener; *cf. 2, 10, 24 sq.*

1 aristotiles H M   qui *om.* D   non *om.* B   possit H M   tantarum? B^ar   **2** uelle M   **3** prorsum B   **4** aliquando habuerit B D   **6** etinguique B^ac; -ui quae P^ac M   **9** uisum *edd. (cf. Buen ad l.), Br;* uisu *codd. (etiam P); cf. uar. ll.* uisu *7, 11, 9 et* oculis *3, 9, 12. 7, 9, 2, sed hic ut 3, 17, 24. 7, 9, 7. al.* uenire *et* sub *c. acc. iungenda censemus*   **10** soluibile D   **11** ueridicus *ex* uiri- B³, uered- *ex* -rid- P³   **12** ait] at H   ortum . . . esse] o. a. et a. esse D H M; o. et *(s.l. m.2)* a. esse B; o. a. et esse P   **13** ullam reddere B   **14** resoluatur D P²; solu- B P¹ H M   deus nobis P   deus *om., s.l. m.1?* non D   **15** conlecturis, s *exp.* D   caelesti *ex* -te? B²   **16** docebimus] bi *s.l.*, s *in ras. m.3* B   **17–18** sed . . . tamen *in mg. inf.* D   **18** odoratus P^ac ude H¹   sauis B^ac   **19** iocundus D H M   adflaret B D H M *edd., Cellarius (1698), Hm, Frd;* -auerit P *edd., Le, Br;* -arit *edd., Buen* nullus *ex* -lo B²; -lo *ex* ullo P²   modo *om.* B   senserit *ras. ex* -rint B

cessarium puto admonere lecturos quod haec nostra quae tradimus prauae uitiosaeque mentes aut omnino non intellegent – hebetatur enim acies earum terrenis cupiditatibus, quae sensus omnes grauant imbecillosque reddunt – aut etiamsi intellegent, dissimulabunt tamen et haec uera esse nolent, quia trahuntur a uitiis et scientes malis suis fauent, quorum suauitate capiuntur,
13 et uirtutis uiam deserunt, cuius acerbitate offenduntur.   nam quia auaritia et opum inexplebili quadam siti flagrant, quia non possunt uenditis aut dilargitis quae amant tenui cultu uitam degere, sine dubio malunt id esse fictum, quo desideriis suis re-
14 nuntiare coguntur.   item qui libidinum stimulis incitati, ut ait poeta, 'in furias ignemque ruunt', utique incredibilia nos adferre dicunt, quia uulnerant aures eorum praecepta continentiae, quae illos uoluptatibus suis prohibent quibus animam suam cum cor-
15 pore adiudicauerunt.   qui uero ambitione inflati aut amore potentiae inflammati omne studium suum ad honores adquirendos contulerunt, ne si solem quidem ipsum gestemus in manibus, fidem commodabunt ei doctrinae, quae illos iubet omni potentia et honore contempto humiles uiuere atque ita humiles, ut et

Auct.: **9** uenditis ... dilargitis] *cf.* Sall. hist. frg. 1, 49 Maurenbrecher **12** Verg. georg. 3, 244

2 aut *s.l.* B², *om.* P   intellegent *ex* -gunt *m.1?* B; *s.l.* hd *et in mg. inf.* aut non probabunt ·hs· B³   **3** earum BDHM; eorum P *edd. (def. Buen 'ad sensum'), Br*   **4** omnis Dᵃᶜ   grabant B¹, *corr.* B² etiamsibi Dᵃᶜ   **5** nolent B *(pr.* n *in ras. m.2)* D; nollent HM; nolunt *ex* nollunt P²   quia|huntur P¹, *s.l.* abutuntur P³; qui atraunctur H   a *exp.* P³   **6** scientes *ex* -tis P³   **7** aceruitate HM   **8** qui D *(ex* quia*)* M; qua H   auaritiae? Bᵃʳ   opus P   inexplicabili B siti] cupiditate B   **9** delargitis B; largitis HM   **10** esse] est HM quod desideriis Bᵃʳ P¹ *(corr.* P²*)* H   **11** cogunt M   libidinum *ex* -nis? *m.2?* B   **12** fugias M   ignem quaerunt Bᵃᶜ   **14** uoluptatibus] a u. P   prohibet D   **15** uere M; autem B   **16** suum studium B **17** nec BD *ft. recte; u. supra ad 1, 6, 7*   **19** humiles *ante* uiuere *ex* -le P²   et *post* ut *om.* P

accipere iniuriam possint et referre nolint, si acceperint. hi sunt 16
homines, qui contra ueritatem clausis oculis quoquo modo la-
trant. qui autem sani erunt, id est non ita uitiis immersi, ut
insanabiles sint, et credent his et libenter accedent, et quaecumque dicimus aperta plana simplicia et, quod maxime opus est,
uera et inexpugnabilia illis uidebuntur. nemo uirtuti fauet nisi 17
qui sequi potest, sequi autem non facile est omnibus; hi possunt,
quos paupertas et rerum indigentia exercuit et capaces uirtutis
effecit. nam si uirtus est tolerantia malorum, non capiunt ergo 18
uirtutem qui semper in bonis fuerunt, quia mala neque experti
sunt neque ferre possunt adsuetudine ac desiderio bonorum,
quae sola nouerunt. eo fit, ut pauperes et humiles deo credant 19
facilius, qui sunt expediti, quam diuites, qui sunt impedimentis
pluribus implicati. immo uero catenati et compediti seruiunt ad
nutum dominae cupiditatis, quae illos inextricabilibus uinculis
inretiuit, nec possunt in caelum aspicere, quoniam mens eorum
in terram prona humique defixa est. uirtutis autem uia non 20
capit magna onera gestantes. angustus admodum trames est per
quem iustitia hominem deducit in caelum; hunc tenere non potest nisi qui fuerit expeditus ac nudus. nam isti locupletes multis 21
et ingentibus sarcinis onerati per uiam mortis incedunt, quae
latissima est, quoniam late perditio dominatur. his acerba sunt, 22
his uenena quae deus ad iustitiam praecipit quaeque nos dei

magisterio de uirtute ac ueritate disserimus. quibus si repugnare audebunt, hostes se necesse est uirtutis iustitiaeque fateantur.

23 Adgrediar nunc quod superest, ut finis operi possit imponi. id autem superest, ut de iudicio dei disseramus; quod tum constituetur, cum dominus noster redierit in terram, ut uni cuique pro 24 merito aut praemium persoluat aut poenam. itaque ut in quarto libro de primo aduentu eius diximus, sic in hoc secundum referemus aduentum, quem Iudaei quoque et confitentur et sperant, sed frustra, quoniam necesse est ad eos consolandos re- 25 uertatur ad quos conuocandos prius uenerat. nam qui uiolarunt impie humilem, sentient in potestate uictorem eaque omnia quae legunt et non intellegunt deo repensante patientur, quippe qui peccatis omnibus inquinati et insuper sancto cruore perfusi ab illo ipso, cui nefandas manus intulerunt, sint ad aeterna supplicia destinati. sed erit nobis contra Iudaeos separata materia, in qua illos erroris et sceleris reuincemus.

1 2. Nunc ignaros ueritatis instruamus. dispositione summi dei sic ordinatum, ut iniustum hoc saeculum decurso temporum spatio terminum sumat extinctaque protinus omni malitia et piorum animis ad beatam uitam reuocatis quietum tranquillum pacificum, aureum denique ut poetae uocant saeculum deo ipso reg-2 nante florescat. in primis causa errorum omnium philosophis haec fuit, quod rationem mundi, quae totam sapientiam continet,

Epit.: 7, 1, 24–25] *cf.* 44, 1–2   2, 2–3] *u. ad §§ 7–11*

6 in quarto libro] 4, 11, 14 – 14, 20; *cf.* 4, 12, 22

1 ac] ac de HM   quibus] ut q. HM   **3** operis HM
4 tunc HM   **7** referremus B[ar]; -feramus D   **10–11** qui ... humilem] quiolarunt impie, humilem *sup.* sentient *m.1, postea omnia del.* D
10 uiolauerunt P   **11** potestatem H[ar] M   **12** et non intellegunt *om.* P
rependente B   **14** ipso illo B   sunt *ex* sint D   **15** separare materiam B   **16** reuincimus HM   **17** ignarus D[ac]   **18** ordinatum]
o. est HM   **19** *post* et *eras.* in? B   **20** uitam *s.l.* P   quitum D[ac]
21 ipse D[ac]   **23** quod] q. filosofi B; quae HM

non comprehenderunt. ea uero sensu proprio et interna intel- 3
legentia non potest comprehendi, quod illi sine doctore per se
ipsos facere uoluerunt. itaque in uarias sibique saepe contrarias
sententias inciderunt ex quibus exitum non haberent, et in eodem luto, sicut comicus ait, haesitauerunt, scilicet adsumptio-
nibus eorum non respondente ratione, cum adsumpsissent quidem uera, sed quae adfirmari probarique non possint sine scientia ueritatis rerumque caelestium, quae, ut saepe iam dixi, non
potest esse in homine nisi deo docente percepta. nam si potest 4
homo intellegere diuina, poterit et facere; nam intellegere est
quasi e uestigio subsequi. non potest autem facere quae deus,
quia mortali corpore indutus est, ergo ne intellegere quidem
potest quae facit deus; quod an fieri possit, ex immensitate rerum atque operum diuinorum facile est uni cuique metiri. nam 5
si mundum cum omnibus quae sunt in eo contemplari uelis,
intellegas profecto, quantum dei opus humanis operibus antistet.
ita quantum inter opera diuina et humana interest, tantum distare
inter dei hominisque sapientiam necesse est. nam quia deus 6
incorruptus atque immortalis est et ideo perfectus, quia sempiternus est, sapientia quoque eius perinde ut ipse perfecta est nec
obstare illi quidquam potest, quia nulli rei deus ipse subiectus
est. homo autem quia subiectus est passioni, subiecta est et 7

Epit.: 7, 2, 7–11] *cf.* 62, 4 qui quia ... comprehenderunt

Auct.: 5 comicus] Ter. Phorm. 780; *cf.* 2, 8, 24

1 interna] na *in ras.* P; in terra M   **2** ille B¹ P¹ M (e *in ras.*), *corr.*
B² P²   **3** in uarias *ex* iniur- B²   **4** inciderunt] in *in ras. m.2* B
5 luto *ex* -tu B²   **7** ueram H M   quae *ex* quia B³   possint B¹ D P,
-ssent B² H M *edd., Br, Frd*   **8** rerum P^ac   **9** deo] in deo H M
12 quia] a *exp.* D P   **13** quod|quodan, n *ex* m *m.3,* B
possit] non p. D   **14** mentiri B^ar   **16** intellegis *ex* -gas B²
dei opus *om.* H M   antestet P   **17** inter *om.* P   **18** hominesque P^ac
21 quiquam D   quia *ante* nulli *ex* qua D   **22** passionis H^ar M^ar
et *s.l.* P²

sapientia eius errori, et sicut hominis uitam multae res impediunt, quominus possit esse perpetua, ita sapientiam quoque eius multis rebus impediri necesse est, quominus in perspicienda penitus ueritate perfecta sit. ergo nulla est humana sapientia, si per se ad notionem ueri scientiamque nitatur, quoniam mens hominis cum fragili corpore inligata et in tenebroso domicilio inclusa neque liberius euagari neque clarius perspicere ueritatem potest, cuius notitia diuinae condicionis est. deo enim soli opera sua nota sunt. homo autem non cogitando aut disputando adsequi eam potest, sed discendo et audiendo ab eo, qui scire solus potest et docere. ideo Marcus Tullius sententiam Socratis de Platone transferens dicentis uenisse tempus, ut ipse migraret e uita, illos autem apud quos causam suam perorabat agere uitam, 'utrum melius sit', inquit 'dii immortales sciunt, hominem arbitror scire neminem'. quare necesse est omnes philosophiae sectas alienas esse a ueritate, quia homines erant qui eas constituerunt, nec ullum fundamentum aut firmitatem possunt habere quae nullis diuinarum uocum fulciuntur oraculis.

3. Et quoniam de philosophorum erroribus loquimur, Stoici naturam in duas partes diuidunt, unam quae efficiat, alteram quae se ad faciendum tractabilem praebeat; in illa prima esse uim sentiendi, in hac materiam nec alterum sine altero posse.

Auct.: **12–15** Cic. Tusc. 1, 99 *breuiata; cf.* Plato apol. 42 a

1 orrori B[ac]   et *om.* HM   **2** esse possit HM   ista P[ar] eius quoque B   **3** in *s.l. m.2?* B   **4** est *om.* D   **5** scientiaeque P nititur D   **7** inclausa P[ac]   neque ... euagari *om.* P   inspicere HM **8** notitia *ex* -tiae P³   **10** et audiendo *s.l.* D²   **11** et *om.* HM marcus BP, ·M· *(uncial. in ras.)* D, *om.* HM   sententia HM socratis *ex* -tes B²   **12** platonem B[ar]   transferrens P[ac]; tranf- HM dicentis *ex* -tes B²   **12–13** emigraret uita P   **13** *ante* agere *3 litt. eras.* B   **14** sit *om.* HM   di P[ac] D   **15** omnis D   **16** a *s.l.* D errant *ex* erant *m.2?* D   **18** uocum] rerum HM   **20** unam *om.* HM quae ... alteram *om.* P   efficiant HM   **21** esse prima, *s.l. signa ord. rest. erasa uid.,* P   **22** alterum sine altero] altera H, alteram M ⟨quicquam⟩ posse *Br; trad. def.* St 243 sq., Frd

quomodo potest idem esse quod tractat et quod tractatur? si quis
dicat idem esse figulum quod lutum aut lutum idem esse quod
figulum, nonne aperte insanire uideatur? at isti uno naturae
nomine duas res diuersissimas comprehendunt, deum et mundum, artificem et opus, dicuntque alterum sine altero nihil posse, tamquam natura sit deus mundo terminatus. nam interdum
sic confundunt, ut sit deus ipse mens mundi et mundus sit corpus dei, quasi uero simul esse coeperint mundus et deus ac non
ipse mundum fecerit. quod et ipsi fatentur alias, cum hominum
causa praedicant esse fabricatum, et esse sine mundo, si uelit,
possit, siquidem deus est diuina et aeterna mens, a corpore soluta et libera. cuius uim maiestatemque quoniam intellegere non
poterant, miscuerunt eum mundo id est operi suo. unde est
illud Vergilianum:

'totamque infusa per artus
mens agitat molem et magno se corpore miscet.'

ubi est ergo illud quod idem ipsi aiunt, et factum esse diuina
prouidentia et regi? si enim fecit mundum, fuit ergo sine mundo;
si regit, non utique sicut mens corpus regit, sed tamquam domum dominus, nauem gubernator, auriga currum, nec tamen

Auct.: **11–12** deus ... libera] *cf. 1, 5, 25*   **15–16** Verg. Aen. 6, 726 sq.; *cf. 1, 5, 11*

1 idem] id enim H M   esse | idem, *ord. lineolis rest. (u. p. XV)* B
quis *ex* quid P   **2** idem] m *ex* n?, *deinde 2 litt. eras.* P
lutum *ante* aut *om.* H M   **3** uidebitur B   at *ex* ad B P M
isti] sit, t *exp.* D   **4** uerissimas *ras. ex* uersiss- H M   **5** nihil *ex*
non? B²   **6** terminatus B D H M, *lectionem difficiliorem recepimus
(i. q. 'definitus'; cf. 6, 5, 12);* permixtus P *edd., Br, Frd cl. § 4* miscet,
sed ex § 6 mixti *uel 10* mixtus *inrepsit (cf. et 1, 5, 19)*   **8** dei quasi *bis,
pr. exp. m.3?* P   **11** quidem D^ac   est *om.* B   et *s.l.* D
mens] m. dicatur B   **12** uim *s.l.* B²   maiestatem B¹ *(corr.* B²) H M
non intellegere, *ord. lineolis rest.* B   **13** eam P   **14** uirgilianum D
15 totaque (que *in ras. 2–3 litt. m.2)* B *ut Verg. cod. R;* totam quae M;
quę totam D   **17** ipsi *ex* -se B²   **18** fecit *ex* -ci P³

7 mixti sunt his rebus quas regunt. nam si haec omnia quae uidemus dei membra sunt, iam insensibilis ab his constituitur deus, quoniam membra sensu carent, et mortalis, quoniam ui-
8 demus membra esse mortalia. possum enumerare, quotiens repentinis quassatae motibus uel hiauerint terrae uel desederint in abruptum, quotiens demersae fluctibus et urbes et insulae abierint in profundum, frugiferos campos paludes inundauerint, flumina et stagna siccauerint, montes etiam uel deciderint abrupti uel planis fuerint adaequati; plurimas regiones et multorum
9 fundamenta montium latens et internus ignis absumit. et hoc parum est si membris suis non parcit deus, nisi etiam homini liceat aliquid in dei corpus: maria extruuntur, montes exciduntur et ad eruendas opes interiora terrae uiscera effodiuntur. quid quod ne arari quidem sine laceratione diuini corporis potest? ut iam scelerati atque impii simus, qui dei membra uiolemus.
10 patiturne ergo uexari corpus suum deus et debilem se uel ipse facere uel ab homine fieri sinit? nisi forte diuinus ille sensus, qui mundo et omnibus mundi partibus mixtus est, primam terrae superficiem reliquit ac se in ima demersit, ne quid doloris de
11 adsidua laceratione sentiret. quodsi hoc uanum et absurdum est, tam igitur ipsi eguerunt quam haec indigent sensu, qui non

Auct.: **12** maria ... exciduntur] *cf.* Sall. Catil. 20, 11   **13** ad ... effodiuntur] *cf.* Ou. met. 1, 138–140

1 his *codd.*, iis *edd., Br; cf.* § *16*   **2** sint H¹ M   constituetur B
3 sensum Bᵃʳ   mortalis] m. est P   **4** *sup.* membra *m.3* eius P
5 quassatae *ex* -ta B   desiderint *(uel* desed-*?) ex* desierint *m.2?* B
6 et *post* urbes *om.* HM   **7** abierunt B   fructiferos B
8 et *om.* B   uel *s.l.* P²   deciderint *ex* deced- B³   **10** absumit *ex*
ads- P*;* absumpsit B   **11** parcat *ex* -cet M   etiam *in ras.* D
12 aliquid liceat HM   materia Bᵃʳ   extruduntur *ex* -truun- M
13 quid *ex* qui D² P²   **14** sine quidem HM   luce ratione Dᵃᶜ
potest] non | p. B   ut etiam Bᵃʳ   **15** sumus D   **17** facere *codd., def.*
Frd; facit *Hm, Br*   omine Hᵃᶜ Mᵃᶜ   **19** superfaciem Bᵃᶜ
relinquit Bᵃʳ

perspexerunt diuinum quidem spiritum esse ubique diffusum
eoque omnia contineri, non tamen ita, ut deus ipse, qui est incorruptus, grauibus et corruptibilibus elementis misceatur. illud 12
ergo rectius quod a Platone sumpserunt, a deo factum esse mundum et eiusdem prouidentia gubernari. oportebat igitur et Platonem et eos qui idem senserunt, docere atque explicare quae
causa, quae ratio fuerit tanti operis fabricandi, quare hoc aut
cuius gratia fecerit. at idem Stoici 'hominum' inquiunt 'causa 13
mundus effectus est'. audio. sed Epicurus ignorat ipsos homines
quare aut quis effecerit. nam Lucretius cum mundum diceret
non esse a diis constitutum, sic ait:

> 'dicere porro hominum causa uoluisse parare
> praeclaram mundi naturam',

deinde intulit:

> 'desipere est. quid enim immortalibus atque beatis
> gratia nostra queat largirier emolumenti,
> ut nostra quidquam causa gerere adgrediantur?'

merito. illi enim nullam rationem adferebant, cur humanum 14
genus uel creatum uel constitutum esset a deo. nostrum hoc

590

Epit.: 7, 3, 12] *cf.* 62, 8 ... existimauerunt. 63, 1 fecit ... ostendit
13–15] 62, 7–9. 63, 7

Auct.: **12–13** Lucr. 5, 156 sq.   **15–17** ibid. 165–167

1 perspexerint D[ac]   **2** ita *om.* B   **3** corruptilibus B P
5 eius P   oportebat] bat *in ras. 3 litt. m.2* B   **6** idem] ead- B
7 qua ratio H M   **8** inquit P   **11** a diis] adõ *(i.* a deo*)*, ad *m.2,* õ *in
ras. m.3* B   constitutum *(con in ras.)* sic ait *in uacua parte lin.* B[2]
12 dicere *om.* P   **15** est *om.* P   **16** gratiam nostram B
quaeat P[1] *(corr.* P[3]*)* M[pc] *(t ex* d*),* que ad H; qu|id *ex* q|ad B[2]
largirier D *ut codd. Lucr.;* -gier B[1] H M *(e eras.),* -giere B[2]; -giri P
17 nostram? B[ar]   quidquam] d *ex* c, am *in ras. m.2?* B; quiquam
H[ac] M   causam? B[ar] H[ar]   gerere *codd. Lucr., edd., Br;* agere
B D P H M *contra metrum post Lact. ortum*   **18** ille D; illi iam H M
adferebat *ex* -bant D   **19** esset *ex* -se P[2]

officium est, sacramentum mundi et hominis exponere, cuius illi
expertes sacrarium ueritatis nec attingere nec uidere potuerunt.
ergo, ut paulo ante dicebam, cum adsumpsissent id quod erat
uerum, id est mundum a deo et hominum causa esse factum,
tamen quoniam eos in consequentibus ratio defecit, non potuerunt defendere id quod adsumpserant. denique Plato ne dei
opus imbecillum et ruinosum faceret, 'in aeternum' dixit 'esse
mansurum'. si hominum causa factus est et ita factus est, ut
esset aeternus, cur ergo ipsi quorum causa factus est non sunt
sempiterni? si mortales, propter quos factus est, ergo et ipse
mortalis atque solubilis; neque enim pluris est ipse quam hi,
quorum gratia factus est. quodsi ei ratio quadraret, intellegeret
periturum esse quia factus est, nec posse in aeternum manere
nisi quod tangi non potest. qui autem negat hominum causa
factum, hic nullam rationem tenet. si enim dicit ipsum fabrica-
torem sua causa tanta haec opera esse molitum, cur ergo nos nati
sumus? cur mundo ipso fruimur? quid sibi uult humani generis
ceterarumque animantium fictio? cur aliena commoda inter-
cipimus? cur denique augemur minuimur interimus? quid habet rationis ipsa generatio? quid perpetua successio? nimirum
uidere deus uoluit et suis uariis imaginibus tamquam sigilla

3 paulo ante] 7, 2, 3

Auct.: **7–8** *cf.* Cic. ac. 2, 118 *et 7, 1, 6*

3 adsumpsissent *ex* -set B²   **4** deo ⟨factum⟩ *recc., edd., Br cl. epit.*
62, 8 et § 16   et *s.l.* B²   **6** adsumpserunt HM   **8** et ita factus est
om. PHM   **10** quos *ex* quod P   **11** mortalis *ex* -les P²
soluibilis B¹ *(corr.* B³*)* D; -lis *ex* -les P²   ipse] et i. HM^ar
hi B¹ DP^pr HM, hii B² P^ar, ii *edd., Br; cf. § 6*   **12** ei B *(s.l. m.2)* D; et
PHM   quadrat et *ex* -draret *m.2?* P   intellegeret *om.* P
13 quia] quod *in ras.?* D   factum D   **14** non *s.l.* B³
16 operam H^ar M   nos *om.* HM   **17** *post* humani *1 litt. eras.* B
18 ceterarumque *Hm, Br;* -rorum- *codd., def. Buen haud recte cl. Cic.*
nat. deor. 2, 133   finctio HM   **20** perpet|tua, *pr.* t *eras.,* B; -tuae
H^ar M^ar   **21** uidere] u. uos B

confingere, quibus se oblectaret, et nihilominus tamen, si ita
esset, curae haberet animantes praecipueque hominem, cuius
imperio cuncta subiecit. qui autem dicunt semper fuisse mundum – omitto illud, quod esse ipsum sine aliquo principio non
potest; unde se extricare non queunt – sed hoc dico: si mundus
semper fuit, nullam potest habere rationem. quid enim potuit in
eo ratio moliri quod numquam sumpsit exordium? nam priusquam fiat aliquid aut struatur, opus est consilio, ut disponi possit
quemadmodum fiat, nec incipi quidquam potest sine prouisione
rationis. itaque omne opus ratio praecedit; non habet ergo
rationem quod factum non est. atquin mundus habet rationem,
quia et constat et regitur, ergo et factus est. si factus est, et
resoluetur. reddant ergo isti rationem, si possunt, cur aut factus
in principio sit aut postea resoluatur. quod quia docere non poterat Epicurus siue Democritus, sua sponte natum esse dixit seminibus inter se passim coeuntibus; quibus iterum resolutis discidium atque interitum secuturum. corrupit ergo quod recte
uiderat et totam rationem penitus ignorantia rationis euertit redegitque mundum et omnia quae in eo geruntur ad similitudinem

Epit.: 7, 3, 20 ... queunt] 62, 6 23 quod ... coeuntibus] 62, 6 aut sua ... concreta 24] *cf. de Platone* 63, 9 ludum ... uideatur

Auct.: 13 §§ 23–24] *cf.* Epicur. frg. 382 Usener

Codd.: 2 *ab* animantes *redit* K *(u. 6, 6, 17); hinc extant* B D P HM K

1 confingere P; -fig- B; -fring- D; -fingeret HM et *om.* HM
nihilominus B^ar D 2 praecipueque *ex* -puaq- *uel* -puaeq- B²
4 illum B esse] es *in ras. m.2?* P 5 non queunt] nequeunt D
6 *sup. potest m. rec.* scilicet mundus D 8 aut] ut HM
ante struatur *eras.* i*?* B 9 umquam, q *in ras.*, P 10 omne *ex*
-nem B³ praecedit *ex* proc- B² 11 non *s.l.* D adquin B; atqui
D *(ras. ex* -in*)* K rationem habet PK 12 quia et] quae HM^ar; qua
M^pr K ergo et factus est DK *recc., edd., Frd;* et ergo f. est *lineolis ex*
et f. est ergo B; ergo f. est et P; ergo f. est HM *Br* 13 rationem isti
HM aut *post* cur *ex* ut P 15 seminibus *ex* sim- B
16 inter se] interī *(ī ins. m.2)* D 17 recti B 18 redigitque BD

cuiusdam uanissimi somnii, siquidem rebus humanis ratio nulla subsistet. cum uero mundum omnesque partes eius ut uidemus mirabilis ratio gubernet, cum caeli temperatio et aequalis in ipsa uarietate cursus astrorum luminumque caelestium, temporum constans ac mira discriptio, terrarum uaria fecunditas, plana camporum, munimenta et aggeres montium, uiriditas ubertasque siluarum, fontium saluberrima eruptio, fluminum opportuna inundatio, maris opulenta et copiosa interfusio, uentorum diuersa et utilis aspiratio ceteraque omnia ratione summa constent, quis tam caecus est, ut existimet sine causa esse facta in quibus mira dispositio prouidentissimae rationis elucet? si ergo sine causa nec est nec fit omnino quidquam, si et prouidentia summi dei ex dispositione rerum et uirtus ex magnitudine et potestas ex gubernatione manifesta est, hebetes ergo et insani qui prouidentiam non esse dixerunt. non improbarem, si deos idcirco non esse dicerent ut unum dicerent, cum autem ideo ut nullum, qui eos delirasse non putat ipse delirat.

4. Sed de prouidentia satis in primo libro diximus. quae si est, ut apparet ex mirabilitate operum suorum, necesse est etiam

Epit.: 7, 3, 26] *cf.* 62, 5

18 in primo libro] 1, 2, 1–6

1 somnii *ex* -ni B²   **2** subsistit DM²; -stat HM¹   uero] ergo HM   ut uidemus] uitae uideamus quemadmodum B   **3** gubernet *in ras.* ut *uid., antea exp.* et P   aequans BD   **4** temporum] ac t. HM   **5** ac *ex* ad P³   discriptio D¹, *maluit iam Br*, descr- D² *cet., edd.; cf.* 1, 22, 4. 2, 10, 2   **9** spiratio Pᵃᶜ   rationem K   constet Bᵃᶜ Kᵃᶜ   **10** tamen Dᵃʳ   est *om.* B   estimet HM   factum B   **11** disputatio D   **12** quicquam omnino HM   si *om.* B   prudentia Hᵃᶜ M; proud- *sic* Hᵖᶜ   summa D   ex dispositione] expo- HM   **13** ex *post* uirtus] et HM   gubernationem Hᵃʳ Mᵃʳ   **14** hebetes *ex* heuetes B²   **16** ut unum dicerent *om.* PHM   cum *ex* cui? B   **17** delirasse *ex* errasse B²; dilir- H; liberasset, t *s.l.* D   putant *ex* -at, ipsi *ex* -se, delirant *ex* -at D²   delirat *ex* -ret B²   **18** de *om.* K   quae si K *edd., Br;* quia ut si B; quia et si *cet., edd.*   **19** ut apparet *om.* D

hominem ceterasque animantes eadem prouidentia creauerit. uideamus ergo, quae ratio fuerit fingendi generis humani, quoniam constat, id quod Stoici aiunt, hominum causa mundum esse fabricatum; quamquam in hoc ipso non mediocriter peccent, quod non hominis causa dicunt, sed hominum; unius enim singularis appellatio totum comprehendit humanum genus. sed hoc ideo, quia ignorant unum hominem a deo esse formatum putantque homines in omnibus terris et agris tamquam fungos esse generatos. at Hermes non ignorauit hominem et a deo et ad dei similitudinem fictum. sed redeo ad propositum. nihil est, ut opinor, quod sit propter se ipsum factum, sed quidquid omnino fit, ad usum aliquem fieri necesse est. quis est enim uel tam ineptus uel tam otiosus, ut adgrediatur aliquid facere frustra, ex quo nullam utilitatem, nullum commodum speret? qui domum aedificat, non idcirco aedificat, ut tantummodo domus sit, sed ut in ea possit habitari; qui nauem fabricat, non ideo insumit operam, ut tantum nauis appareat, sed ut in ea nauigetur; item qui uas aliquod instituit ac format, non propterea id facit, ut tantum fecisse uideatur, sed ut uas illud effectum capiat aliquod neces-

Epit.: 7, 4, 2 – 8, 2] 63, 1 – 64, 7 *(multa aliunde)*   7, 4, 2 . . . fabricatum] 63, 1 . . . fabricandi. 7 Stoici . . . recte   3 homines . . . generatos] *cf.* 9, 2 homo . . enatus   4–8] 63, 5 nec fiet . . . 7 est

Auct.: 9 Hermes] *u. supra 2, 10, 14*

1 homines H M   ceterosque B; *cf. 7, 3, 18*   creauerit] ue *exp.* D
4 quaquam P¹, *corr.* P³   7 ideo *ex* deo D   quia] quoniam D
hominum H M^ac   formatam D^ac   9 esse *om.* B   at *ex* ad P
et *ante* a *om.* B   ad *ex* a K   10 finctum D H M; factum K
sed *om.* D   est] eum K   11 sit] si K   12 ad usum] aduersus P
est *ante* enim *om.* H M K   12–13 tamquam ineptus H^ar M
14 quo ullam D^ac   nullum *ex* -lam P³   quomodum D¹
donum B¹, *corr.* B²   15 non . . . aedificat *om.* K   aedificat aut B^ar
16 opera D   18 forma *ex* formam? K   19 ut *ante* uas *om.* M
post capiat *s.l.* usum B²   aliquid H M

sarium. similiter cetera quaecumque fiunt, non utique in superuacuum, sed ad usus aliquos utiles laborantur. mundus igitur a deo factus est non utique propter ipsum mundum. neque
enim aut calore solis aut lumine aut aspiratione uentorum aut
umore imbrium aut alimonia frugum, cum sensu careat, indiget.
sed ne illud quidem dici potest, quod deus propter se ipsum
fecerit mundum, quoniam potest esse sine mundo, sicut fuit
antea, et iis omnibus quae in eo sunt quaeque generantur deus
ipse non utitur. apparet ergo animantium causa mundum esse
constructum, quoniam rebus iis quibus constat animantes fru-
untur; quae ut uiuere, ut constare possint, omnia iis necessaria
temporibus certis subministrantur. rursus ceteras animantes
hominis causa esse fictas ex eo clarum est, quod homini seruiunt
et tutelae eius atque usibus datae sunt, quoniam, siue terrenae
sunt siue aquatiles, non sentiunt mundi rationem, sicut homo.
respondendum est hoc loco philosophis maximeque Ciceroni,
qui ait: 'cur deus omnia nostra causa cum faceret, tantam uim
natricum uiperarumque fecerit? cur tam multa pestifera terra
marique disperserit'? ingens ad disputandum locus, sed ut in

Epit.: 7, 4, 9–10] 63, 7 homines ... continet; cf. 64, 3   11] cf. 63, 1
atquin ... mala   12–13] u. ad 24, 10 saepe

Auct.: **17–19** Cic. ac. 2, 120 breuiata; u. Frd ad l.

2 usus *ex* sus B   **4** calores K   lumine D P *Le, def. Buen, Frd (cl.
§ 18);* lunae BHMK; lunae lumine *edd.;* lumine lunae *Hm, Br*
spiratione P   **5** umore B P¹ H^pr, hum- D P³ K; tum- H^ar *(ut uid.)* M; *u.
1, 5, 16. 2, 9, 15*   caret HM   **8** iis B, his *cet.*   **9** causam H^ar M^ar
10 iis *edd., Br,* his *codd.*   constent P   **11** possint BHM; -sent DPK
iis B, his *cet.*   **12** rursum K   cetera animantia HM   **13** fictis D^ac;
-ta HM   **14** datae *edd. (u. Buen ad l.), Br;* -ta *codd.*   **16** ciceronis K¹
17 qui ait cur] quia igitur D   nostra D P^ac HMK *ut Cic. codd.
potiores;* -ri B *(ras. ex* -ra?*)* P^pc   *ante* tantam *s.l.* cur D²
18 matricum *codd.Cic.*   cur ... pestifera] cur mortifera tam multa
perniciosa *codd. Cic.*   tam *ex* tanta B³   **19** disputandus *m.1, sup. alt.
u m. rec.* ˜ P   locus] s *exp. m. rec.* P; -cum K^ac

transcursu breuiter stringendus est. quoniam homo ex rebus diuersis ac repugnantibus configuratus est, anima et corpore, id est
caelo atque terra, tenui et comprehensibili, aeterno ac temporali,
sensibili atque bruto, luce praedito atque tenebroso, ipsa ratio ac
necessitas exigebat et bona homini proponi et mala, bona, quibus utatur, mala, quae uitet et caueat. idcirco enim data est illi
sapientia, ut cognita bonorum malorumque natura et in appeten-
dis bonis et in malis declinandis uim suae rationis exerceat. nam
ceteris animalibus quia sapientia non data est, et munita indumentis naturalibus et armata sunt, homini autem pro his omnibus, quod erat praecipuum, rationem solam dedit. itaque nu-
dum formauit et inermem, ut eum sapientia et muniret et tegeret;
munimenta et ornatum eius non foris, sed intus, non in corpore,
sed in corde constituit. nisi ergo essent mala, quae caueret, quae
a bonis utilibusque distingueret, non esset ei sapientia necessaria. sciat ergo Marcus Tullius aut ideo homini datam esse
rationem, ut et pisces caperet usus sui gratia et natrices uiperas-
que uitaret salutis suae causa, aut idcirco ei bona malaque proposita, quia sapientiam acceperat, cuius uis omnis in discernen-
dis bonis malisque uersatur. magna igitur et recta et admirabilis
est uis et ratio et potestas hominis, propter quem mundum ipsum
et uniuersa quaecumque sunt deus fecit tantumque illi honoris
habuit, ut eum praeficeret uniuersis, quoniam solus poterat dei

Test.: **18–20** idcirco . . . uersatur] Lucif. moriend. 13 l. 22–24 Diercks

1 transcursum HM   **3** compraehensibilia K   **4** *ante* ipsa *exp.* qui
(antea 2 litt. eras.) B³   **7** malorum HM   **8** in *ante* malis *om.* K
9 animalibus *ex* -lis P³   indumentis *ex* -ta P³   **11** dedit solum *sic* K
12 sapientiam Hᵃʳ M   **13** munimentum et ornamentum HM
eius *om.* M   in *post* non *om.* PHM   **15** utilibusque] que *exp.* D
16 marcus BP, ·m̃· DH, ·m· MK   datam homini K   **18** uitaret *ex*
-re B²   aut] et *ex* ut P³   circo Dᵃᶜ   **19** omnibus Bᵃʳ
21 uis . . . propter *om., sup.* est quem *et in mg. paucae litt. eras.,* P
homini B   **23** habuit] tribuit, tri *in ras. m.2* B

17 opera mirari. optime igitur Asclepiades noster de prouidentia summi dei disserens in eo libro quem scripsit ad me, 'atque ideo' inquit 'merito quis arbitretur proximum sibi locum diuinam prouidentiam dedisse ei, qui potuerit intellegere ordinati-
18 onem suam. nam sol iste est; quis eum uidet ita, ut intellegat quia sol est et quantum gratiae adferat ceteris institutis? hoc caelum est; quis id suspicit? terra haec; quis eam colit? hoc
19 pelagus; quis nauigat? hic ignis est; quis eo utitur?' instituit ergo summus deus non propter se, quia nihilo eget, sed propter hominem, qui iis congruenter uteretur.

1   5. Reddamus nunc rationem quare hominem ipsum fecerit; quod si philosophi scissent, aut defendissent illa quae uera in-
2 uenerant aut in maximos errores non incidissent. haec enim summa, hic cardo rerum est, quem qui non tenuerit, ueritas illi omnis elabitur, hoc est denique, quod efficiat illis non quadrare rationem; quae illis si adfulsisset, si sacramentum hominis omne cognossent, numquam disputationes eorum et omnem philoso-
3 phiam de transuerso Academia iugulasset. sicut ergo mundum

Epit.: 7, 4, 17–19] *cf.* 64, 3   5, 1–3] 64, 4 ... fecerit   7, 5, 3–6] 64, 4 erat ... redderet

Auct.: 1 Asclepiades] *nonnisi hinc et Hier. uir. ill. 80, 2 notus*   14 cardo rerum] *cf. 2, 8, 55*

1 operam P   **4** potuerit BHM; -tuit D; -terat P; -terit K
5 ita ut] aut P   intellegit *ex* -gat P³   **6** solus est K   **8** nauigat BDPK *Frd*; in eo n. HM *edd.*; id n. *Br*   est *om.* P   **9** ergo ⟨cuncta⟩ *Br cl. epit. 64, 3*   nihilo] o *in ras. m.2* B; -hil HM   **10** qui iis *Br*, quiis B, qui his DPHK *edd., om.* M   **11** ipse D^ac   **12** sciscent P¹, *corr.* P³; fecissent D   **13** proximos M   **14** hic ardo M^ac K, hic ordo *recc.*   quem *om.* P   **15** omnis *ex* -ni B², *ex* -es *m.2?* P con *sic ex* non P³   quadraret P^ac   **16** adfulsisset] adesset *ex* adsisset D²   si *om.* P   omne *ex* homine P²   **17** cognouissent HM nec umquam, ec *s.l. m.3,* P   disputationes *ex* -nis P³; -tio K
18 academias, *post* c *1 litt. eras.,* P

non propter se deus fecit, quia commodis eius non indiget, sed
propter hominem, qui eo utitur, ita ipsum hominem propter se.
'quae utilitas deo in homine', inquit Epicurus 'ut eum propter se
faceret?' scilicet ut esset qui opera eius intellegeret, qui prouidentiam disponendi, rationem faciendi, uirtutem consumman-
di et sensu admirari et uoce proloqui posset. quorum omnium
summa haec est, ut deum colat. is enim colit qui haec intellegit,
is artificem rerum omnium, is uerum patrem suum debita ue-
neratione prosequitur, qui uirtutem maiestatis eius de suorum
operum inuentione inceptione perfectione metitur. quod planius argumentum proferri potest et mundum hominis et hominem sua causa deum fecisse, quam quod ex omnibus animan-
tibus solus ita formatus est, ut oculi eius ad caelum directi,
facies ad deum spectans, uultus cum suo parente communis sit
uideaturque hominem deus quasi porrecta manu adleuatum ex
humo ad contemplationem sui excitasse? 'quid ergo' inquit
'deo cultus hominis confert beato et nulla re indigenti? uel si
tantum honoris homini habuit, ut ipsius causa mundum fabri-
caret, ut instrueret eum sapientia, ut dominum uiuentium faceret
eumque diligeret tamquam filium, cur mortalem fragilemque
constituit? cur omnibus malis quem diligebat obiecit, cum oporteret et beatum esse hominem tamquam coniunctum ac proximum deo et perpetuum, sicut est ipse, ad quem colendum et

Auct.: 3 §§ 4. 7] Epicur. frg. 371 Usener; *cf. 7, 3, 13*   **16** § 7] *u. § 4*

Codd.: 14 *a* cum suo *redit pars antiqua* S *(u. 6, 6, 14); hinc extant* B D
P HM KS

2 ipsum hominum B   **4** operam HM   **6** sensum P   **7** colat is enim]
colatis· Is enim D; colatis· enim, *ras. et signo corr.*, P   his B   colit
. . . intellegit] q. i. c. h., *lineolis mutauit* c. h. q. i. B   **8** omnium rerum
P K   uerum *om.* P   **10** inceptione perfectione *om.* P
15 uideaturque] ut uideatur HM   **17** nulla re] nullo *ex* -la P³
20 eumque] ut *(s.l. m.3)* eum P   tamquam] t *ex* i *m.2* P
21 oportebat HM   **23** colendum *ex* -us D²

8 contemplandum figuratus est?' quamquam haec fere in prioribus libris sparsim docuimus, tamen quoniam proprie id materia nunc exigit, qua de uita beata disserere propositum est, explicanda sunt ista diligentius et plenius, ut dispositio dei et opus 9 uoluntasque noscatur. cum posset semper spiritibus suis immortalibus innumerabiles animas procreare, sicut angelos genuit, quibus immortalitas sine ullo malorum periculo ac metu constat, excogitauit tamen inenarrabile opus, quemadmodum infinitam multitudinem crearet animarum, quas primo fragilibus et imbecillis corporibus inligatas constitueret inter bonum malumque medias, ut constantibus ex utrisque natura uirtutem proponeret, ne immortalitatem delicate adsequerentur ac molliter, sed ad illud aeternae uitae ineloquibile praemium cum summa dif- 10 ficultate ac magnis laboribus peruenirent. ergo ut eas grauibus et uexabilibus membris indueret, quoniam consistere in medio inani non poterant ponderibus et grauitate corporis deorsum premente, sedem illis ac domicilium primo condendum esse de- 11 creuit. itaque ineffabili uirtute ac potentia praeclara mundi opera molitus est. suspensis in altitudinem leuibus elementis et

Epit.: 7, 5, 9–11] *cf.* 64, 7

1 in prioribus libris] 2, 10, 1 – 12, 24. 3, 12, 1–36. *al.; u. Frd ad l.*

1 quamquam *ex* quaq- P³   fere] facere D   **2** libris *om.* H M
3 nunc] non D   qua *ex* quam P²; quia D *recc., edd.*   prositum P¹,
corr. P²   **4** ita D   **5** uoluptasque H¹ M   spiritalibus M
6 angelus Dᵃᶜ   **8** inenarrabile] ab *s.l. m.2* B   **9** procrearet H M
10 imbecillibus P; *u. ind. form.*   corporis Dᵃᶜ   **11** ut] et B
utrisque *ex* utrique? B²; utriusque, *alt.* u *s.l.* D   naturae P K S;
-ram M   **12** immortalitate B   delicata, *alt.* a *ex alia litt.?,* B
moliter H¹ M   sed] sed ut H M   **13** inaequabile P   **14** *sup.* ut *m.3*
cum P   **15** indueret] u *ex* o? *m.2?* B; -rit *ex* -ret P³   **16** inania *ex*
-ani B³   deorum P¹, *corr.* P²   praemente, *deinde eras.* s? B
17 sedem] se *in ras.? m.2* B; sed est *compendio* K Sᵃᶜ *(ut uid.)*
illis] *pr.* i *in ras.* B; -lis *ex* -lius P²   **18** praeclaram H M
19 operam H M

grauibus in ima depressis et caelestia firmauit et terrena constituit. non est necesse nunc exsequi singula, quoniam in secundo libro uniuersa exsecuti sumus. lumina igitur posuit in caelo, quorum moderatio et claritas et motus aptissime ad utilitates uiuentium temperatus est, terrae autem, quam sedem uoluit esse, fecunditatem uaria gignendi ac proferendi dedit, ut ubertate frugum et herbarum et uirentium pro natura et usu cuiusque generis alimoniam ministraret. tum perfectis omnibus quae ad condicionem mundi pertinebant, hominem finxit ex ipsa terra, quam illi a principio in habitaculum praeparauit, id est spiritum suum terreno corpore induit et inuoluit, ut compactus ex rebus diuersis ac repugnantibus bonum ac malum caperet. et sicut terra ipsa fecunda est ad fruges pariendas, ita corpus hominis, quod adsumptum est e terra, generandi copiam facultatemque prodendae subolis accepit, ut quoniam fragili materia informatus in aeternum manere non poterat, peracto temporalis uitae spatio cederet et illud, quod fragile atque imbecillum gerebat, perpetua successione renouaret. cur igitur eum mortalem finxit et fragilem, cum illius causa mundum aedificasset? primum, ut infinita uis animarum gigneretur omnemque terram

2 in secundo libro] 2, 9, 1 – 10, 1 *(uel* 12, 14*)*

1 et *ante* caelestia *om.* HM   **3** uniuersa] omnia HM   proposuit HM   **4** moderationes PKS   claritates PKS   et *ante* motus *om.* HM   aptissime *om.* KS   utilitatis P   **5** temperatus est] -rauit PKS   **6** uariam DHM   ut *ex* et B³   **7** ubertatem P¹ *(corr.* P³*)* HM   et *post* herbarum *om.* PKS   uirentium] u. prouidentium HM   cuique KS^ac   **8** adimoniam P^ac; -nia M   administraret PKS   **9** conditionem B¹, *corr.* B³   mundi] hominis BP   ex] et ex BM *(ex s.l.)*   **11** suum *bis, pr. eras.* B   ut] ut et KS   **14** adsumptum *ex* -ta P²   est *om.* KS   **15** prodendae BDM^pc, prud- HM^ac; procreandae PKS, *prob. Br*   sobolis *ex* subul- P, *ex* subol- S; sub oculis HM^ar   ⟨e⟩ fragili *Hm, Br, sed cf. opif.* 8, 8   **16** formatus HMKS *Br*   **17** cederet *ex* -re P²   **20** *ante* uis 2 *litt. eras.* D   generetur D   terrarum? D^ar multitudine oppleret, deinde, ut proponeret homini uirtutem id est tolerantiam malorum ac laborum, per quam posset praemium immortalitatis adipisci. nam quia homo ex duabus rebus constat, corpore atque anima, quorum alterum terrenum est, alterum caeleste, duae uitae homini attributae sunt, una temporalis, quae corpori adsignatur, altera sempiterna, quae animae subiacet. illam nascendo accipimus, hanc adsequimur laborando, ne immortalitas homini, ut ante diximus, sine ulla difficultate constaret; illa terrena est sicut corpus et ideo finitur, haec uero caelestis sicut anima et ideo terminum non habet; illam primam nescientes accipimus, hanc secundam scientes; uirtuti enim, non naturae datur, quia uoluit nos deus uitam nobis in uita comparare. idcirco hanc praesentem dedit, ut illam ueram et perpetuam aut uitiis amittamus aut uirtute mereamur. in hac corporali non est summum bonum, quoniam sicut necessitate diuina nobis data est, ita rursus diuina necessitate soluetur; ita quod finem habet, summum bonum non habet. in illa uero spiritali, quam per nos ipsi adquirimus, summum bonum continetur, quia nec malum potest habere nec finem. cui rei argumentum natura et ratio corporis praebet. cetera namque animalia in humum uergunt, quia terrena sunt, nec capiunt immortalitatem, quae de caelo est, homo autem rectus in caelum spectat, quia proposita

Epit.: 7, 5, 15 uirtutem ... adipisci] *cf.* 68, 5 ut possit ... adipisci

8 ante] § 9

Test.: **3** §§ 16–19] *cf.* Orient. comm. 1, 43–58

2 laborum] dolorum H M   possit H M K S   **3** adispisci H M
4 alterum ... est *om.* P H M   **6** quae *ante* animae] quam H M^{ar}
7 illam] et i. H M   **10** anima et] -mae K S   **11** accipimus ...
scientes *om.* K S   **12** nos *om.* K S   **14** memereamur B^{ar}
16 est data H M   rursum B P K S   soluitur K S   **17** non *s.l.* S
17–18 per quam nos, per *exp.* D   **19–20** natura ... corporis] n. et (t *eras.?*) r. et natura c. B   **20** praebet corporis K S   **20–21** humuergunt P¹, *corr.* P²

est illi immortalitas, nec tamen uenit, nisi tribuatur homini a deo. nam nihil interesset inter iustum et iniustum, siquidem omnis homo natus immortalis fieret. ergo immortalitas non sequella naturae, sed merces praemiumque uirtutis est. denique homo non statim quam natus est rectus ingreditur, sed quadrupes primo, quia ratio corporis et huius praesentis uitae communis est nobis cum mutis animalibus. post deinde confirmatis uiribus erigitur et lingua eius in eloquium soluitur et mutum animal esse desinit. quae ratio docet mortalem nasci hominem, postea uero immortalem fieri, cum coeperit ex deo uiuere id est iustitiam sequi, quae continetur in dei cultu, cum excitauerit hominem deus ad aspectum caeli ac sui. quod tum fit, cum homo caelesti lauacro purificatus exponit infantiam cum omni labe uitae prioris et incremento diuini uigoris accepto fit homo perfectus ac plenus. ergo quia uirtutem proposuit homini deus, licet anima et corpus consociata sint, tamen contraria sunt et impugnant inuicem. animi bona mala sunt corporis, id est opum fuga, uoluptatum interdictio, doloris mortisque contemptus. item corporis bona mala sunt animi, hoc est cupiditas et libido, quibus et opes appetuntur et suauitates uariarum uoluptatum, quibus eneruatus animus extinguitur. ideo necesse est iustum et sapientem in omnibus malis esse, quoniam malorum uictrix est fortitudo, iniustos autem in diuitiis, in honore, in potestate; haec enim bona corporalia et terrena sunt. illi autem terrenam uitam agunt

Epit.: 7, 5, 22–26] *cf.* 63, 8 cur ii . . . transferantur

1 illi est K S   **2** interesset] esse inter B¹, *lineolis ord. rest. et* t *s.l. corr.* B²; esset P K S   **2–3** omnis . . . immortalis] mortalis *tantum* P   **3** sequella B D *(pr.* l *exp.)* P *(pr.* l *exp.),* -uela H *(ante* la *eras.* l?*)* M, -uęla K S   **5** quam] quando *ex* q. P³; quo H *(ex* quod?*)* M   **7** post] potest, *del. m. rec.,* D   **12** tum *ex* tam D   **16** tamen *ex* amen B²   **17** sunt *om.* H M   id est *ex* dest B²   **19** et *ante* opes *om.* D   **21** necesse est ideo H M   **22** inom|nibus *ex* homi|nibus? B²   **23** iniustus B; iustos Dᵃᶜ   in *ante* honore *s.l.* B²   **23–24** haec . . . sunt *in mg. inf.* D   **23** enim] est *eras.* H, e *in ras.* M   **24** *post* autem *1 litt. eras.* P

nec adsequi immortalitatem queunt, quia se uoluptatibus dediderunt, quae sunt uirtutis inimicae. itaque uita haec temporalis illi aeternae debet esse subiecta sicut corpus animae. quisquis ergo animae uitam maluerit, uitam corporis contemnat necesse est nec aliter eniti ad summum poterit, nisi quae sunt ima despexerit. qui autem corporis uitam fuerit amplexus et cupiditates suas in terram deiecerit, illam superiorem uitam consequi non potest. sed qui mauult bene uiuere in aeternum, male uiuet ad tempus et adficietur omnibus molestiis et laboribus quamdiu fuerit in terra, ut habeat diuinum et caeleste solacium. et qui maluerit bene uiuere ad tempus, male uiuet in aeternum; damnabitur enim sententia dei ad aeternam poenam, quia caelestibus bonis terrena praeposuit. propterea igitur coli se deus expetit et honorari ab homine tamquam pater, ut uirtutem ac sapientiam teneat, quae sola immortalitatem parit. nam quia nullus alius praeter ipsum donare eam potest, quia solus possidet, pietatem hominis qua deum honorauerit hoc adficit praemio, ut sit in aeternum beatus sitque apud deum et cum deo semper.

Neque nunc aliquis eo confugiat, ut dicat ad ipsius culpam pertinere qui et bonum instituit et malum. cur enim malum

Epit.: 7, 5, 27] 64, 7 ... mentis; *cf.* 36, 3 et hac ... mysterium. 64, 1 7, 5, 27 add. 1–17] *cf.* 22, 4. 24, 1–11

Codd.: **19** 7, 5, 27 add. 1–17] K S *tantum; u. infra adn. crit.*

1 qui H M S *(ras. ex* quia*)*   dederunt H M   **3** quisquis ergo] e. qui H M   **4** aluerit H M   **5** niti P   summum] s. bonum K S despexerit *ex* disp- P³   **10** terram H^ar M   **11** maluerit P K S; -let B; -lit D H M   **12** sentia B¹, *corr.* B²   qui D   **13** expeti D *(m.2? ex* -tit*)* P¹ *(corr.* P³*)*   **14** honorari *ex* -re *m.2?* D   ut] et *m.1; s.l.* uult · ut homo *m.2?* D   ac] et H M   **15** solam H M   quia *om.* H M   **16** ipsam D^ac   **17** qua] qui D *(ras. ex* quia*)* H¹ M   **19** *ad* 7, 5, 27 *add. 1–17 cf. Heck, 1972, 81–115, de textu 81–83; 85–87; nonnulla corrigenda praesertim* K *tunc ignoto*   **20** qui K S, *dubitanter recepimus cum Buen, Le al., qui distinguunt* pertinere, qui ... instituit, et malum *(ut sit* ipsius *i. q.* eiusdem*); quod Br, Frd;* quia *coni. Heck l. c. 86; cf. 88 et Frd ad l.*

uoluit esse, si id odio habet? cur non bonum tantum fecit, ut
nemo peccaret, nemo faceret malum? – quamquam hoc in omnibus fere prioribus libris docuerim et id iam superius quamuis
leuiter attigerim, tamen subinde admonendum est, quia omnis
ratio in eo posita est.   nulla enim uirtus esse poterat, nisi   add. 2
diuersa fecisset, nec omnino apparere uis boni potest nisi ex
mali comparatione; adeo malum nihil aliud est quam boni in-
terpretatio. sublato igitur malo etiam bonum tolli necesse est.
si laeuam manum aut pedem amputaueris, nec corpus erit in-   add. 3
tegrum nec uita ipsa constabit; adeo ad compagem corporis
temperandam aptissime cum dexteris sinistra iunguntur.   item   add. 4
si pares calculos feceris, nemo ludet, si unum colorem circo
dederis, nemo spectandum putabit sublata omni circensium
uoluptate. quos profecto qui primus instituit, amator unius co-
loris fuit, sed alterum ei quasi aemulum posuit, ut posset esse
certamen et aliqua in spectaculo gratia.   sic deus cum bonum   add. 5
constitueret, cum uirtutem daret, statuit etiam diuersa, cum quibus illa confligerent. si desit hostis et pugna, nulla uictoria est.
tolle certamen, ne uirtus quidem quidquam est. quam multa sunt
hominum inter se et quam uariis artibus constituta certamina!
nemo tamen fortior uelocior praestantior haberetur, si aduer-
sarium cum quo contenderet non haberet. unde autem abest
uictoria, abesse hinc et gloriam simul et praemium necesse est.
ut igitur uirtutem ipsam exercitatione adsidua roboraret eam-   add. 6
que faceret de malorum conflictatione perfectam, utrumque simul dedit, quia utrumque sine altero retinere uim suam non
potest. ergo diuersitas est cui omnis ratio uirtutis innititur.
non me praeterit quid hoc loco a peritioribus possit opponi: si   add. 7
bonum sine malo esse non potest, quomodo primum hominem

3 superius] 7, 5, 19.   23

5 ratio ⟨uirtutis⟩ *Br cl. opif. 19, 8 add. 3, sed cf. 7, 6, 1*   nullam S[ar]
14 primus *Hm*, prius K S   21 aduersium K   27 uirtutis *Br;* ueritatis
K S; *cf. e. g. 1, 1, 4. 19; dubitat Frd*   innititur *bis, alt. eras.* K
28 opponi *ex* app-? S

dicis ⟨ante⟩ offensum deum in solo bono fuisse aut postea in solo bono futurum? – discutienda nobis haec quaestio est, quod in prioribus libris praetermisi, ut hic implerem. diximus superius ex elementis repugnantibus hominis constare naturam. corpus enim quae terra est, comprehensibile [est] temporale brutum atque tenebrosum est, anima uero quia de caelo est, tenuis aeterna sensibilis inlustris est. quae quia inter se contraria sunt, necesse est hominem bono et malo esse subiectum: animae adscribitur bonum, quia indissolubilis est, corpori malum, quia fragile est. quoniam igitur sociata et coniuncta sunt corpus et anima, aeque bonum et malum cohaereat necesse est nec separari alterutro possunt, nisi cum illa separata sunt. denique boni malique notitia simul homini primo data est, qua percepta statim de loco sancto pulsus est, in quo malum non est. ubi cum esset in bono tantum, id ipsum bonum esse ignorabat, postquam uero accepit boni malique intellegentiam, nefas erat eum in beatitudinis loco morari relegatusque est in hunc communem orbem, ut ea utraque simul experiretur quorum naturam pariter agnouerat. apparet ergo idcirco datam esse homini sapientiam, ut bonum discernat a malo, ut ab incommodis commoda, ab inutilibus utilia distinguat, ut habeat iudicium et considerantiam, quid cauere quid appetere, quid fugere quid sequi debeat. sapientia igitur constare sine malo non potest, uixitque ille princeps generis humani, quamdiu in solo bono fuit, uelut infans, boni ac mali nescius. at enim postea hominem necesse est et

3 superius] 7, 4, 12; cf. 7, 5, 13 al.

1 ⟨ante⟩ offensum deum *edd., Br;* offensurum d. *Frd;* inoffenso deo noluit *Heck, 1972, 86 n. 5* **5** quae K S¹, def. Buen. cl. 4, 16, 11; quia de S² *edd., Br;* u. *Frd ad l.* comprehensibile est K S¹, est del. S², om. *recc., edd., Br* **9** indissolubilis, in *s.l. m.1 ut uid.,* S *recc., edd.;* |dissol- K **16** nefas *Br, Heck, Frd;* itam *(sic, anteced.* tiam *perperam repet.)* n. K; ita *(del. m.2)* in *(eras.)* n. S; ita n. *recc.,* iam n. *edd.* **19** homini S^pr; -nis K S^ar **21** distinguant S^ar **22** quid *ante* cauere *ex* quod? S

sapientem esse et sine ullo malo beatum. sed id fieri non potest, quamdiu anima domicilio carnis induta est. cum uero factum fuerit corporis animaeque discidium, tunc malum a bono separabitur, et sicut corpus interit, anima manet, ita malum in-
5 *teribit et bonum permanebit. tunc homo accepto immortalitatis indumento erit sapiens, expers mali sicut deus. qui ergo uult*   add. 13
nos in bono esse tantum, id potissimum desiderat, ut sine corpore uiuamus, in quo est malum. quod si tollatur, aut sapientia homini ut dixi aut corpus adimetur, sapientia ut ignoret malum,
10 *corpus, ut non sentiat. nunc autem cum homo et sapientia sit instructus, ut sciat, et corpore, ut sentiat, utrumque pariter in hac uita deus esse uoluit, ut ratio uirtutis sapientiaeque constaret. posuit itaque hominem inter utrumque medium, ut haberet licentiam uel mali uel boni sequendi. sed malo admiscuit*   add. 14
15 *apparentia quaedam bona, id est uarias et delectabiles suauitates, ut earum inlecebris induceret hominem ad latens malum, bono autem admiscuit apparentia quaedam mala, id est aerumnas et miserias et labores, quorum asperitate ac molestia offensus animus refugeret a bono latenti. hic ergo sapientiae offi-*   add. 15
20 *cium desideratur, ut plus mente uideamus quam corpore. quod pauci admodum facere possunt, quia et uirtus difficilis ac rara est et uoluptas communis ac publica. ita necesse est sapientem*   add. 16
pro stulto haberi, qui dum appetit bona quae non cernuntur, dimittit e manibus quae uidentur, et dum uitat mala quae non
25 *aspiciuntur, incurrit in mala quae ante oculos sunt. quod accidit nobis, cum neque cruciatum neque mortem pro fide recusamus, quando ad summum nefas compellimur, ut prodita fide atque*

---

2 domicilio *edd., Br;* -lia K S   **6** eris K   mali ... qui K*;* malis s. anima *(s.l. m.2?)* qui S*;* malis. si quis *recc.;* mali. si quis *edd., Br;* m. sicut d. si quis *Buen.*   **9** homini *bis, alt. del. m.2?* S   **17** bono] *alt.* o *in ras.* S*;* -na K   **18** ac] hac K S^{ar} **19** hic K S *Br;* hinc *recc., edd., Heck, 1972, 86, Frd*   **21** rara] *alt.* ra *in ras.* S*;* rata K   **24** dimittit S *(imittit in ras.), edd., Br;* donitat K *(sic, ex seq.* dum uitat*);* dimittat *recc.*   **24–25** non ... quae] non *s.l., cet. in mg. m.1* S add. 17 *abnegato deo uero diis mortuis mortiferisque libemus. haec ratio est cur hominem deus et mortalem fecerit et malis subiecerit, licet ipsius causa mundum aedificasset, scilicet ut uirtutem caperet et ei uirtus sua immortalitatem daret; uirtus autem, sicut ostendimus, ueri dei cultus est.*

1   6. Nunc totam rationem breui circumscriptione signemus. idcirco mundus factus est, ut nascamur; ideo nascimur, ut agnoscamus factorem mundi ac nostri deum; ideo agnoscimus, ut colamus; ideo colimus, ut immortalitatem pro laborum mercede capiamus, quoniam maximis laboribus cultus dei constat; ideo praemio immortalitatis adficimur, ut similes angelis effecti summo patri ac domino in perpetuum seruiamus et simus aeternum
2 deo regnum.   haec summa rerum est, hoc arcanum dei, hoc mysterium mundi, a quo sunt alieni, qui sequentes praesentem uoluptatem terrestribus et fragilibus se bonis addixerunt et animas ad caelestia genitas suauitatibus mortiferis tamquam luto
3 caenoue demerserunt.   quaeramus nunc uicissim, an in cultu deorum ratio ulla subsistat. qui si, multi sunt, si ideo tantum ab hominibus coluntur, ut praestent illis opes uictorias honores quaeque alia non nisi ad praesens ualent, si sine causa gignimur, si in hominibus procreandis prouidentia nulla uersatur, si casu

Epit.: 7, 6, 1] 64, 1; *cf.* 67, 8 . . . regnum

5 ostendimus] 7, 5, 22. 27; *cf.* 6, 5, 19

Test.: **7–13** idcirco . . . regnum] *cf.* Orient. comm. 1, 59–64

Codd.: **6** *hinc rursus extant* B DP HM KS

8 deum] dominum HM   **9** merce H   **10** accipiamus M
11 similes *ex* -lis P³   **12** domino] d. nostro HM   aenum P¹, *corr.* P²   **13** dei P   est *om.* HM   hoc . . . hoc] hunc . . . hunc S¹
14 praesentem *(ẽ ex* es? *m.2)* sequentes *(s ex* m *m.2), ord. lineolis rest. m.3?* B   **15** se *om.* M   **17** demerserint B Dᵃᶜ HM *numero meliore; cf. Br ad l.*   **18** si . . . sunt] simulati sint HM   si *post* sunt *om.* P
ab *om.* KS   **20** *post* alia *s.l.* quae P³   gignim; *(i. e.* -mus*)* K
21 si casu BDᵖᶜ P; si casus in HM; si casu si Dᵃᶜ KS

nobismet ipsis ac uoluptatis nostrae gratia nascimur, si nihil post mortem sumus, quid potest esse tam superuacuum, tam inane, tam uanum quam humana res et quam mundus ipse, qui cum sit incredibili magnitudine, tum mirabili ratione constructus, tamen rebus ineptis uacet? cur etenim uentorum spiritus citent nubes? cur emicent fulgura, tonitrua mugiant, imbres cadant? ut fruges terra producat, uarios fetus alat? cur denique omnis natura rerum laboret, ne quid desit earum rerum quibus uita hominum sustinetur, si est inanis, si ad nihilum interimus, si nihil est in nobis maioris emolumenti deo? quod si est dictu nefas nec putandum est fieri posse, ut non ob aliquam maximam rationem fuerit constitutum quod uideas maxima ratione constare, quae potest esse ratio in his erroribus prauarum religionum et in hac persuasione philosophorum, qua putant animas interire? profecto nulla. quid enim habent dicere, cur dii hominibus tam diligenter suis quaeque temporibus exhibeant? an ut illis far et merum demus et odorem turis et sanguinem pecudum? quae neque immortalibus grata esse possunt, quia sunt fragilia, neque usui esse expertibus corporum, quia haec ad usum corporalium data sunt; et tamen si ea desiderarent, sibi ipsi possent exhibere, cum uellent. siue igitur intereunt animae siue in aeternum manent, quam rationem continet cultus deorum aut a quo mundus constitutus est? cur aut quando aut quousque, quatenus homines aut

---

1 gratię P¹, *corr.* P² **3** uanum] *post* a *1 litt. eras.* P et] est HM; est et KS **4** tam mirabili P¹; et admir- P³ KS **5** enim D spiritum P citent BDHM; scitent P; cient KS **6** cur *om.* P fulgura B, -gora *cet.* inmembres Bᵃʳ, inbres P, imbes H ut *codd., def. Frd*; cur *Br* **7** uarios] ut u. D natura *ex* -re P **8** quiidesit *sic* B hominum BDPHM; -nis KS *edd., Br* **9** inane HM **11** ob ... rationem] ab aliqua maxima ratione HM ob aliquam *ex* obli- B² **12** uideamus HM **13** regionum HM **14** qua] qui HM **17** demus *ex* debus? P² nec P **19** expertibus] inex- KS **20** desiderent D ipsi *om.* P **21** siuel Bᵃʳ igitur] ergo HM **22** a *om., ex* quo *m.2* quomodo D **23** est *om.* P autem quando S aut *ante* quam *om.* P

quam ob rem procreati? cur nascuntur intereunt succedunt renouantur? quid dii ex cultibus eorum adsequuntur, qui post mortem nihil futuri sunt? quid praestant, quid pollicentur, quid minantur aut hominibus aut diis dignum? uel si manent animae post obitum, quid de iis faciunt facturiue sunt? quid illis opus est thesauro animarum? ipsi illi ex quo fonte oriuntur? quomodo aut quare aut unde multi sunt? ita fit ut, si ab illa rerum summa quam superius comprehendimus aberraueris, omnis ratio intereat et ad nihilum omnia reuoluantur.

7. Quam summam quia philosophi non comprehenderunt, nec ueritatem comprehendere potuerunt, quamuis ea fere quibus summa ipsa constat et uiderint et explicauerint. sed diuersi ac diuerse illa omnia protulerunt non adnectentes nec causas rerum nec consequentia nec rationes, ut summam illam quae continet uniuersa et compingerent et implerent. facile est autem docere paene uniuersam ueritatem per philosophos et sectas esse diuisam. non enim sic philosophiam nos euertimus, ut Academici solent, quibus ad omnia respondere propositum est, quod est potius calumniari et inludere, sed docemus nullam sectam fuisse

Epit.: 7, 7, 1] 64, 1 quam ... potuerunt; *cf.* 62, 5 ... tenebant   1–5] 62, 8 sed ... concluderent

8 superius] § 1

1 nascuntur] natura n. HM   **2** quid *ex* qui P²; quod M
4 uel *ex* ue P²   **5** obitum DHM; mortem BPKS   *ex § 3 uel 7*
iis B, his *cet.*   faturiue K   **6** thensaurum H, thensaurorum M; *u. ind. form.*   **11–13** comprehendere ... adnectentes] comprehendentes *tantum, cet. om.* KS   **11** comprehendere potuerunt] conpraehenderunt B
12 et explicauerint *om.* P¹ *(in mg.* et docuerint P³*)* HM   **13** omnia illa P   causas] ad c. H   **14** consequentia BDP¹ KS *St 248, Frd;*
-tias P³ HM *Br*   nec rationes *om.* HM   summa illa P
15 uniuersa et *ex* uniuersae B²   **16** philosophorum sectas KS
17 sic ... nos] sic filosofiam sic B; sic philosophos nos KS
academi Bᵃᶜ   **19** calumniari *codd., Frd;* cauillari *Br*   inludere] inuidere H *(-*ri*)* M

tam deuiam neque philosophorum quemquam tam inanem, qui non uiderit aliquid ex uero. sed dum contradicendi studio insaniunt, dum sua etiam falsa defendunt, aliorum etiam uera subuertunt, non tantum elapsa illis ueritas est quam se quaerere simulabant, sed ipsi eam potissimum suo uitio perdiderunt. quodsi extitisset aliquis, qui ueritatem sparsam per singulos per sectasque diffusam colligeret in unum ac redigeret in corpus, is profecto non dissentiret a nobis. sed hoc nemo facere nisi ueri peritus ac sciens potest, uerum autem scire non nisi eius est qui sit doctus a deo. neque enim potest aliter repudiare quae falsa sunt, eligere ac probare quae uera. sed si uel casu id efficeret, certissime philosopharetur, et quamuis non posset diuinis testimoniis illa defendere, tamen se ipsa ueritas inlustraret suo lumine. quare incredibilis est error illorum, qui cum aliquam sectam probauerint eique se addixerint, ceteras damnant tamquam falsas et inanes armantque se ad proeliandum nec quid defendere debeant scientes nec quid refutare incursantque passim sine dilectu omnia quae adferunt quicumque dissentiunt. ob has eorum pertinacissimas contentiones nulla extitit philosophia quae ad uerum propius accederet; nam particulatim ueritas ab iis tota comprehensa est. factum esse a deo mundum

Epit.: 7, 7, 8] *cf.* 62, 6 sua sponte autem . . . 7 habet

Codd.: 3 *a* uera *redit* R (*u. 6, 25, 4*); *hinc extant* B D P HM K S R
1 nequeque K S[ar]   3 *post* sua *1 litt. eras.* B; sua *ex* suae P[3]
4 etlapsa D[ac]   5 ipse R   enam B[ar]   perdiderint D[ac]
7 diffusam *om.* K S   *post* ac *1 litt. eras.* B   8 profectos D[ar]
nemo] ne P   9 scire . . . eius] scire *om.* P; non nisi e. s. K S
10 alter D   11 efficeret *ex* iff- R[2]; -re B; defi- HM   12 et *om.* R;
ut P   13 ipsam D   15 sectam *om., s.l. m.2* causam D
tamquam *om.* M   16 armantesque R   nec *ex* ne B[2]
17 nec *ex* ne B[2]   incursantque] r *in ras. m.3* B   18 delectu *ex* dil-
P[2]; delicto HM   quaecumque *ex* quic- P[3]   19 earum B P R
exsistit R   20 quae *ex* quam B[2]   proprius P[1] *(corr.* P[3]*)* H[ar]
particulatis S[1]   21 iis B R, his *cet.*   conprensa D; *cf. 3, 20, 2. 30, 4*
factum *ex* -ta P[2]   mundum a deo K S

dixit Plato; idem prophetae loquuntur idemque ex Sibyllae carminibus apparet. errant igitur qui uel omnia sua sponte nata esse dixerunt uel minutis seminibus conglobatis, quoniam tanta res, tam ornata, tam magna neque fieri neque disponi et ordinari sine aliquo prudentissimo auctore non potuit et ea ipsa ratio, qua constare ac regi omnia sentiuntur, sollertissimae mentis artificem confitetur. hominum causa mundum et omnia quae in eo sunt esse facta Stoici loquuntur; idem nos diuinae litterae docent. errauit ergo Democritus, qui uermiculorum modo putauit effusos esse de terra nullo auctore nullaque ratione. cur enim formatus sit homo, diuini sacramenti est, quod quia ille scire non poterat, humanam uitam deduxit ad nihilum. ad uirtutem capessendam nasci homines Ariston disseruit; idem nos monemur ac discimus a prophetis. falsus igitur Aristippus, qui hominem uoluptati hoc est malo tamquam pecudem subiugauit. immortales esse animas Pherecydes et Plato disputauerunt; haec uero propria est in nostra religione doctrina. ergo Dicaearchus cum Democrito errauit, qui perire cum corpore ac dissolui argumentatus est. esse inferos Zenon Stoicus docuit et sedes piorum ab impiis esse discretas et illos quidem quietas ac

Epit.: 7, 7, 12] *cf.* 63, 8 . . . mysterium. 64, 6

Auct.: **1–p. 673, 3** Plato . . . § 13 Epicurus] *de fontibus u. Frd ad l.*

Test.: **16** §§ 12–13] *cf.* Zeno 1, 1, 3–4

2 apparent B D^{ac} R erant H M K S^{ac} sua *om.* H M
4 ornatam M *(om. seq.* tam*)* K^1 neque disponi neque fieri K S R
et] neque K S R ornari R sine] si non K S; nisi ab R
5 prouidentissimo B^3 *(ex* prud-*)* H M non potuit B D K S R *Frd (cf. Heck, 1972, 175);* potuit P *edd., Br;* potest H M et *om.* B H M
ea *om.* R **8** sunt *s.l.* B^3 **9** modo *ex* m *et 5 litt. eras.* S^2; mando *sic* K
10 nulla ratione B **12** duxit H **13** capessandam B cariston H M;
aristoteles K S, -stotoleo R **14** falsus] uanus R igitur falsus D
15 uoluptatis K S^{ar} malae K S pecudum B **16** fere ades K S
17 doctrinae, *antea 1 litt. eras.,* D^1 **18** democritus R **19** zeno
codd., sed u. 3, 4, 1. al. **20** discretas *ex* -ta B^2 illos *ex* -lo P^3

delectabiles incolere regiones, hos uero luere poenas in tenebrosis locis atque in caeni uoraginibus horrendis; idem nobis prophetae palam faciunt. ergo Epicurus errauit, qui poetarum id esse figmentum putauit et illas inferorum poenas quae ferantur in hac esse uita interpretatus est. totam igitur ueritatem et omne diuinae religionis arcanum philosophi attigerunt, sed aliis refellentibus defendere id quod inuenerant nequiuerunt, quia singulis ratio non quadrauit, nec ea quae uera senserant in summam redigere potuerunt, sicut nos superius fecimus.

8. Vnum est igitur summum bonum immortalitas, ad quam capiendam et formati a principio et nati sumus. ad hanc tendimus, hanc spectat humana natura, ad hanc nos prouehit uirtus. quod bonum quia deprehendimus, superest ut etiam de ipsa immortalitate dicamus. Platonis argumenta quamuis ad rem multum conferant, tamen parum habent firmitatis ad probandam et implendam ueritatem, quoniam nec rationem totius mysterii magni consummauerat in unumque collegerat nec summum bonum comprehenderat. nam licet uerum de animae immortalitate sentiret, tamen non ita de illa tamquam de summo bono disserebat. nos igitur certioribus signis eligere possumus ueritatem,

Epit.: 8, 1] 64, 7 . . . mentis   2] 63, 8 . . . mysterium. 64, 6

9 superius] 7, 6, 1

Auct.: 2 caeni uoraginibus] *cf.* Verg. Aen. 6, 296   **4–5** illas . . . uita] *cf.* Lucr. 3, 978 sq.

1 in *om.* B *ut uid. (inc. propter lituram)*   **2** locis *in* K *quadrangulo inclusit m. rec., om.* S R   **3** plana R   **4** quae ferantur] inte | ferantur, feran *in ras.*, R   feruntur S^{ac}   **7** nequiuerant R   **8** rati H non quadrauit] inqua- K S   qui K S   **9** siut B^{ac}   **10** immortalitatis S^{ar}   **11** si | mus, i *inc., ex alia litt.?*, B   ad] et ad P S², et K S¹   **11–12** hanc tendimus *om.* P   **12** ad] ab K S¹ *(ut uid.)*   **14** documenta K S   ad] argui ad H M   rem multum] remedium K S   **15** tamen *om.* P   ad probandam] appro- K S; ad pro | *tantum* R   **17** collegerat *ex* -lig- P³   **20** elicere H M

qui eam non ancipiti suspicione colligimus, sed diuina traditione cognouimus. Plato autem sic argumentatus est: 'immortale esse quidquid per se ipsum et sentit et semper mouetur; quod enim principium motus non habet, nec finem habiturum, quia deseri a semet ipso non potest'. quod argumentum etiam mutis animalibus aeternitatem daret, nisi adiectione sapientiae discreuisset. addidit ergo, ut effugeret hanc communitatem, 'fieri non posse, quin sit immortalis animus humanus, cuius miranda sollertia inueniendi et celeritas cogitandi et facilitas percipiendi atque discendi et memoria praeteritorum et prouidentia futurorum et artium rerumque innumerabilium scientia, qua ceterae careant animantes, diuina et caelestis appareat, quia et origo animi, qui tanta capiat, tanta contineat, nulla reperiatur in terra, siquidem ex concretione terrena nihil habeat admixtum; sed necesse esse in terram resolui quod est in homine ponderosum et dissolubile, quod autem tenue atque subtile, id uero esse indiuiduum ac domicilio corporis uelut carcere liberatum ad caelum et ad naturam suam peruolare'. haec fere Platonis collecta breuiter,

Epit.: 7, 8, 4 – 9, 18] 65, 1–5   7, 8, 4–6] 65, 1 Plato . . . concretum

Auct.: **2–5** *cf.* Plato Phaedr. 245 c *ex* Cic. Tusc. 1, 53 = rep. 6, 27
7–18 *conflata ex* Cic. Tusc. 1, 66 = consol. frg. 21 Vitelli = phil. frg. IX 10 Müller *(uerbo tenus ira 10, 45–46) et* Cato 78

1 accipiti H[ac], anticipiti M[ar]; a principio R   collegimus HM
1–2 sed . . . cognouimus *in mg. inf.* P[2]   **4** qui HM   deseri a] deside|ria B[1], desidera|ria B[2]   **5** semet] se *ras. ex* sed B animalibus *ex* -lis P[3]   **7** addit S   potest HM   **8** cuius *ras. ex* cumius? P   miseranda D[ac]   **9** et *ante* facilitas *om.* HM
10 memoriam HM   et prouidentia futurorum *s.l.* P[2]   prouidentiam HM; prudentia R   **11** rerumque KSR *epit.;* plerumque *cet.* carent KSR   **12** diuina et *ex* -nae B[2]   **13** tanta capiat *om.* P cupiat B   reperiatur KS; reppe- *cet.; u. 3, 2, 10. 8, 27. al.* in terra *om.* B   **14** concreatione D[ac]; -cretioneq R[ar]; congregationem, m *exp.*, P   terra, *sup.* a *litt. inc.* B   est B   **15** terra R indissolubile D[ac]   **16** quod . . . subtile *s.l.* P[2]   tenerum HM uerum HM   indiuiduum] id diuinum HM

quae apud ipsum late copioseque explicantur. in eadem sententia fuit etiam Pythagoras antea eiusque praeceptor 'Pherecydes, quem' Cicero tradit 'primum de aeternitate animarum disputauisse'. qui omnes licet eloquentia excellerent, tamen in hac dumtaxat contentione non minus auctoritatis habuerunt qui contra hanc sententiam disserebant, Dicaearchus primo, deinde Democritus, postremo Epicurus, adeo ut res ipsa de qua inter se pugnabant in dubium uocaretur. denique Tullius expositis horum omnium de immortalitate ac morte sententiis nescire se quid sit uerum pronuntiauit. 'harum' inquit 'sententiarum quae uera sit, deus aliqui uiderit', et rursus alibi 'quoniam utraque' inquit 'earum sententiarum doctissimos habuit auctores nec quid certi sit diuinari potest'. uerum nobis diuinatione opus non est, quibus ueritatem diuinitas ipsa patefecit.

9. His itaque argumentis, quae nec Plato nec ullus alius inuenit, animarum aeternitas probari ac perspici potest. quae nos breuiter colligemus, quoniam properat oratio ad enarrandum iudicium dei maximum, quod in terra propinquante saeculorum fine celebrabitur. ante omnia, quoniam deus ab homine uideri non potest, ne quis tamen ex eo ipso putaret deum non esse, quia mortalibus oculis non uidetur, inter cetera institutorum suorum

Epit.: 7, 9, 1 . . . colligemus] *cf.* 65, 1 . . . animas   2] *cf.* 64, 7 quae si . . . donari

Auct.: **2–4** *cf.* Cic. Tusc. 1, 38. Cato 78   **10–11** Tusc. 1, 23   **11–13** Cic. frg. inc. I 7 Müller = 23 Garbarino; *cf. Frd ad l.*

1 sententiam HM   **3** primum tradit KS   tradit BDPKS *Frd dubitanter;* tradidit HMR *Br ft. recte; u. 2, 10, 14*   primum *om.* P   **5** contione H   **6** primum HM   **7** postremo *om.* HM; -mus B   **8** denique] d. et HM   **9** ac morte] ac m. ac HM   morti? P^{ac} se *s.l.* K; si B¹ *(corr.* B²*)* R   **11** aliquid H *(-it)* MS² *(ex* -qui*)*   **13** non opus R   **15** his] sihis *ex* siis *(antea 1–2 litt. eras.?)* B³; aliis *Br* ullus *ex* cultus P³   **17** collegimus DP, -legem- H^{ac}   **20** ne *s.l.* P² ipso *om.* P   dominum HM   **21** suorum *om.* PHM

miracula fecit etiam multa quorum uis quidem apparet, substantia tamen non uidetur, sicut est uox odor uentus, ut harum rerum argumento et exemplo etiam deum, licet sub oculos non ueniret, de sua tamen ui et effectu et operibus cerneremus. quid uoce clarius aut uento fortius aut odore uiolentius? haec tamen cum per aerem feruntur ad sensusque nostros ueniunt et eos potentia sua impellunt, non cernuntur acie luminum, sed aliis corporis partibus sentiuntur. similiter deus non aspectu nobis alioue fragili sensu comprehendendus est, sed mentis oculis intuendus, cum opera eius praeclara et miranda uideamus. nam illos qui nullum omnino deum esse dixerunt non modo philosophos, sed ne homines quidem fuisse dixerim, qui mutis simillimi ex solo corpore constiterunt nihil cernentes animo et ad sensum corporis cuncta referentes, qui nihil putabant esse nisi quod oculis contuebantur. et quia uidebant aut bonis accidere aduersa aut malis prospera, fortuito geri omnia crediderunt et natura mundum, non prouidentia constitutum. hinc iam prolapsi sunt ad deliramenta, quae talem sententiam necessario sequebantur. quodsi est deus et incorporalis et inuisibilis et aeternus, ergo non idcirco interire animam credibile est, quia non uidetur, postquam recessit a corpore, quoniam constat esse aliquid sentiens ac uigens quod non ueniat sub aspectum. at enim difficile est animo comprehendere quemadmodum possit anima retinere sensum sine iis par-

1 facit H^{ac} multa ... uis] multa q. multa u. B apparet HMKSR Br; -pareret BDP Frd **2** uidetur B^3 P^1 HMKS Br; -deretur B^1 DP^3 R Frd; uterque ind. praes. lectio difficilior uid. est om. P odoruentus sic R ut] et HM **3** et om. KS dominum P oculis B; u. 7, 1, 9 uenire B **4** et post effectu om. P **6** sensusque] u ex o m.3? B **8** nobis] a n. KS aliouero B^{ar} **9** sensu fragili B intuendus] i. est HM **11** deum esse s.l. P^2 **12** ex om. KS **13** animo et] a. sed P^3 (ex -mos et) KS **14** esse ... quod] n. e. q. esse HM **16** fortuitu D (ex -to) PS^2 (ex -to); u. 3, 20, 7 **18** quia ex quae B^2 sequebatur HM **20** recedit ex -cessit S^2; sec- R **21** sentiens] constans et s. KS **23–p. 677, 2** possit ... quemadmodum om. KS **23** animus P iis BR, his cet.

tibus corporis, in quibus inest officium sentiendi. quid de deo? 9
num facile est comprehendere quemadmodum uigeat sine corpore? quodsi deos esse credunt, qui si sunt, utique animae sunt expertes corporum, necesse est humanas animas eadem ratione subsistere, quoniam ex ipsa ratione ac prudentia intellegitur esse quaedam in homine ac deo similitudo. denique illud argumen- 10
tum, quod etiam Marcus Tullius uidit, satis firmum est, ex eo aeternitatem animae posse dinosci, quia 'nullum sit aliud animal quod habeat notitiam aliquam dei, religioque sit paene sola quae hominem discernat a mutis'. quae cum in hominem solum cadit, profecto testatur id adfectare nos, id desiderare, id colere quod nobis familiare, quod proximum sit futurum. an aliquis cum 11
ceterarum animantium naturam considerauerit, quas pronis corporibus abiectas in terramque prostratas summi dei prouidentia effecit, ut ex hoc intellegi possit nihil eas rationis habere cum caelo, potest non intellegere solum ex omnibus caeleste ac diuinum animal esse hominem, cuius corpus ab humo excitatum, uultus sublimis, status rectus originem suam quaerit et quasi contempta humilitate terrae ad altum nititur, quia sentit
summum bonum in summo sibi esse quaerendum memorque condicionis suae, qua deus illum fecit eximium, ad artificem

Epit.: 7, 9, 10–12] 65, 4

Auct.: **8–10** Cic. leg. 1, 24

1 inest] est P **2** nam H **3** deos esse *ex* dõsese P² **5** prouidentia *ex* prud- B³ **7** marcus B, m̃ D, ·m̃· P, ·m· M K S, *om.* H R firmatum Hᵃʳ **8** qua H *(ex* qui*)* M   aliud *om.* M **9** sola *om.* P **10** hominem *bis, pr. exp.* B   a mutis *om.* R   cum] etiam R cadit *codd. omnes;* -dat *edd., Br (in addendis codd. falso lectis)* **12** an *s.l.* B **14** abiectis Pᵃᶜ; -tus K S¹   prouidentia *ex* prod- B² **15** efficit P¹ *(corr.* P³*)* R   ut *s.l.* P²   rationes P¹ *(corr.* P³*)* H M **16** caeleste *om.* D   **17** hominem *ex* -num B² P²; -nc M **19** contempta] a *ex* u, *deinde 1 litt. eras.* P   terram H *(ex* -rae*)* M **20** sibi *om.* D; esse sibi P K S **21** quia K S   eximium] exiguum *ex* § 13 D   ad *om.* P

613 suum spectat? quam spectationem Trismegistus θεοπτίαν rec-
12 tissime nominauit, quae in mutis animalibus nulla est. cum
autem sapientia, quae soli homini data est, nihil aliud sit quam
notitia dei, apparet animam non interire neque dissolui, sed manere in sempiternum, quia deum, qui sempiternus est, et quaerit
et diligit, ipsa cogente natura sentiens uel unde orta sit uel quo
13 reuersura. praeterea non exiguum immortalitatis argumentum
est quod homo solus caelesti elemento utitur. nam cum rerum
natura his duobus elementis, quae repugnantia sibi atque inimica
sunt, constet, igni et aqua, quorum alterum caelo, alterum terrae
adscribitur, ceterae animantes quia terrenae mortalesque sunt,
terreno et graui utuntur elemento, homo solus ignem in usu
14 habet, quod est elementum leue sublime caeleste. ea uero quae
ponderosa sunt, ad mortem deprimunt, et quae leuia sunt, ad
uitam subleuant, quia uita in summo est, mors in imo. et ut lux
esse sine igni non potest, sic uita sine luce. ignis igitur elementum est lucis ac uitae. unde apparet hominem qui eo utitur,
immortalem sortitum esse condicionem, quia id illi familiare est
15 quod facit uitam. uirtus quoque soli homini data magno

Epit.: 7, 9, 13–14] 65, 5   7, 9, 15–18] 65, 2–3

Auct.: 1 Trismegistus] CH IV 113 (frg. 14); *cf. Frd ad l.*

Codd.: 6 *in* natura *desinit* R; *hinc extant* B D P HM KS

1 quam spectationem *om.* P   expectationem HM   θεοπτίαν *Fr, Br (cf. Frd ad l.)*; οπιδα *in maiore ras., in mg.* dei inspectionem, B; θεοπιda *(sic,* da *lat. minusc.)* R; θεωπιδα *cet. (*θηω- P*);* θεωρίαν *edd.*   4 notitiam K S[ac]   sed] sed et HM   7 non *om.* KS
8 cum *om.* P   9 inimica *post finem lin. m.1?* B   10 constat *ex* -tet *m.3?* P   *ante* caelo *eras.* a P   11 quae KS   sunt *om.* KS
12–13 homo ... elementum *om. (in mg. extat m.2* ē utit̄ eleṁto*)* D
13 leui sublimi caelesti, *tres* i *final. ex* e *m.2,* D   ea uero] u *s.l.* D
14 ponderosa sunt] -osas KS   15 uitam] -ta HM   16 esse ... uita *in mg. inf., post* sic *3 litt. eras.,* P[2]   18 sortium D[ac] H[ac], -titur K[ac]
19 uitam] ad u. HM   **19–p. 679, 1** magnum argumentum B

argumento est immortales animas esse. quae non erit secundum
naturam, si anima extinguitur; huic enim praesenti uitae nocet.
nam uita ista terrena, quam communem cum mutis animalibus
ducimus, et uoluptatem expetit, cuius fructibus uariis ac suaui-
bus delectatur, et dolorem fugit, cuius asperitas naturam uiuentium acerbis sensibus laedit et ad mortem perducere nititur, quae
dissoluit animantem. si ergo uirtus et prohibet his bonis ho-   16 *614*
minem quae naturaliter appetuntur et ad sustinenda mala impel-
lit quae naturaliter fugiuntur, ergo malum est uirtus et inimica
naturae stultumque iudicari necesse est qui eam sequitur, quoniam se ipse laedit et fugiendo bona praesentia et appetendo
aeque mala sine spe fructus amplioris. nam cum liceat nobis   17
iucundissimis frui uoluptatibus, nonne sensu carere uideamur, si
malimus in humilitate, in egestate, in contemptu, in ignominia
uiuere aut ne uiuere quidem, sed dolore cruciari et emori, ex
quibus malis nihil amplius adsequamur quo possit uoluptas
omissa pensari? si autem uirtus malum non est facitque ho-   18
neste, quod uoluptates uitiosas turpesque contemnit, et fortiter,
quod nec dolorem nec mortem timet, ut officium seruet, ergo
aliquod maius bonum adsequatur necesse est quam sunt illa
quae spernit. at uero morte suscepta quod ulterius bonum sperari
potest nisi aeternitas?

1 quae *ex* qui P³; *s.l.* scilicet uirtus D²   **2** animae Pᵃᶜ   extinguit *ex* -uitur D   **3** multis Pᵃʳ   **4** uoluntatem H; -luptate M   **5** dolore B natura K   **6** aceruis B¹, *corr.* B²   **7** his *codd.*; iis *edd,* Br   **10** iudicare KS   **11** et effugiendo D; effug- HM   **12** aeque] quę H, que M; eaque KS¹   sine] si non KS   **13** sensu *s.l.* B³ uidemur HM   **14** malum KS¹, -lumus S²   humilitate in] -tatem B contemtu, m *in ras. m.2* B, -tentu K   in *om.* KS¹, *s.l. et* S²   **15** dolere BH   emori KS, mori *cet.; cf. 5, 13, 15*   ex *s.l.* B   **16** qui Pᵃᶜ   adsequemur B   **17** omnissa? Bᵃʳ   **18** uoluptatis KS¹ contemnit et] -mnet B   fortiter] fort *in ras.* P   **20** adsequamur HM illi HM   **21** quae spernimus HM *(*que asp-*)*   aut Bᵃʳ HM   **22** aeternitatis KS

10. Transeamus nunc uicissim ad ea quae uirtuti repugnant, ut etiam ex his immortalitas animae colligatur. uitia omnia temporalia sunt; ad praesens enim commouentur. irae impetus recepta ultione sedatur, libidinis uoluptas corporis finis est, cupiditatem aut satietas earum rerum quas expetit aut aliorum adfectuum commotiones interimunt, ambitio postquam honores quos uoluit adepta est, consenescit; item cetera uitia consistere ac permanere non possunt, sed ipso fructu quem expetunt finiuntur. recedunt ergo et redeunt. uirtus autem sine ulla intermissione perpetua est nec discedere ab eo potest qui eam semel cepit. nam si habeat interuallum, si aliquando carere ea possumus, redibunt protinus uitia, quae uirtutem semper impugnant. non est igitur comprehensa, si deserit, si aliquando secedit; cum uero sibi domicilium stabile collocauit, in omni actu uersari eam necesse est nec potest fideliter depellere uitia et fugare, nisi pectus quod insedit perpetua statione munierit. ipsa ergo uirtutis perpetuitas indicat humanum animum, si uirtutem ceperit, permanere, quia et uirtus perpetua est et solus animus humanus uirtutem capit. quoniam igitur contraria sunt uitia uirtuti, omnis ratio diuersa et contraria sit necesse est. quia uitia commotiones et perturbationes animi sunt, uirtus e contrario lenitudo et tranquillitas animi est; quia uitia temporalia et breuia sunt, uirtus perpetua et constans et par sibi semper; quia uitiorum fructus id est uoluptates aeque ut ipsa breues temporalesque sunt, uirtutis ergo fructus ac praemium sempiternum est; quia uitiorum com-

---

1 repugnantum D[ac]   **2** ut *om.* D   **4** sedantur P K S[1]   cupiditas est *ex* -tatem D[2]   **5** affectuum *ex* -tum B   **6** intermittunt D[1] *(*-mittit D[2]*)* P   **10** nec] ne K S; ac H M   discere D[1]   potest] non p. H M   quia B[ar]   **11** ceopit D; capit P   ea carere P K S   **12** redeunt K S   **13** si aliquando secedit] a. si cedit P; a. si sec- K S   secesserit M   **15** fucare D   **16** stationem H[ar] M   **17** uirtute M   **19** uirtute H M   **20** *ante* |diuersa *in fine lin. anteced. eras.* diuer, *ult.* a *ex* ic? P   uitia] in uitiis H M   **24** *sup.* ipsa *m.2 scilicet* uitia D   breues *ex* -uis D   uirtutis *ex* -tes P[2]   **25** ac] ad K S

modum in praesenti est, uirtutis igitur in futuro. ita fit, ut in hac
uita uirtutis praemium nullum sit, quia uirtus adhuc ipsa est.
nam sicut uitia cum in actu suo finiuntur, uoluptas et praemia
eorum sequuntur, ita uirtus cum finita est, merces eius insequi-
tur. uirtus autem numquam nisi morte finitur, quoniam et in
morte suscipienda summum eius officium est. ergo praemium
uirtutis post mortem est. denique Cicero in Tusculanis quamuis
dubitanter tamen sensit summum homini bonum non nisi post
mortem contingere. 'fidenti animo', inquit 'si ita res feret, gra-
dietur ad mortem, in qua aut summum bonum aut nullum malum esse cognouimus.' mors igitur non extinguit hominem, sed
ad praemium uirtutis admittit. qui autem se, ut ait idem, uitiis
ac sceleribus contaminauerit uoluptatique seruierit, is uero dam-
natus aeternam luet poenam, quam diuinae litterae secundam
mortem nominant; quae est et perpetua et grauissimis cruciatibus plena. nam sicuti duae uitae propositae sunt homini,
quarum altera est animi, altera corporis, ita et mortes duae propositae sunt, una pertinens ad corpus, qua cunctos secundum
naturam fungi necesse est, altera pertinens ad animam, quae
scelere adquiritur, uirtute uitatur. ut uita haec temporalis est certosque terminos habet, quia corporis est, sic et mors aeque temporalis est certumque habet finem, quia corpus attingit.

Auct.: **9–11** Cic. Tusc. 1, 110   **12** idem] ibid. 1, 72   **14** diuinae
litterae] apoc. 20, 6. 14. *al.; cf. 2, 12, 8*

1 in *ante* hac *s.l.* P³   **3** cum *om.* P   **4** infinita B   **5** et *om.* P
8 summum *ex* -mo P³   **9** fidentia P^ac   feret *ex* -re B; ferret K S
10 malum *om.* H M   **12** ad . . . uirtutis *om.* M   **13** ac] aut K S
14 aeterna luet poena H M^ar (-nali *ras. ex* -naluet)   luet penam *s.l.* P²
secundum H S¹ *(ut uid.)*   **16** nam *om.* P   sicut B   **17** animi
B D P K S *Frd;* -mae H M *Br*   corporis] est c. K S   **18** quia P^ar;
quae H M   cunctas K S   **20** ut uita *om.* P   **20–22** certosque . . .
temporalis est] sic et mors aeque temp- est certosque term- habet quia
corporis (est *om.*) *inuerso ordine* D   **22** attigit H M

11. Impletis igitur temporibus quae deus morti statuit terminabitur ipsa mors. et quia temporalem uitam temporalis mors sequitur, consequens est ut resurgant animae ad uitam perennem, quia finem mors temporalis accepit. rursus sicut uita animi sempiterna est, in qua diuinos et ineloquibiles immortalitatis suae fructus capit, ita et mors eius perpetua sit necesse est, in qua perennes poenas et infinita tormenta pro peccatis suis pendit. ergo in ea condicione res posita est, ut qui beati sunt in hac uita corporali atque terrena, semper miseri sint futuri, quia iam bonis quae maluerunt potiti sunt, quod iis euenit qui deos adorant ac deum neglegunt, deinde qui iustitiam sequentes in hac uita miseri fuerint et contempti et inopes et ob ipsam iustitiam contumeliis et iniuriis saepe uexati, quia nec aliter uirtus teneri potest, semper beati sint futuri, ut quia mala iam pertulerunt, etiam bonis fruantur. quod iis utique contingit qui contemptis terrestribus diis et fragilibus bonis caelestem religionem dei sequuntur, cuius bona sicut ipse qui tribuit sempiterna sunt. quid? opera corporis atque animi nonne indicant esse animam mortis expertem? nam corpus quia ipsum fragile est atque mortale, quaecumque opera molitur, aeque caduca sunt. 'nihil' enim Tullius ait 'esse quod sit manibus humanis laboratum, quod non aliquando ad interitum redigatur uel iniuria hominum uel ipsa

Auct.: **20–p. 683, 1** Cic. Marcell. 11 *auctum (uerbo tenus 6, 11, 25); cf. Frd ad l.*

1 conpletis HM   **3** resurgat K S^{ac}   **4** quia finem *om.* P rursus HM; -sum *cet.*   **6** capiat HM   ita *om.* HM eius *om.* P   **7** poenas *ex* -nis? D   infinita *bis, alt. eras.* D **8** pendet DHM   res posita] repo- KS   **10** bonis *ex* -ni P³ quae *del.* P³   maluerunt *om.* P; mala sunt *ex* malum *(?)* est D iis BK, hiis P, is S¹, his S² *cet.*   **14** semper] cum s. P iam *om.* HM   **15** bonis *ex* -ni P²   iis K¹, is B¹ S¹, his B³ K² S² *cet.* **17** dei sequuntur B *(*secun-*)* DHM; s. d. PKS *Frd*   **18** quod HM animam esse HM   **19** fragile *ex* facile *m.2?* P   **20** eque B, eaque H **21** quid sit HM   **22** iniuria] in iurgia KS

confectrice rerum omnium uetustate'. at uero animi opera uidemus aeterna. nam quicumque contemptu praesentium studentes in memoriam monumenta ingeniorum factorumque magnorum reliquerunt, hi plane mentis ac uirtutis suae nomen indelebile quaesierunt. ergo si opera corporis ideo mortalia sunt, quia ipsum mortale est, sequitur ut anima ex eo immortalis appareat, quia uidemus opera eius non esse mortalia. eodem modo desideria quoque corporis animique declarant alterum esse mortale, alterum sempiternum. corpus enim nihil nisi temporale desiderat id est cibum potum indumentum quietem uoluptatem, et tamen haec ipsa sine nutu et adminiculo animi nec cupere nec adsequi potest. animus autem per se multa desiderat quae ad officium fructumue corporis non redundent, eaque non fragilia, sed aeterna sunt, ut fama uirtutis, ut memoria nominis. nam cultum dei, qui constat abstinentia cupiditatum ac libidinum, patientia doloris, contemptu mortis, etiam contra corpus anima concupiscit. unde credibile est non interire animam, sed dissociari a corpore, quia corpus sine animo nihil potest, animus uero potest multa et magna sine corpore. quid quod ea quae uisibilia sunt oculis et tangibilia manu, quia externam uim pati possunt, aeterna esse non possunt, ea uero quae neque sub tactum neque sub uisum ueniunt, sed tantummodo uis eorum et

---

1 ad B; an H M   **2** contemptu B D^{ac} H K S *Br;* -tui D^{pc} *edd., Frd haud recte (*-tu *abl. modi uel causae;* studentes in memoriam *recte iunxit Thilo cl. Quint. inst. 10, 2, 6. 12, 6, 6);* -tū P M   studentes *ex* -tis B²   **3** memoria S   malignorum K S   **4** hii P S *(ex* hi)   indelibile B P¹ *(corr.* P³*);* -debile D M   **6** immortalis] mortalis non P   **8** mortalem B P   **9** alterum sempiternum] a. esse inmortalis *(et s.l. m.3* alterum temporale*)* a. s. P   enim *om.* P   nihil *om.* H; non K S   temporalia K S   **11** nutu ... animi] n. an- et adm-, *ord. lineolis rest.* B   **13** fructumque P, -mquę K S   non *om.* D   redeunt K S   eaquae B^{ar} H   **15** cupiditatem M K S^{ac}   **17** dissotiare D   **18** a *om.* P   **18–19** quia ... corpore *in mg. inf. m.2, sed* nihil potest animus autem *ibi s.l. m.3* P   **18** animo] -ma K S   **19** uero] autem P³   **20–21** quia ... pati possunt *s.l.* P²   **20** extremam D^{ac}   **21** tactu *ex* -tum M S   **22** uisum *ex* -su P²; -su *ras. ex* -sum M S   sed *in ras.* P

ratio et effectus apparet, aeterna sunt, quia nullam uim patiuntur extrinsecus? corpus autem si ideo mortale est, quia uisui pariter et tactui subiacet, ergo et anima idcirco immortalis est, quia nec tangi potest nec uideri.

12. Nunc argumenta eorum qui contra disserunt refellamus, quae Lucretius tertio libro exsecutus est. 'quoniam cum corpore' inquit 'anima nascitur, cum corpore intereat necesse est'. at non est par utriusque ratio. solidum enim et comprehensibile corpus est et oculis et manu, anima uero tenuis et tactum uisumque fugiens. corpus e terra fictum atque solidatum est, anima nihil in se concreti, nihil ponderis terreni habet, ut Plato disserebat. nec enim tantam posset habere sollertiam, tantam uim, tantam celeritatem, nisi originem traheret a caelo. corpus igitur quoniam fictum ex ponderoso et corruptibili elemento et tangibile est et uisibile, corrumpitur atque occidit nec uim repellere potest, quia sub aspectum et sub tactum uenit, anima autem quia tenuitate sua omnem tactum fugit, nullo ictu dissolui potest. ergo quamuis inter se coniuncta et sociata nascantur et alterum, quod est de terrena concretione formatum, quasi uasculum sit alterius, quod est a caelesti subtilitate deductum, cum uis aliqua utrumque discreuerit, quae discretio mors uocatur, utrumque in

Auct.: **6** Lucretius] 3, 417–829   **6–7** *cf.* Lucr. 3, 417 sq.; *u. 3, 17, 34*   **11** Plato] *cf.* Phaed. 80 d *et supra 7, 8, 5–6*

1 nullum HM   **3** et actui BH   ego D[ac]   et anima] etiam HM   est *om.* HM   **8** pars B[ac] S[ar]   enim] est, *sed del.* D   et *post* enim *s.l.* B[3]   **9** *post* manu *in fine lin.* uidetur et tangitur K[2]   et] sed HM   tactumque K[ar]   ui summumque S   **10** e terra] e t *in ras.* D; ę t. K, ętna = aeterna S[ac]   animam B; a. uero KS   **11** nihil *ante in exp.* B   creti P   ponderis] in se *(s.l. m.3)* p. P   **12** tantum posset D[ac]   tantam uim *bis* P   **13** tantam claritatem KS   a BPKS; e DHM *edd., Br, Frd; cf. 4, 26, 15*   **15** occidet B   **16** quia] quoniam HM   aspectu *ras. ex* -tum S   sub *om.* HM   tactum P[3] *(ex* tec-*)* HM; ictum BDK *ft. recte,* ictu S   **18** sese KS   nascuntur P   et *ex* e P[3]   **19** sit *ex* si P[3]   **20** a *om.* KS   celesti *ex* -te P[3]

naturam suam recedit. quod ex terra fuit, id in terram resoluitur, quod ex caelesti spiritu, id constat ac uiget semper, quoniam diuinus spiritus sempiternus est. denique idem Lucretius oblitus, quid adsereret et quod dogma defenderet, hos uersus posuit:

'cedit item retro, de terra quod fuit ante,
in terras, et quod missum est ex aetheris oris,
id rursus caeli fulgentia templa receptant.'

quod eius non erat dicere qui perire animas cum corporibus disserebat, sed uictus est ueritate et imprudenti ratio uera subrepsit. praeterea id ipsum quod colligit, dissolui animam, hoc est simul cum corpore interire, quoniam simul nascantur, et falsum est et in contrarium conuerti potest. non enim simul interit, sed anima discedente integrum per multos dies manet et plerumque medicatum diutissime durat. nam si, ut simul nascuntur, simul interirent, non discederet repente anima corpusque desereret, sed uno temporis puncto utrumque pariter dissiparetur et tam celeriter etiam corpus adhuc spiritu in eo manente deliquesceret ac periret, quam celeriter anima secedit, immo uero dissoluto corpore anima uanesceret uelut umor fracto uase

Auct.: **6–8** Lucr. 2, 999–1001   **15** § 7] *cf.* ibid. 3, 434–439

1 redit K S   id *om.* K S   terra M K S¹   **2** ac] aut P¹ *(corr.* P³) K S   **4** adferret *ex* -fereret D   et . . . defenderet *in mg.* D   dogma *s.l.* P²   uerus M   deposuit H^ar   **6** caedit B^ar H M K S   idem P H M   de] in H M   terram H M   **6–7** quod . . . terra(m) *s.l.* P²   **7** in terras et *codd. Lucr., quod Lact. recepisse recte coni. Frd ad l., unde errores* in terram sed P^ar S *edd., Br,* in terra sed B D P^pr K, terra sed H M   missum est] missus *falso codd. Lucr.*   aetheriis B   **8** rursum B P *ut codd. Lucr., edd., Br,* sed hic ut alias Lact. -sus *praeferre uid.; u. ind. form.*   fulgentia] rellatum *codd. Lucr.*   **11** quod D P, quo *cet.*   colligit *ex* -gi P³   hoc est *del., s.l.* eo D²   **12** nascatur P¹, *corr.* P²   **13** falsum] m *ex* s? *m.3?* B   **14** dies multos K S   **18** corpus . . . spiritu] adhuc *(in fine lin. m.2)* c. ad spū *sic* H   **19** ac periret] ape- K S¹   quam *ex* qua P³   **20** euanesceret H M   uelut umor *s.l.* B²   fragili uase, u *in ras. m.2,* P

8 diffusus. nam si terrenum et fragile corpus post secessum animae non statim diffluit in terramque tabescit, ex qua illi origo est, ergo anima, quae fragilis non est, in aeternum manet, quon-
9 iam origo eius aeterna est. 'quoniam crescit' inquit 'mens in pueris et in iuuenibus uiget et in senibus deminuitur, apparet esse mortalem'. primum non idem est anima et mens; aliud est enim quo uiuimus, aliud quo cogitamus. nam dormientium mens, non anima sopitur, et in furiosis mens extinguitur, anima
10 manet, et ideo non exanimes, sed dementes appellantur. mens ergo id est intellegentia uel augetur uel minuitur pro aetate. anima in statu suo semper est, et ex quo tempore spirandi accipit facultatem, eadem usque ad ultimum durat, donec emissa cor-
11 poris claustro ad sedem suam reuolet. deinde, quod anima quamuis a deo sit inspirata, tamen quia tenebroso domicilio terrenae carnis inclusa est, scientiam non habet, quae est diuinita-
12 tis. audit igitur ac discit omnia et sapientiam discendo et audiendo capit, et senectus non minuit sapientiam, sed auget, si tamen iuuenalis aetas uirtute decursa est, et si nimia senectus fregerit membra, non est animae uitium, si uisus euanuit, si
13 lingua torpuit, si auditus obsurduit, sed corporis. 'at enim memoria deficit.' quid mirum si labentis domicilii ruina pre-

Auct.: **4–6** cf. Lucr. 3, 445 sq.   **20–21** cf. Cic. Cato 21 et Frd ad l.

2 defluit H M   terramque] -am qua K S   illa P   origo est] -ginem K S[ac]   **4** increscit P   mens Br, Frd cl. Lucr. et seq. mens; sensus codd.   **5** uiget om., at (sic) in senibus s.l. m.3 P   et om. K S   diminuitur K S   **6** non om. K, s.l. S   **7** enim quod D[ac]   aliud quod M   nam ex non P[3]   **9** exanimis B; excordes P   **10** uel ante minuitur om. H M   **11** inspirandi B H M   accepit K S   **12** emissa ex om- D[2]   **15** inclausa H[ac] |scientiam, s add. m.2, antea 10–12 litt. (inclusa est sim.) eras. B   **17** auget ex -git B[3]   **18** iuuenalis B D[1] P[1] H M K, -nilis D[2] P[3] S edd., Br, Frd; res dubia; u. Thes. VII 2, 728, 8–16. 732, 79–84   aetatis ex aetas m. 1 uel 2 B   et] sed B D (sed exp.) K S   **19** euanuit] post e 1 litt. eras. B   **20** obsorduit P K S   at] id, i sup. eras. a, d ex litt. inc., m.2? B   **21** labentis ex -tes P[3]

mitur mens et praeterita obliuiscitur, non aliter futura diuina quam si carcerem quo cohibetur effugerit? 'uerum eadem' inquit 'dolori et luctui obnoxia est et ebrietate dementit, unde fragilis ac mortalis apparet'. idcirco igitur uirtus et sapientia necessaria est, ut et maeror, qui contrahitur indigna patiendo ac uidendo, fortitudine repellatur et uoluptas non modo potandi, sed etiam rerum ceterarum abstinentia superetur. nam si careat uirtute, si uoluptatibus dedita molliatur, morti fiet obnoxia, quoniam et uirtus, ut docuimus, immortalitatis est fabricatrix et uoluptas mortis. mors autem, sicut ostendi, non funditus perimit ac delet, sed aeternis adficit cruciatibus. nam interire prorsus anima non potest, quoniam ex dei spiritu qui aeternus est originem cepit. 'anima' inquit 'etiam morbum corporis sentit et obliuionem sui patitur et sicut aegrescit, ita etiam saepe sanatur'. hoc est ergo cur maxime uirtus adhibenda sit, ne ullo corporis dolore frangatur et obliuionem sui non anima, sed mens patiatur. quae quoniam certa corporis regione consistit, cum eam partem uis aliqua morbi uitiauerit, mouetur loco et quasi conquassata sede sua emigrat reditura scilicet, cum medella et sa-

9 docuimus] 3, 12, 1–36. 7, 9, 1 – 10, 11; *cf.* 6, 22, 3   **10** ostendi] 3, 19, 3–10. 7, 11, 2

Auct.: **2** § 14] *cf.* Lucr. 3, 459–486   **9** fabricatrix] *cf.* ibid. 472 **13** § 17] *cf.* ibid. 487–522

2 quod D^{ar} **3** luctui *ex* -tu P^3 **4** ideo K S   **5** necesseria B et *in ras. m.2* D, *om.* H M   memor H M   qui S *(ex* que*), recc., edd., Br;* quo *cet.; cf. Frd ad l.*   contrahuntur P   **6** putandi B P^{ac} H **7** certarum H   nam ⟨anima⟩ *Br cl.* § 19, *sed* anima *hic subaudias ut* § 6 corpus *post* interit   **8** debita? B^{ac} molliatur] llia *in ras m.3* B, -olli- *ex* -oli- P^3 morti fiet] -tificet et H M   fiat P^1 *(corr.* P^3*)* K S **9** et *om.* B   est] et H M   **11** adficit *ex* -fec-? B^2; ac def- P^1, ardere facit P^3 **12** quia B^1 *(corr.* B^3*)* P^{ar} M   **13** sensit B^1, *corr.* B^3 **17** patitur B D P   religione H M   **18** partem . . . morbi] paremus a. m. D^1, paremus *del., s.l.* corpus, *tum* aliquo morbo D^2 **19** sede] de s. H M   medela D *(ex* -ella*)* P K S; *u. 4, 15, 9*   et] et cum P

19 nitas domicilium suum reformauerit. nam quia iuncta est anima cum corpore, si uirtute careat, contagio eius aegrescit et imbecillitas de societate fragilitatis redundat ad mentem, cum autem dissociata fuerit a corpore, uigebit ipsa per se nec ulla iam fragilitatis condicione temptabitur, quia indumentum fragile proiecit.
20 'sicut oculus' inquit 'euulsus ac separatus a corpore nihil potest uidere, ita et anima separata nihil sentire, quia et ipsa pars
21 est corporis'. falsum hoc et dissimile est; anima enim non pars corporis, sed in corpore est. sicut id quod uase continetur, uasis pars non est nec ea quae in domo sunt, partes domus esse dicuntur, ita nec anima pars est corporis, quia corpus uel uas est
22 animae uel receptaculum. iam illud argumentum multo magis inane est, quod ait 'animam, quia non citius emittatur ex corpore, mortalem uideri, sed paulatim se ex omnibus membris explicet a summis pedibus incipiens', tamquam si esset aeterna, uno temporis momento erumperet, quod fit in his qui ferro intereunt. quos autem morbus interimit, spiritum diutius exhalant,
23 ut paulatim frigescentibus membris anima effletur. quae cum materia sanguinis contineatur sicut lumen oleo, ea materia febrium calore consumpta necesse est membrorum summa quaeque frigescere, quoniam uenae exiliores in extrema corporis por-

Auct.: 6 § 20] *cf.* Lucr. 3, 548–579   **13–15** *cf.* ibid. 526–547

1 quia] i *ex* e? *m.2* B; qui KS[1]   iuncta est *bis, alt. del. m.2* P
5 quia *ex* qua B[3]   gracile P[1], grauatile P[3]   7 anima] in a. H
8 absimile HM *Br; u. Frd ad l.*   pars] p. est HM   9 sed] s. animae HM   uasae? B[ar]   continentur P[ac]   10 domus *om.* KS
11 *post* est *del.* et P   12 uel *post* animae *om.* KS   illum HM
13 quo P   anima B   14 uiderit H   15 explicet *ex* -cit B[2], -cit? *ex* -cet D[2]   tamquam *ex* tantumquam? P   16 uno *om.* KS
momento *ex* mem- D   in his *s.l.* D   his *codd.*, iis *edd., Br*
interunt KS[1] *(ut uid.)*   17 moribus KS[ar]   interemit HM
18 ut] et S   efflatur KS   19 sanguinis ... materia *om., s.l. signum* ·/·, *sed mg. periit* D   continetur P   ea] ex HM   20 colore H
20–21 summa quaeque *ex* -maque P[3]   21 uenae] bene KS[ac]

riguntur et extremi ac tenuiores riui deficiente uena fontis arescunt. nec tamen quia sensus corporis deficit, animae sensum extingui et occidere putandum est. non enim anima corpore deficiente, sed corpus anima decedente brutescit, quia sensum omnem trahit secum. cum autem praesens anima sensum tribuat corpori et uiuere id efficiat, fieri non potest, ut non ipsa per se et uiuat et sentiat, quoniam ipsa est et sensus et uita. nam quod ait:

> 'quodsi immortalis nostra foret mens,
> non tam se moriens dissolui conquereretur,
> sed magis ire foras uestemque relinquere, ut anguis',

equidem numquam uidi qui se quereretur in morte dissolui. sed ille fortasse Epicureum aliquem uiderat etiam dum moritur philosophantem ac de sui dissolutione in extremo spiritu disserentem. quomodo sciri potest, utrum dissolui se sentiat an corpore liberari, cum in exitu lingua mutescat? nam dum sentit et loqui potest, nondum dissolutus est, ubi dissolutus est, nec sentire iam nec loqui potest. ita queri de dissolutione aut nondum potest aut iam non potest. 'at enim priusquam dissoluatur, intellegit se

---

Auct.: **9–11** Lucr. 3, 612–614   **19–p. 690, 1** § 26 *breuiata (Frd ad l.)*

1 fontis *ex* -tes B[2]*;* fortis M   arescunt *ex* -cant*?* B[2]   **4** decidente B H M   **5** trahit *ex* -het B[3]   cum *s.l.* P[3]   sensum] s. suum B P   **6** non *post* ut *s.l.* P[3]   **7** et *post* est *exp.* B[3]   et *ante* uita *s.l.* B[3]*;* ut P[ac]   **9** immoralis H   **10** moriendi P   **11** iret B[3] *(ex* ire*)* S *(ex* uret*?)*   relinqueret *ex* -re B[3] P[3] S   **12** et quidem P*;* sed equidem K S   se quaeretur B[1] P[1] *(corr.* B[3] P[3]*),* sequeretur H[ac] M   immorte B[1] *(corr.* B[3]*)* D   **13** epicurus P   **14** sui K S *edd., Br;* sua *cet., Frd ft. recte, sed cf. 1, 15, 3. ira 18, 12. epit. 62, 1*   **15** sciri potest] *pr.* i *s.l.,* o t *in ras. 4 litt. m.2?* D*;* scire p. M   dissolui se] -uisse P[ar] M*;* se *om.* K S   sentiant H M   an] ac *ex* a B   **16** extu H, exitum M   linguam H[ar]   **16–17** sentit . . . nondum *om.* P   **17** ubi . . . est *om.* P K S   nec sentire iam] i. n. s. K S[1] *(ante* n. *s.l.* cum S[2]*)*   **18** quaeri B[ac] D[ac] P[ac] H[ar] M   **19** non *om.* P   at enim] at *ex* ad, e. *in fine lin. m.1?* B*;* aut P*;* a te e. M*;* a. e. non K S   intellexit S

dissolutuiri.' quid quod uidemus plerosque morientium non dissolui conquerentes, ut ait, sed exire se et proficisci et ambulare testantes idque aut gestu significant aut si adhuc possunt, et uoce pronuntiant? unde apparet non dissolutionem fieri, sed separationem, quae declarat animam permanere. cetera Epicurei dogmatis argumenta Pythagorae repugnant disserenti migrare animas de corporibus uetustate ac morte confectis et insinuare se nouis ac recens natis et easdem semper renasci modo in homine modo in pecude modo in bestia modo in uolucre et hac ratione immortales esse, quod saepe uariorum ac dissimilium corporum domicilia commutent. quae sententia deliri hominis quoniam ridicula et mimo dignior quam schola fuit, ne refelli quidem serio debuit; quod qui facit, uidetur uereri ne quis id credat. praetereunda sunt igitur nobis ea quae pro falso contra falsum disserebantur; satis est ea refutasse quae contra uerum disputata sunt.

13. Declaraui, ut opinor, animam non esse solubilem; superest citare testes, quorum auctoritate argumenta firmentur. neque nunc prophetas in testimonium uocabo, quorum ratio et diuinatio in hoc solo posita est, ut ad cultum dei et ad immortalitatem ab eo accipiendam creari hominem doceant, sed eos

Epit.: 7, 13, 1–8] 65, 6

Auct.: 5 §§ 30–31] *cf.* Min. Fel. 34, 6–7

1 dissolutuiri BP, -tum iri *cet.; cf. 1, 6, 13. 4, 17, 3*   **2** et *post* se *om.* B   **3** idque *ex* etquae B³   si *ex* se? B³   **6** disserenti *ex* -te P³   **7** uetustate ac] uetusta P   insuare D¹; inserere D²   **8** se *om.* KS nobis BHM   **8–9** in homine modo *om.* KS   **8** hominem B¹ *(corr.* B³*)* P   **9** pecudem P   bestiam P   uolucrem P   hac] in h. M   **10** inmortales *ex* -lis B²; mortales P   **11** deliri *ex* diri P³; delibri K¹   hominis *ex* -nes B²   **12** ridiculo HM; rad- D^{ac}   mimo] eo P   schola DP (s *s.l. m.2)* K, scola BHMS; *u. ind. form.*   **13** seria P   deruit P¹, *corr.* P²   **14** nobis *om.* P   ea *om.* KS   **15** est *om.* M   ea *om.* P   **17** declara B¹, *corr.* B²; -uit HM   soluibilem DH^{ar} M   **19** uocabo *ex* -auo B²   **20** solum *ex* -la P³   **21** docent HM potius, quibus istos qui respuunt ueritatem credere sit necesse. Hermes naturam hominis describens, ut doceret quemadmodum esse a deo factus, haec intulit: καὶ τὸ αὐτὸ ἐξ ἑκατέρων φύσεων, τῆς τε ἀθανάτου καὶ τῆς θνητῆς, μίαν ἐποίει φύσιν τὴν τοῦ ἀνθρώπου, τὸν αὐτὸν πῇ μὲν ἀθάνατον, πῇ δὲ θνητὸν ποιήσας, καὶ τοῦτον φέρων ἐν μέσῳ τῆς θείας καὶ ἀθανάτου φύσεως καὶ τῆς θνητῆς καὶ μεταβλητῆς ἵδρυσεν, ἵνα πάντα μὲν ὁρῶν πάντα θαυμάζῃ. sed hunc fortasse aliquis in numero philosophorum computet, quamuis in deos relatus Mercurii nomine ab Aegyptiis honoretur, nec plus ei auctoritatis tribuat quam Platoni aut Pythagorae. maius igitur testimonium requiramus. Polites quidam consuluit Apollinem Milesium, utrumne maneat anima post mortem an dissoluatur, et respondit his uersibus:

ψυχὴ μὲν μέχρις οὗ δεσμοῖς πρὸς σῶμα κρατεῖται,
φθαρτὰ νοοῦσα πάθη θνηταῖς ἀλγηδόσιν εἴκει·

Auct.: 3–8 CH IV 114 (frg. 15); *cf.* II 306, 1–7 (Ascl. 8); *Frd ad l.*
15–p. 692, 4 *sunt qui haec ex Porphyrii 'de philosophia ex oraculis haurienda' libris deriuent (ut 4, 13, 11); u. Riedweg, Fondation Hardt Entretiens 51, 2005, 166 n. 56; Frd ad l. (et VChr 60, 2006, 279–281)*

Test.: 15–p. 692, 4 Theosoph. Tub. 37 l. 314–319 Erbse, *si ex Lact.*

1 qui *om.* HM   ueritati P   2 discribens B^ac   3 esse HK hanc KS   καὶ] κατὰ *uel* καὶ κατὰ *coni.* Wachsmuth; *cf. Br ad l.* τὸ αὐτὸ *corruptum ratus* αὐτὸ τοῦτο *coni.* Nock; *cf. Frd ad l.* αὐτὸ *om.* B; δυο KS; *in* HM *Graeca lat. litt. plerumque distorta non notamus nisi cuiusquam momenti; u. 1, 8, 3. 4, 13, 11 et p. XLIX n. 157* εκατερων D *Sedul.* (ιc *pro* κ), hecateron HM; εκατερω BPKS
4 *alt.* της *ex* θης B^3   5 θην B; τη PKS   αυτων P *Sedul.* αθανατων P *Sedul.*   6 πῇ δὲ] ηδε B; πηδη PKS   φερον B
7 θείας] θαις D *Sedul.*, θηιας P, θςιας KS   8 δρυσεν D *Sedul.* οαυμαζη KS, ωλυμαζη P; *de fine enuntiati ft. manco u. Frd ad l.*
9 sed] se H   computet] non putet D   10 in] inter KS
12 quidem P   14 et] ei D   uerbis BKS   15 τυχη B
16 φθαρτα ... θνηταις] φθαρτόν, ἐοῦσ' ἀπαθὴς ταῖς ταυθ' *Theosoph.*; *u. Erbse ad l.*   νουσα *ex* νοουσα B, νοουρα D *Sedul.*

ἡνίκα δ' ἀνάλυσιν βροτέην μετὰ σῶμα μαρανθὲν
ὠκίστην εὕρηται, ἐς αἰθέρα πᾶσα φορεῖται
αἰὲν ἀγήραος οὖσα, μένει δ' εἰς πάμπαν ἀτειρής.
πρωτόγονος γὰρ τοῦτο θεία διέταξε πρόνοια.

quid? carmina Sibyllina nonne hoc ita esse declarant, cum fore aliquando denuntiant ut a deo de uiuis ac mortuis iudicetur?
7 quorum exempla paulo post inferemus. falsa est ergo Democriti et Epicuri et Dicaearchi de animae dissolutione sententia. qui profecto non auderent de interitu animarum mago aliquo praesente disserere, qui sciret certis carminibus cieri ab inferis animas et adesse et praebere se humanis oculis uidendas et loqui et futura praedicere, et si auderent, re ipsa et documentis prae-
8 sentibus uincerentur. sed quia non peruidebant animae rationem, quae tam subtilis est, ut oculos humanae mentis effugiat,
9 interire dixerunt. quid Aristoxenus, qui negauit omnino ullam esse animam, etiam cum uiuit in corpore? sed sicut in fidibus ex intentione neruorum effici concordem sonum atque cantum, quem musici harmoniam uocant, ita in corporibus ex compage uiscerum ac uigore membrorum uim sentiendi existere; quo ni-

7 paulo post] 7, 20, 2–4. 24, 1. *al.; u. Frd ad l.*

Auct.: 15 § 9] Cic. Tusc. 1, 19. 51; *cf. opif. 16, 13–18*

1 δ' *om.* Sedul. αναλυσιν Sedul., edd., ανλυσιν *uel* αναυσιν codd.
2 ωκιστην *ex* -τεν B 2–3 φορεῖται αἰὲν] φοριταιεν D, φοριτα
|εν Sedul. 3 ἀγήραος *edd.*, αγερ- B Sedul., λγηρ- D, ατηρ- KS;
ηθηραως P ατιρηο D Sedul. 4 τοῦτο δὲ πρωτόγονος
Theosoph. πρωτοτονε KS, πρωτωνωνωνος P θεα D Sedul.
5 ita *ex* ta B esse *om.* HM forte P[ar] 6 ut *s.l.* D
9 magno H[ar] M 10 dissere KS[1]; discere S[2] ciere *ex* -ri D
11 adesse et] adesset, t *eras.*, B 12 et *post* loqui *s.l.* P
13 ratione HM 15 ullam] illam *s.l.* D; nullam KS 16 etiam *om.*
KS sicut *ex* sic P[3] fidelibus *ut uid.* D[ar]; sidibus M
17 effigi D[ac] somnum H[ar] 18 musichi, h *del. m.3* B
harmoniam P[ar] H[ar], -nia M; armoniam B P[pr] H[pr], armonian D, armoniā
KS in] ex P 19 uigorem B[ar] *sup.* existere *m.2* putauiit *sic* D

hil dici delirius potest. uerum ille oculos quidem habuit incolumes, cor tamen caecum, quo uiuere se et habere mentem, qua id ipsum cogitauerat, non uidebat. sed plerisque hoc philosophis accidit, ut putarent omnino non esse quidquid oculis non apparet, cum mentis acies multo clarior debeat esse quam corporis ad ea perspicienda, quorum uis ac ratio sentitur potius quam uidetur.

14. Quoniam de immortalitate animae diximus, sequitur ut doceamus quatenus homini et quando tribuatur, ut in hoc quoque prauitatis ac stultitiae suae perspiciant errores, qui mortales quosdam decretis placitisque mortalium deos esse factos opinantur, uel quod artes inuenerant uel quod usum quarundam frugum docuerant uel quod utilia uitae hominum prodiderant uel quod immanes bestias interemerant. quae merita quam longe ab immortalitate semota sint, et docuimus in prioribus libris et nunc docebimus, ut appareat solam esse iustitiam, quae uitam homini pariat aeternam, et solum deum, qui aeternae uitae praemium largiatur. nam illi qui suis meritis immortales facti esse dicuntur, quia nec iustitia nec ulla in his uera uirtus fuit, non

Epit.: 7, 14, 1 – 17, 11] 65, 7 – 66, 10 *(ordine mutato, pauca aliunde)* 7, 14, 1 . . . tribuatur] 65, 7 . . . tribuatur   2] *cf.* 62, 4 praemium . . . impertit

15 in prioribus libris] 1, 8, 8. 2, 12, 14. 6, 3, 17. *al.; u. Frd ad l.*

1 dici *om.* P   **2** qua] quia P[ar]   **3** philosofis *ex* -fos P   **4** quidquid] quod *ex* quid P[2]   **5** cum] et c. K S   mentis *ex* -tes P[2]   debet D   esse debeat H M   **6** ratio] a *in ras.*, tio *s.l. m.2* P   **8** diximus animae H M   **9** *post* homini *hasta eras.* D   **10** prauitates B; paruitatis K   suae *s.l. m.2?* P   errores] *pro* s *compendio* sunt K, *ft. idem et* S[ar]   **11** quos P   **12** artis B   quarundam *edd., Br;* quarumque B D H M K S; parumque P   **13** utalia P[1], *corr.* P[2]   **14** immanis D[ac] K S   **15** remota, re *in ras. m.2?* P   **16** docemus M[ac]   **17** qui *post* deum] quia P[ar] M K S[ar]   **18** qui suis *ex* quibus B[3]   **19** iustitiae D[ac]; -a *ex* -am P[3] immortalitatem sibi, sed mortem peccatis ac libidinibus quaesierunt neque caeleste praemium, sed inferna supplicia meruerunt, quae pendent simul cum his omnibus qui eos coluerunt. cuius iudicii propinquare tempus ostendam, ut et iustis merces **4** digna soluatur et poena merita impiis inrogetur. Plato et multi alii philosophorum cum ignorarent originem rerum supremumque illud tempus quo mundus esset effectus, multa milia saeculorum fluxisse dixerunt, ex quo hic pulcherrimus mundi extiterit ornatus, secuti fortasse Chaldaeos, qui, ut Cicero tradit in libro de diuinatione primo, quadringenta septuaginta milia annorum monumentis comprehensa se habere delirant; in quo se quia posse argui non putabant, liberum sibi crediderunt esse **5** mentiri. nos autem, quos diuinae litterae ad scientiam ueritatis erudiunt, principium mundi finemque cognouimus; de quo nunc in fine operis disseremus, quoniam de principio in secundo libro **6** explicauimus. sciant igitur philosophi, qui ab exordio mundi saeculorum milia enumerant, nondum sextum millesimum annum esse conclusum. quo numero expleto consummationem fieri necesse est et humanarum rerum statum in melius reformari. cuius rei argumentum prius enarrandum est, ut ratio eluceat.

Epit.: 7, 14, 3 cuius ... inrogetur] 65, 7 id ... est; *cf.* 66, 6   4–6] 65, 8–9

15 in secundo libro] 2, 8, 3 – 9, 27

Auct.: **9** Cicero] diu. 1, 36

1 ac] et HM   **2** caeleste *ex* -tem P[3]   infernalia, lia *s.l. m.*2 D
3 his *codd.*, iis *edd., Br*   qui eos] quietos K   **4** merces] s *in ras.* P
7 sanctorum KS[1]   **8** fluxisse *ex* fru-? B[2]   mundus *ex* -di *m.2?* D
excuterit KS[ac]   **9** ordinatus D   caldęos D, chaldeos *cet.*
tradidit HMKS; *cf.* 7, 8, 7   **10** quadringenta D *(-rig-)* P *(-gin-)* KS;
quadringentorum BM, -dragintorum H   milium *et s.l.* 7 *fere litt.*
eras. B   **11–12** in ... putabant *in mg.* H   **12** argui posse HM
14 *post* principium *1 litt. eras.* B   **16** ab] a*? tantum in ras.* B
17 milensimum, n *exp. m.*2, P   **19** statum *ex* -tim P[3]   in *s.l.* B
20 ut BDHM; quo PKS *Br cl.* 2, 2, 23   eluceat] c *ex* g P

Mundum deus et hoc rerum naturae admirabile opus, sicut arcanis sacrae scripturae continetur, sex dierum spatio consummauit diemque septimum, quo ab operibus suis requieuerat, sanxit. hic est autem dies sabbati, qui lingua Hebraeorum a numero nomen accepit, unde septenarius numerus legitimus ac plenus est. nam et dies septem sunt quibus per uicem reuolutis orbes conficiuntur annorum et septem stellae quae non occidunt et septem sidera quae uocantur errantia, quorum dispares cursus et inaequabiles motus rerum ac temporum uarietates efficere creduntur. ergo quoniam sex diebus cuncta dei opera perfecta sunt, per saecula sex id est annorum sex milia manere in hoc statu mundum necesse est. dies enim magnus dei mille annorum circulo terminatur, sicut indicat propheta, qui dicit: 'ante oculos tuos, domine, mille anni tamquam dies unus'. et sicut deus sex illos dies in tantis rebus fabricandis laborauit, ita et religio eius et ueritas in his sex milibus annorum laboret necesse est, malitia praeualente atque dominante. et rursus quoniam perfectis operibus requieuit die septimo eumque benedixit, necesse est ut in fine sexti millesimi anni malitia omnis aboleatur e terra et regnet per annos mille iustitia sitque tranquillitas et requies a laboribus quos mundus iam diu perfert. uerum quatenus id eueniat, ordine suo explicabo. saepe diximus minora et exigua magnorum

Epit.: 7, 14, 11 ... 12 explicabo] 65, 9

22 saepe] *e. g.* 4, 17, 10–21; *u. Frd ad l.*

Auct.: **1** § 7] *cf.* gen. 2, 2–3   **4** § 8] *cf.* Theophil. Autol. 2, 12, 5. Varro frg. Gell. 3, 10, 1–2   **13–14** psalm. 89, 4

2 diebus H M   **4** autem est H M   hebreorum *codd.* (hęb- K)
5 septennarius, *pr.* n *exp.,* D   **6** et *om.* H M   reuoluitis D^{ac}
7 orbes] styrpes P   **8** quarum H M   cursus] *alt.* s *in ras.* D
9 motus *ex* -tos B   **10** opera] o. quae (que M) uera H M
14 sicut] ut K S   deus *om.* H   **15** laborauit *ex* rob- *m.2?* D; -randis, s *in ras.* S   et *om.* K S   eius *om.* P   **19** milesimi P
e B D; a P; de H M; ę K, ae S; *cf.* 7, 15, 11   **21** perfert] perfectus K^1 S^1; perpessus K^2 S^2 (p. est)   ueniat H

figuras et praemonstrationes esse, ut hunc diem nostrum, qui ortu solis occasuque finitur, diei magni speciem gerere, quem circuitus annorum mille determinat. eodem modo etiam figuratio terreni hominis caelestis populi praeferebat in posterum fictionem. nam sicut perfectis omnibus quae in usum hominis molitus est deus ipsum hominem sexto die ultimum fecit eumque induxit in hunc mundum tamquam in domum iam diligenter instructam, ita nunc sexto die magno uerus homo uerbo dei fingitur, id est sanctus populus doctrina et praeceptis dei ad iustitiam figuratur. et sicut tunc mortalis atque imperfectus e terra fictus est, ut mille annis in hoc mundo uiueret, ita nunc ex hoc terrestri saeculo perfectus homo fingitur, ut uiuificatus a deo in hoc eodem mundo per annos mille dominetur. quomodo autem consummatio futura sit et qualis exitus humanis rebus impendeat, si quis diuinas litteras fuerit scrutatus, inueniet. sed et saecularium prophetarum congruentes cum caelestibus uoces finem rerum et occasum post breue tempus adnuntiant describentes quasi fatigati et dilabentis mundi ultimam senectutem. quae uero a prophetis et uatibus futura esse dicantur, priusquam superueniat extrema illa conclusio, collecta ex omnibus et coaceruata subnectam.

15. Est in arcanis sanctarum litterarum transcendisse in Aegyptum cogente inopia rei frumentariae principem Hebraeorum cum omni domo et cognatione. cuius posteri cum diutius

Epit.: 7, 14, 15–17] 66, 1 . . . dicuntur   16 mundi . . . senectutem] *cf.* 66, 6

Auct.: **18–19** mundi senectutem] CH II 329, 24 (Ascl. 26) *laudat epit.*

1 ut] et K S *edd.; cf. 7, 13, 9* sicut . . . effici   **2** die magni P¹ *(corr. P²)* K S¹, dieimagi|ni H   **3** figurati, ti *del.m.3* P   **4** praeferebat] quae f- B   **5** sicuti H M   perfectis *ex* prof- P³   **17** uoces] s *eras.* S   fines P K S   **18** discribentes B   dislabentis B *(ex* -tes *m.2)* D; -tes K S¹   **19** et] et a B *(a s.l. m.3)* H M   **21** coacerbata B¹ *(corr. B²)* H M; coaueru- S¹   subnectam *ex* -at B²   **23** hebreorum *codd.* (hęb- K)   **24** cognatione *ex* -nem P³   eius S

in Aegypto commorantes in magnam gentem creuissent et graui
atque intolerando seruitutis iugo premerentur, percussit Aegyptum deus insanabili plaga et populum suum liberauit traductum
medio mari, cum discissis fluctibus et in utramque partem dimotis per siccum populus graderetur. conatusque rex Aegyptiorum profugos insequi coeunte in statum suum pelago cum
omnibus copiis interceptus est. quod facinus tam clarum tamque mirabile quamuis ad praesens uirtutem dei hominibus ostenderet, tamen praesignificatio et figura maioris rei fuit, quam
deus idem in extrema temporum consummatione facturus est;
liberabit enim plebem suam de graui seruitute mundi. sed
quoniam tunc una plebs dei et apud unam gentem fuit, Aegyptus
sola percussa est, nunc autem quia populus dei ex omnibus linguis congregatus apud omnes gentes commoratur et ab his dominantibus premitur, necesse est uniuersas nationes id est orbem
totum caelestibus plagis uerberari, ut iustus et cultor dei populus
liberetur. et sicut tum signa facta sunt quibus futura clades
Aegyptiis ostenderetur, ita in ultimo fient prodigia miranda per
omnia elementa mundi, quibus imminens exitus uniuersis gentibus intellegatur. propinquante igitur huius saeculi termino
humanarum rerum statum commutari necesse est et in deterius
nequitia inualescente prolabi, ut iam nostra haec tempora, quibus iniquitas et malitia usque ad summum gradum creuit, in
illius tamen insanabilis mali comparatione felicia et prope aurea

Epit.: 7, 15, 7–10] 66, 1 cum . . . 2 tractabit

Codd.: **7** *a* tamque *usque ad 7, 18, 4* κόσμον *2 foll. excisis deest* K*; hinc extant* B D P H M S

1 grauia? P[ar]   **4** et *s.l.* D   **5** populis K S[ac]   **9** praesignificatione H M[ar]   **10** idem in] min *in ras. m.2* B   **11** liberabit B[3] D P[3] S[pc]; -auit B[1] P[1] H M S[ac]   **13** persussa H[ac] M   **15** uniuersae, *s.l. m.2* terrae D   **17** tum D P H M, tunc B[3] *(ex* cum*)* S *ex § 5, Br*   **18** aegypti B S prodigi|a, a *del.,* D   **20** termino *ex* -num B[2]   **21** et *om.* H M   **22** iam] etiam S   **24** malis H[ar]   conparationem B   **24–p. 698, 2** felicia . . . auaritia] felicia et pro, sent iudica, titia rar, auar *renouauit* B[3]

632   8   possint iudicari. ita enim iustitia rarescet, ita impietas et auaritia et cupiditas et libido crebrescet, ut si qui forte tum fuerint boni, praedae sint sceleratis ac diuexentur undique ab iniustis, soli autem mali opulenti sint, boni uero in omnibus contumeliis atque in egestate iactentur. confundetur omne ius et leges interibunt.
     9   nihil quisquam tunc habebit nisi aut quaesitum aut defensum manu, audacia et uis omnia possidebunt. non fides in hominibus, non pax, non humanitas, non pudor, non ueritas erit atque ita neque securitas neque regimen neque requies a malis ulla.
    10   omnis enim terra tumultuabitur, frement ubique bella, omnes gentes in armis erunt et se inuicem oppugnabunt; ciuitates inter se finitimae proeliabuntur, et prima omnium Aegyptus stultarum superstitionum luet poenas et sanguine uelut flumine operietur.
    11   tum peragrabit gladius orbem metens omnia et tamquam messem cuncta prosternens. cuius uastitatis et confusionis haec erit causa, quod Romanum nomen, quo nunc regitur orbis – horret animus dicere, sed dicam, quia futurum est – tolletur e terra et imperium in Asiam reuertetur ac rursus oriens dominabitur atque occidens seruiet.
    12   nec mirum cuiquam debet uideri, si regnum tanta mole fundatum ac tamdiu per tot et tales

Auct.: **12–14** prima ... operietur] *cf.* Orac. Sib. 5, 54–90 *et Frd ad l.* **14** *de fontibus §§ 11–13 u. Frd ad l., de Roma cf.* Orac. Sib. 3, 350–355

1 possint B   ita et enim D   rarescet DP³ MS; -cit BP¹ H   ita] et BP   pietas P¹, *corr.* P²   **2** crebrescet DP³ HM; -cit BP¹; -bescent S   quis D^ar   tum fuerint *bis, alt. eras.* M   **3** sceleratis sint S   diu uexentur HMS   **4** *ante* boni *1 litt. eras.* P   **5** iactantur D^ac *(ut uid.)* M   confundatur H¹; -dentur M^ar; -det S¹   **6** nisi ... quaesitum] a. n. male q. P   **7** ui HM; ius D   fidis B   **10** tumultu abiatur H^ar M^ar   **11–12** obpugnabant ciuitatis P¹, *corr.* P³   **12** prima *ex* pri H²   **13** superstitionem D^ac   **14** peragrabit *ex* -auit B²   gladios D^ac; clades S   *ante* orbem *1 litt. eras.* P   metens] montes *ex* mentes D²   **15** cunctu H   uastatis D¹ H^ac *(ut uid.)*   **16** haec] h. enim HM   **17** *sup.* horret *m.2* parentes scilicet D   **18** e BDP *(ex* ae?*),* ę S; de HM; *cf. 7, 14, 11*   asia B   reuertitur H   **20** fundatum *ex* und- P³   et *s.l.* P²

uiros auctum, tantis denique opibus confirmatum aliquando tamen corruet. nihil est enim humanis uiribus laboratum quod non humanis aeque uiribus destrui possit, quoniam mortalia sunt opera mortalium. sic et alia prius regna cum diutius floruissent, nihilominus tamen occiderunt. nam et Aegyptios et Persas et Graecos et Assyrios proditum est regimen habuisse terrarum, quibus omnibus destructis ad Romanos quoque rerum summa peruenit. qui quanto ceteris omnibus regnis magnitudine antistant, tanto maiore decident lapsu, quia plus habent ponderis ad ruinam quae sunt ceteris altiora. non inscite Seneca Romanae urbis tempora distribuit in aetates. 'primam enim' dixit 'infantiam sub rege Romulo fuisse, a quo et genita et quasi educata sit Roma; deinde pueritiam sub ceteris regibus, a quibus et aucta sit et disciplinis pluribus institutisque formata; at uero Tarquinio regnante cum iam quasi adulta esse coepisset, seruitium non tulisse et reiecto superbae dominationis iugo maluisse legibus obtemperare quam regibus; cumque esset adulescentia eius fine Punici belli terminata, tum denique confirmatis uiribus coepisse iuuenescere'. sublata enim Carthagine, quae tamdiu aemula imperii fuit, manus suas in totum orbem terra marique porrexit, donec regibus cunctis et nationibus imperio subiugatis cum iam

Auct.: **2–3** nihil ... possit] *u. 7, 11, 5*   **5–8** nam ... peruenit] *cf.* Orac. Sib. 3, 159–161. 8, 6–11   **11–p. 700, 7** Sen. hist. frg. 1 Peter *(HRR II 91 sq.; peius frg. 4 Håkanson; cf. 99* Haase) potius Sen. maiori quam minori tribuitur; u. Lausberg, 1970, 3 n. 10 et Frd ad l. (424–436, praesertim 428–430)*

2 enim *om.* PHM   **3** aeque *om.* HM   distrui B   **4** sicut et S   **5** et *post* nam *om.* HM   **5–6** gr(a)ecos et persas HM   **6** assyrios *ex* ads- P³, assir- HS   terrarum] rum *in ras.* P   **7** distructis B   **8** regni P   magnitudinis S   antestant DHM   **9** lab|su B, lapsus? H^ar   **10** insciti B^ac; isc- HM   senneca H^ar, seca M^ac   **11** urbes B^ac   in etates distribuit S   aetates *ex* -tis B²   **12** ducata P   **13** pueritia S   **14** ad B   **15** cum iam quasi] c. i. q. cum S   **15–16** seruitium non tulisse *in mg.* H²   **19** iuueniscere *ex* -nes- P³   etenim S   tandiu S; diu D   **20** terrae P^ac

bellorum materia deficeret, uiribus suis male uteretur, quibus se
16 ipsa confecit. et haec fuit prima eius senectus, cum bellis
lacerata ciuilibus atque intestino malo pressa rursus ad regimen
singularis imperii reccidit quasi ad alteram infantiam reuoluta.
amissa enim libertate, quam Bruto duce et auctore defenderat,
ita consenuit, tamquam sustentare se ipsa non ualeret, nisi ad-
17 miniculo regentium niteretur. quodsi haec ita sunt, quid restat
nisi ut sequatur interitus senectutem? et id futurum breui con-
tiones prophetarum denuntiant sub ambage aliorum nominum,
18 ne facile quis intellegat. Sibyllae tamen aperte 'interituram
esse Romam' loquuntur 'et quidem iudicio dei, quod nomen
eius habuerit inuisum et inimica iustitiae alumnum ueritatis po-
19 pulum trucidarit'. Hystaspes quoque, qui fuit Medorum rex
antiquissimus, a quo amnis nomen accepit qui nunc Hydaspes
dicitur, admirabile somnium sub interpretatione uaticinantis
pueri ad memoriam posteris tradidit: 'sublatuiri ex orbe imperium nomenque Romanum' multo ante praefatus est quam illa
Troiana gens conderetur.

Auct.: **10–13** *cf.* Orac. Sib. 5, 155–161 *et Frd ad l.*   **13** § 19] *de Hystaspis apocalypsi a Lact. hic et 7, 18, 2 (inde epit. 68, 1) laudata u. Frd 53–69 et ad l. (440–444)*

Test.: **13–15** Hystaspes ... dicitur] Isid. orig. 13, 21, 12

1 uterentur HM   **2** et haec BDP³ *(ex* et hac*)* S *Frd*, et *om.* HM *Br*
3 lacera DP¹ *(corr.* P²*)*   cibilibus Dᵃᶜ HM   intestimonio Sᵃʳ
rursum S   **4** imperiis Hᵃʳ   recedit DMᵖᶜ, recid- Mᵃᶜ S; *cf. 6, 17, 3*
ad alteram] adult- H   **5** duce et *ex* ducet B²   **6** se ipsam *s.l.* M
ipsam DHMS *ft. recte*   **7** recentium S   uteretur S   restant Sᵃʳ
8 interitus *ex* -tu P³   senectutem *ex* senem? P²   **9** declarant PS
post ambage *2–3 litt. eras.* B   **10** ne *om.* P   sibylla et amen Hᵃᶜ M
apertae Bᵃʳ   **11** nomen *ex* num- *m.3?* B   **13** hystaspes BP *(ex*
his-*)* DP¹, histaspex HM, hyda- P³ S   fuit DHM; fuerit BP; fue-
rat S   **14** hydaspes DPS, chyd- HM; hysd- B *Isid.*   **15** admirabilis
omnium PHM   uaticinantes Pᵃᶜ   **16** sublatuiri BP *(pr.* i *in ras.)*,
-tum iri *cet.; u. 7, 12, 29*   **17** pretatus Hᵃᶜ, protatus M

16. Quomodo autem id futurum sit, ne quis incredibile arbitretur, ostendam. in primis multiplicabitur regnum et summa rerum potestas per plurimos dissipata et concisa minuetur. tum discordiae ciuiles in perpetuum serentur nec ulla requies bellis exitialibus erit, donec reges decem pariter existant, qui orbem terrae non ad regendum, sed ad consumendum partiantur. hi exercitibus in immensum auctis et agrorum cultibus destitutis, quod est principium euersionis et cladis, disperdent omnia et comminuent et uorabunt. tum repente aduersus eos hostis potentissimus ab extremis finibus plagae septentrionalis orietur, qui tribus ex eo numero deletis, qui tunc Asiam obtinebunt, adsumetur in societatem a ceteris ac princeps omnium constituetur. hic insustentabili dominatione uexabit orbem, diuina et humana miscebit, infanda dictu et exsecrabilia molietur, noua consilia in pectore suo uolutabit, ut proprium sibi constituat imperium, leges commutet et suas sanciat, contaminabit diripiet spoliabit occidet; denique immutato nomine atque imperii sede translata confusio ac perturbatio humani generis consequetur. tum uero detestabile atque abominandum tempus existet, quo nulli hominum sit uita iucunda. eruentur funditus ciuitates atque interibunt non modo ferro atque igni, uerum etiam terrae

Epit.: 7, 16, 1 ... 5 iucunda] 66, 3 regnum ... uiuere   5 eruentur ... 8 pisces] 66, 4 ciuitates ... salubre

Auct.: 2 §§ 1–4] *cf.* Dan. 7, 7–8. 23–26 *et Frd ad l.*

3 minuetur] m. regnum H² *(ex* -no*)* M   **6** non ... consumendum] non regendum *tantum* P   hiin, n *eras.*, B   **7** auctis] coactis S   destitutis *ex* dis- B²   **8** et *post* omnia *om.* P   **9** deuorabunt *coni. Br cl. epit.; u. St 248*   aduorsus D; -sum S   **10** plagę *ex* -ace P², -ge H, -ges M   **11** qui tribus *ex* quibus P³   tunicasiam Bᵃʳ   **12** societate S   **13** hinc Sᵃᶜ   **14** dicta et HM; dicet P   **16** leges *ex* -gis P³   commutabit HM   et *om.* S   sanciet HM   diripiet *s.l.* H²   **17** spoliauit S   sedranslata H¹   **18** consequitur MS   **20** euertentur HM

motibus adsiduis et eluuie aquarum et morbis frequentibus et
fame crebra. aer enim uitiabitur et corruptus ac pestilens fiet
modo importunis imbribus modo inutili siccitate, nunc frigori-
bus nunc aestibus nimiis, nec terra homini dabit fructum; non
seges quidquam, non arbor, non uitis feret, sed cum in flore
spem maximam dederint, in fruge decipient. fontes quoque
cum fluminibus arescent, ut ne potus quidem suppetat, et aquae
in sanguinem aut amaritudinem mutabuntur. propter haec deficient et in terra quadrupedes et in aere uolucres et in mari
pisces. prodigia quoque in caelo mirabilia mentes hominum
maximo terrore confundent, et crines cometarum et solis tenebrae et color lunae et cadentium siderum lapsus. nec tamen
haec usitato modo fient, sed existent subito ignota et inuisa oculis astra. sol in perpetuum fuscabitur, ut uix inter noctem diemque discernat, luna iam non tribus deficiet horis, sed perpetuo
sanguine offusa meatus extraordinarios peraget, ut non sit homini promptum aut siderum cursus aut rationem temporum
agnoscere; fiet enim uel aestas in hieme uel hiems in aestate.
tunc annus breuiabitur et mensis minuetur et dies in angustum
coartabitur, stellae uero creberrimae cadent, ut caelum omne
caecum sine ullis luminibus appareat. montes quoque altissimi

Epit.: 7, 16, 8 prodigia ... 10 appareat] 66, 5 ... 6 breuiabitur

Auct.: 2 § 6] *cf.* Orac. Sib. 8, 180–181   8 § 8] *cf.* ibid. 190–194. 342–344   20 stellae ... cadent] ibid. 341   **21–p. 703, 1** montes ... constituetur] *cf.* ibid. 234–237

1 motis S   diluuio P   **2** fiet] f. et HM   **6** spem *s.l.* B[2] frugem, u *s.l. m.2?*, P   **7** atquae? B[ar]   **8** aut in amaritudinem PH *(in mg. m.2)* M   **9** et *post* deficient *om.* HM   **10** mentes *ex* -te P[2]
11 crines] fin- HM   **13** uisa P[1], *corr.* P[2]   **15** oris B[ac] H
17 siderium HM   **18** uel DP[2] *(ex* uera?*)* S; uera B, uerae HM *(-re)*
aestas et in M   hiems DS, -mps *cet.; u. 2, 11, 2*   **19** breuiatur B[ac]
diem HM   in *s.l.* P[3]   **20** creberrimae DS, -me BPHM
cadunt S   caelum *ex* -lo P[2]   **21** appareret S[ac]

decident et planis aequabuntur, mare innauigabile constituetur. ac ne quid malis hominum terraeque desit, audietur e caelo tuba; quod hoc modo Sibylla denuntiat:

σάλπιγξ οὐρανόθεν φωνὴν πολύθρηνον ἀφήσει.

itaque trepidabunt omnes et ad luctuosum illum sonitum contremescent. tum uero per iram dei aduersus homines, qui iustitiam non agnouerint, saeuiet ferrum ignis fames morbus, et super omnia metus semper impendens. tunc orabunt deum et non exaudiet, optabitur mors et non ueniet. ne nox quidem requiem timori dabit nec ad oculos somnus accedet, sed animas hominum sollicitudo ac uigilia macerabit, plorabunt et gement et dentibus strident, gratulabuntur mortuis et uiuos plangent. his et aliis pluribus malis solitudo fiet in terra et erit deformatus orbis atque desertus; quod in carminibus Sibyllinis ita dicitur:

ἔσται κόσμος ἄκοσμος ἀπολλυμένων ἀνθρώπων.

ita enim conficietur humanum genus, ut uix decima pars hominum relinquatur, et unde mille processerant, uix prodient centum. de cultoribus etiam dei duae partes interibunt et tertia quae fuerit probata remanebit.

Epit.: 7, 16, 12 ... 14 centum] 66, 7 tunc ... redigetur   12 gratulabuntur ... plangent] 66, 4 ... sequatur   14 de ... remanebit] 66, 9 ita ... fugiet

Auct.: 4 Orac. Sib. 8, 239   15 ibid. 7, 123   16 § 14] cf. Am. 5, 3. Orac. Sib. 3, 544 et Frd ad l.

2 quis HM   audiebatur P¹, corr. P²   e B, ae DP, ę S; de HM turba H^ar   3 adnuntiat HM   4 ουρανωθη P, -οϑε S; δ' οὐρ- plurimi codd. Sib.   ἀφήσει] post φ 1–2 litt. eras. D; -σερ P
5 luctuosum ex lutuo- m.3? P   contremiscent, i ex e, D
6 aduersum S   7 agnouerunt D (in B potius in quam ligatura un) fames ex -mis P³   8 post tunc 1 litt. eras. P   deum] ad d. P
9 non ueniet ex inu- S²   nec S   10 mori M   dabit timori S
11 macerauit B¹, corr. B³   gemunt P¹, corr. P³   12 stridunt B mortui sed HM   13 iis B, hiis P   sollicitudo P^ar S   formatus S
15 εcτε D Sedul.^ac; νηcεται S   ἀνθρώπων] ante π 3 litt. eras. P
19 fuerint P^ac S^ac

17. Sed planius quomodo id eueniat exponam. imminente iam temporum conclusione propheta magnus mittetur a deo, qui conuertat homines ad dei agnitionem, et accipiet potestatem mirabilia faciendi. ubicumque homines non audierint eum, claudet caelum et abstinebit imbres, aquam conuertet in sanguinem et cruciabit illos siti ac fame, et quicumque conabitur eum laedere, procedet ignis de ore eius atque comburet illum. his prodigiis ac uirtutibus conuertet multos ad dei cultum. peractisque operibus ipsius alter rex orietur e Syria malo spiritu genitus euersor ac perditor generis humani, qui reliquias illius prioris mali cum ipso simul deleat. hic pugnabit aduersus prophetam dei et uincet et interficiet eum et insepultum iacere patietur, sed post diem tertium reuiuescet atque inspectantibus et mirantibus cunctis rapietur in caelum. rex uero ille taeterrimus erit quidem et ipse, sed mendaciorum propheta, et se ipsum constituet ac uocabit deum, se coli iubebit ut dei filium. et dabitur ei potestas, ut faciat signa et prodigia, quibus uisis inretiat homines, ut adorent eum. iubebit ignem descendere a caelo et solem a suis cursibus stare et imaginem loqui, et fient haec sub uerbo eius;

Epit.: 7, 17, 2 alter ... deleat] 66, 7 ... interemet   4–8] 66, 8 ... 9 morietur

Auct.: 1 §§ 1–8] *cf.* apoc. 11, 3–12. 13, 5–15 *et Frd ad l.*

1 quodmodo H   id *(d in ras.)* ueniat P   immitente H *(pr. t in ras. m.2)* M   **4** audierunt P^ac   **5** cludet P S *(prob. St 249; cf. Thes. III 1300, 51–75);* claudat H M   abstinet B   imbrem P^ac   conuertet *ex* -tit B² P *m.2?*   sanguine B   **6** cruciabit B   **7** procedit D^ac   amburet B D *numero peiore;* ambueret P*; cf. 7, 21, 6*   hiis P^ar   **8** atque H M   **9** ex P; de H M   spiritum H gentibus, ntib; *in ras. m.2,* H; gentis M   **11** aduersos D^ac   **13** reuiuescet B D P¹ H, -uisc- P³ M S *Br; cf. 7, 27, 13*   inspectantibus B¹ D P S; spectantibus B³ H (-tat–) M   **15** prophetam P³ *(ex* -ta) S et *om.* S   **16** uocari B P   se coli D H M S; saeculi B^ac, colique *(s et* e *exp., a eras., o ex* u, que *s.l. m.3)* B^pc; caeli P*; cf. epit.*   et *post* filium *om.* H M   **17** et *post* signa] ac P S   homines] i *tantum eras.* P   **18** a] ae, a *ex* o?, D; e H M   **19** uerbo sub H M

quibus miraculis etiam sapientium plurimi adlicientur ab eo.
tunc eruere templum dei conabitur et iustum populum perseque‑　6
tur et erit pressura et contritio qualis numquam fuit a principio
mundi.　quicumque crediderint atque accesserint ei, signabuntur　7
ab eo tamquam pecudes, qui autem recusauerint notam eius, aut
in montes fugient aut comprehensi exquisitis cruciatibus neca‑
buntur.　idem iustos homines obuoluet libris prophetarum atque　8
ita cremabit. et dabitur ei desolare orbem terrae mensibus qua‑
draginta duobus.　id erit tempus, quo iustitia proicietur et in‑　9
nocentia odio erit, quo mali bonos hostiliter praedabuntur. non
lex aut ordo aut militiae disciplina seruabitur, non canos quis‑
quam reuerebitur, non officium pietatis agnoscet, non sexus aut
infantiae miserebitur; confundentur omnia et miscebuntur contra
fas, contra iura naturae. ita quasi uno communique latrocinio
terra uniuersa uastabitur.　cum haec facta erunt, tum iusti et　10
sectatores ueritatis segregabunt se a malis et fugient in solitu‑
dines. quo audito impius inflammatus ira ueniet cum exercitu
magno et admotis omnibus copiis circumdabit montem in quo
iusti morabuntur, ut eos comprehendat.　illi uero ubi se clausos　11
undique atque obsessos uiderint, exclamabunt ad deum uoce
magna et auxilium caeleste implorabunt, et exaudiet eos deus et

Epit.: 7, 17, 9] *cf.* 66, 2 . . . 3 fiet　　10 . . . solitudines] 66, 9 ita . . . fugiet　　10 quo . . . 11 liberet] 66, 10

2 eruere *ex* erue B², euertere H M　　**3** praesura P^ac H M, praessu- P^pc a principio] ab initio H M　　**4** atque accesserint *om.* H M　　**5** nota H M　　**7** iustos . . . ob | uoluet *partim euan.* B　　obuoluet] o. et, *sub* et *puncta eras.,* P　　libros *ex* -ris D² P³　　atque ita *del.* D²; ita *om.* P　　**8** cremauit B¹, *corr.* B²　　XLII S　　**9** id erit] e. id erit, *alt.* e. *eras.* H; e. idem M　　**11** malitiae H M　　**12** pietas B¹, *corr.* B²; impietatis P　　**13** omnia *om.* P　　contra fas *s.l.* D　　**14** natura D^ac　　**15** uniuersaque H M　　facta erunt] ita e. P; -tae sunt H M tunc H M S　　**16** secongregabunt H^ar　　**17** auditu P　　inflammabitur H M　　**18** amotis H　　**19** ubi *om.* M　　**20** atque obsessos undique, *ord. lineolis rest.* B; u. a. o. *om.* H M　　dominum P^ar M mittet regem magnum de caelo, qui eos eripiat ac liberet omnesque impios ferro ignique disperdat.

18. Haec ita futura esse cum prophetae omnes ex dei spiritu tum etiam uates ex instinctu daemonum cecinerunt. Hystaspes enim, quem superius nominaui, descripta iniquitate saeculi huius extremi 'pios ac fideles a nocentibus segregatos' ait 'cum fletu et gemitu extenturos esse ad caelum manus et imploraturos fidem Iouis; Iouem respecturum ad terram et auditurum uoces hominum atque impios extincturum'. quae omnia uera sunt praeter unum, quod Iouem dixit illa facturum quae deus faciet. sed et illud non sine daemonum fraude subtractum, missuiri a patre tunc filium dei, qui deletis omnibus malis pios liberet. quod Hermes tamen non dissimulauit. in eo enim libro qui λόγος τέλειος inscribitur, post enumerationem malorum de quibus diximus subiecit haec: ἐπὰν δὴ ταῦτα γένηται, ὦ Ἀσκληπιέ, τότε ὁ κύριος καὶ πατὴρ καὶ θεὸς καὶ τοῦ πρώτου καὶ ἑνὸς θεοῦ δημιουργὸς ἐπιβλέψας τοῖς γενο-

Epit.: 7, 18, 1–8] *cf.* 68, 1 ... cecinerint

5 superius] 7, 15, 19

Auct.: 5 § 2] *u. supra ad 7, 15, 19 et Frd ad l. (481–484)* **15–p. 707, 6** test. CH II 330, 1–331, 4 (Ascl. 26); *cf. Löw, 2002, 226–230 et Frd ad l.*

1 de] a B   eos *om.* P   **3** cum] tum D   **4** tunc HM ex instinctu] exti- P¹, insti-, ex *del.*, P³; instinctum H *(m eras.)* M daemonium H^ar M   hydaspes P³ *(ex hysta-)* S   **6** huius] h. se M extremi *om.* P   pios *om.* M   ac *ex* a *m.3?* P   segratos B **7** imploratos D¹   **8** respecturū, c *in ras. et* ˜ *m.3*, B   **10** faciet *ex* fecit P³   **11** subtractum] s. est P   missuiri B *(ex* -suri*)* P^ac, -sum iri P^pc *cet.; u. 7, 15, 19*   **13** ermes D   dissimilauit P^ac   λόγος τέλειος *edd. cl. 4, 6, 4;* τελογος telios S; τε αιος *sic* D, telios BP, teaeιoc HM   **14** enumerationem *ex* -ne B³   **15–16** ἐπὰν ... τότε *om.* HM, *de quibus u. 7, 13, 3*   **15** δε B *Sedul.*   γηνθαυ P, τενται S   **16** ω B   κω *(i. e.* κυρίῳ?*)* P   πατὴρ] ο π. D **17** πωτου D, ρρωτου, *pr.* ρ *eras.*, P   τοιcι γινομενοιc D *Sedul.*

μένοις καὶ τὴν ἑαυτοῦ βούλησιν τοῦτ' ἔστιν τὸ ἀγαθὸν ἀντερείσας τῇ ἀταξίᾳ καὶ ἀνακαλεσάμενος τὴν
πλάνην καὶ τὴν κακίαν ἐκκαθάρας πῆ μὲν ὕδατι πολλῷ
κατακλύσας, πῆ δὲ πυρὶ ὀξυτάτῳ διακαύσας, ἐνίοτε δὲ
πολέμοις καὶ λοιμοῖς ἐκπαίσας ἤγαγεν ἐπὶ τὸ ἀρχαῖον
καὶ ἀποκατέστησεν τὸν ἑαυτοῦ κόσμον. Sibyllae quoque
non aliter fore ostendunt quam ut dei filius a summo patre mit-
tatur, qui et iustos liberet de manibus impiorum et iniustos cum
tyrannis saeuientibus deleat. e quibus una sic tradit:

ἥξει καὶ μακάρων ἐθέλων πόλιν ἐξαλαπάξαι.
καὶ κέν τις θεόθεν βασιλεὺς πεμφθεὶς ἐπὶ τοῦτον
πάντας ὀλεῖ βασιλεῖς μεγάλους καὶ φῶτας ἀρίστους,
εἶθ' οὕτως κρίσις ἔσται ὑπ' ἀφθίτου ἀνθρώποισιν.
item alia:

Auct.: **10–13** Orac. Sib. 5, 107–110 *(nonnulla ex alio fonte ac codd. Sib.; u. Geffcken et Frd ad l.)*

Test.: **6 § 5**] Theosoph. Sib. 11 l. 303–306 Erbse   **10–13** ibid. 12 l. 334–337

Codd.: **6** *a* sibyllae *redit* K *(u. 7, 15, 4); hinc extant* B D P H M K S

1 το ατατον S, το αυαθων P; τον αγαθων *Sedul.*   αντερεισας S, -ρις- B D *Sedul.*, -ρηις- P   **2** αυαξιαι P, ταξια S ανακαι | ανκαλεσαμνος S   **4** κατακλυσας D *(ut eo ignoto iam Patricius, alii, Br)*, -κλισας *Sedul.*, cataclyesas H M, -καισας S; καταυσας B; κατα, *cet. et seq.* πῆ δὲ *om. spatio relicto* P; καταλύσας *edd. quid.; u. Br ad l.*   ἐνίοτε] πε P   **5** καὶ λοιμοῖς *om.* P ἐκπαίσας *edd., Br, Frd,* εκπεσας D, εκιτεσας B, εκπασας S; εκπησας *Sedul.*, ηκπσας P   **6** απεκατεστησεν B (-τηστ-) D *Sedul.* cωcμων P, cοcμος S   sybellae H (sib-) M   **7** fore *s.l.m.2?* B   **9** ex K S   **10** ηξε B   μακραρον B; μακαρην P^ac; -ριων, ι *s.l., Sedul.*   εθελων *Sedul.*, -λον D, εθεω P K S; ος κεν B πολει K S   εξαλαπαξαι K S, -παξει B, εξαλαπαι D *Sedul.*, εξλαπξαι P   **11** θεων B   βασιλεις K S   πεμφοις D *Sedul.* **12** μεγάλους *om.* B   φῶτας] ρωτ- P K S   **13** εἶθ' οὕτως *om.* P ὑπ'] π P K S   αφθιθιτων P   **14** item alia *ante init. lin.* D; i. alio loco P

καὶ τότ' ἀπ' ἠελίοιο θεὸς πέμψει βασιλῆα,
ὃς πᾶσαν γαῖαν παύσει πολέμοιο κακοῖο.

8 et rursus alia:

†οπρασε πραυς ιδου ντιξιου†, ἵνα τὸ ζυγὸν ἡμῶν
δοῦλον δυσβάστακτον ἐπ' αὐχένι κείμενον ἄρῃ,
καὶ θεσμοὺς ἀθέους λύσει δεσμούς τε βιαίους.

1 19. Oppresso igitur orbe terrae cum ad destruendam immensarum uirium tyrannidem humanae opes defecerint, siquidem capto mundo cum magnis latronum exercitibus incubabit,
2 diuino auxilio tanta illa calamitas indigebit. commotus igitur deus et periculo ancipiti et miseranda comploratione iustorum mittet protinus liberatorem. tunc aperietur caelum medium in-

Epit.: 7, 19, 1 ... 2 liberatorem] 66, 10   7, 19, 2 – 26, 7 *passim*]
67, 1–8   7, 19, 2 tunc ... 7 tradet] 67, 1

Auct.: **1–2** Orac. Sib. 3, 652–653   **4–6** ibid. 8, 326–328
7 §§ 1–9] *cf.* apoc. 19, 11–21

Test.: **1–2** Theosoph. Sib. 11 l. 307 sq. Erbse   **4–6** ibid. 13 l. 346–348

1 ηελιοιο B, ηελοιο D, εαιοιο P *(-ιωιο)* KS   πεμπει βασιλεα B
2 γεαν D *Sedul.*   **3** rursum B   **4** οπρασε ... ντιξιου] *locum corruptum supra sec.* D *reddimus, quia plurima exhibet;* ὃς ῥά κε πραὺς ἰδοὺ ἥξει *Br* (ὃς ῥα κε *Rzach ap. Br.*), *sed u. Geffcken (etiam de uar. ll. codd. Sib.) et Frd ad l.; init. uers. deest ante* ἵνα *ap. Theosoph., ante* τὸ *ap. Sedul.*   οπρασε D, οφρασε B, ορασε P, οπασε KS, opraese HM   πραυc DPKS, praus HM; παροες B ιδου D, ιαου BPKS, iasu HM   ντιξιου D, ntixio HM; ντε BKS, ενεε P   ἵνα] ονα D   ζυγιν D *Sedul.*   **5** δουλον D *Sedul.*, δουδον B, δουαδ̄ P, δοαδ̄ KS   δυςβαςτακτον B, -κνον D *Sedul.*, -βαςτακατον P, -βατακτον KS   **6** λύσει] λυcι B, λιcει D *Sedul.*, αυcει PKS; λυcῃ *codd. Sib., Theosoph.*   **7** oppraessos K orbe *ex* -bem P³   distruendam B; -dam *ex* -da P³   inmensorum Dᵃᶜ; inmen|inmensarum, *pr.* inmen *del.*, P   **9** incubabit] cu *s.l.* B; -curuabit, *alt.* u *s.l. m.2?*, D   **10** illa *om.* KS   indigebat Dᵃᶜ commouebitur HM   **11** ancipi B¹, *corr.* B²   miserandi P
12 tunc BDPᵖᶜ KS, tum Pᵃᶜ HM *Br, Frd*   medium *om.* P
12–p. 709, 1 intempesta et] -state D

tempesta et tenebrosa nocte, ut in orbe toto lumen descendentis
dei tamquam fulgur appareat; quod Sibylla his uersibus elocuta
est:

ὁππόταν ἔλθῃ,
πῦρ ἔσται σκοτόεντι μέσῃ ἐνὶ νυκτὶ μελαίνῃ.

haec est nox quae a nobis propter aduentum regis ac dei nostri
peruigilio celebratur. cuius noctis duplex ratio est, quod in ea et
uitam tum recepit, cum passus est, et postea regnum orbis terrae
recepturus est. hic est enim liberator et iudex et ultor et rex et
deus, quem nos Christum uocamus, qui priusquam descendat,
hoc signum dabit. cadet repente gladius e caelo, ut sciant iusti
ducem sanctae militiae descensurum, et descendet comitantibus
angelis in medium terrae et antecedet eum flamma inextingui-
bilis et uirtus angelorum tradet in manus iustorum multitudinem
illam, quae montem circumsedebit, et concidetur ab hora tertia
usque in uesperum et fluet sanguis more torrentis, deletisque
omnibus copiis impius solus effugiet et peribit ab eo uirtus sua.
hic est autem qui appellatur Antichristus, sed se ipse Christum

Epit.: 7, 19, 3–4] *cf.* 37, 9 Christus ideo . . . aeternum

Auct.: 4–5 Orac. Sib. frg. 6 Geffcken

Test.: 5 πῦρ . . . μελαίνῃ] *cf.* Theosoph. Sib. 12 l. 326 Erbse
6 § 3] *cf.* Isid. orig. 6, 17, 12   **18–p. 710, 1** hic . . . dimicabit] *cf.* ibid.
8, 11, 20–21

1 nocte (-tem H^{ar}) et tenebrosa (-sā M^{ar}) HM   nocte] noc̃ KS
discendentis P   **2** fulgor B   uerbis P   locuta DHM
4 ελθε KS   **4–5** ἔλθῃ . . . ἔσται] εα *tantum reliqua lin. uacua* P
5 σκοτοεντι PKS, *def. Frd,* σκτοεντι B; σκοτος D *Sedul.;* ψολόεν
τι *Stadtmüller, Br*   εν μεσῃ D   ἐνὶ] νι PKS   **6** est] est et KS
7 peruigilium HM   **8** tunc *ex* tum P^3 recipit B   est *om.* P
10 deus . . . nos] d. noster q. solum HM   **11** *ante* ut *del. et* P^3
12 militiae sanctae H *(scanc-)* M   **13** et antecedet] antecedet ante P
15 montes HM   circumsedebit DPKS; -sedit B; -sederit HM *edd.,
Br, Frd (dubitanter), numero peiore*   **18** antechristus BP^1 *(corr.* P^3);
christus D^1 se *om.* HM   ipsum P

646 mentietur et contra uerum dimicabit et uictus effugiet et bellum
saepe renouabit et saepe uincetur, donec quarto proelio confectis
omnibus impiis debellatus et captus tandem scelerum suorum
7 luat poenas. sed et ceteri principes ac tyranni, qui contriuerunt
orbem, simul cum eo uincti adducentur ad regem, et increpabit
eos et coarguet et exprobrabit his facinora ipsorum et damnabit
8 eos ac meritis cruciatibus tradet. sic extincta malitia et impietate compressa requiescet orbis, qui per tot saecula subiectus
9 errori ac sceleri nefandam pertulit seruitutem. non colentur
ulterius dii manu facti, sed a templis ac puluinaribus suis deturbata simulacra igni dabuntur et cum donis suis mirabilibus ardebunt. quod etiam Sibylla cum prophetis congruens futurum
esse praedixit:

ῥίψωσιν δ' εἴδωλα βροτοὶ καὶ πλοῦτον ἅπαντα.

647 Erythraea quoque idem spopondit:

ἔργα δὲ χειροποίητα θεῶν κατακαυθήσονται.

1 20. Post haec aperientur inferi et surgent mortui, de quibus
iudicium magnum idem ipse rex ac deus faciet, cui summus
pater et iudicandi et regnandi dabit maximam potestatem. de

Epit.: 7, 19, 8] 67, 2 ut . . . 3 malo

Auct.: 14 Orac. Sib. 8, 224   16 ibid. 3, 618

1 dimicauit B^ac   **2** uinceretur D¹   **3** impius HM   **4** contriuerunt] i
in ras. m.2 B   **5** uicti B¹, *corr.* B³   increpabit *ras. ex* -bunt B
6 exprobrauit, *alt.* r *s.l. m.3,* B   his BDPKS, *om.* HM; iis *Br*
7 eos *om.* HM   malitię | & *(ante init. lin. m.1)* H   **8** requieset B¹,
corr. B²   subiectis K S^ac   **9** non *s.l.* B   **10** manu . . . sed] manum
factis et HM   **11** domibus KS   **14** ρειψωσιν B; τριψωσειν D,
τρειψωσιν P, τρειψοσιν KS, τριψοσειν *Sedul.*; ῥίψουσι(ν) *codd.
Sib.*   **15** respondit D, spondit P   **16** εχιροποιντα D *Sedul.* (-ρωνπ-)
θεῶν κατακαυθήσονται] πυρὸς φλογὶ πάντα πεσεῖται *codd.
Sib.*   **17** *post* inferi *1–2 litt. eras.* D   surgent B P *Br (dubitanter),
Frd;* resurgent *cet., sed* surg- *in lb. VII nonnisi hic*   **18** cui] et c. P
19 et regnandi *om.* HM

quo iudicio et regno apud Erythraeam Sibyllam sic inuenitur:

ὁππότε δὴ καὶ τοῦτο λάβῃ τέλος αἴσιμον ἦμαρ,
εἰς δὲ βροτοὺς ἥξει κρίσις ἀθανάτοιο θεοῖο,
ἥξει ἐπ' ἀνθρώπους μεγάλη κρίσις ἠδὲ καὶ ἀρχή.

deinde apud aliam:

ταρταρόεν δὲ χάος δείξει τότε γαῖα χανοῦσα,
ἥξουσιν δ' ἐπὶ βῆμα θεοῦ βασιλῆος ἅπαντες.

et alio loco apud eandem:

οὐρανὸν εἰλίξω, γαίης κευθμῶνας ἀνοίξω,
καὶ τότ' ἀναστήσω νεκροὺς μοῖραν ἀναλύσας
καὶ θανάτου κέντρον. καὶ ὕστερον εἰς κρίσιν ἄξω
κρίνων εὐσεβέων καὶ δυσσεβέων βίον ἀνδρῶν.

nec tamen uniuersi tunc a deo iudicabuntur, sed hi tantum, qui sunt in dei religione uersati. nam qui deum non agnouerunt, quoniam sententia de his in absolutionem ferri non potest, iam iudicati damnatique sunt, sanctis litteris contestantibus 'non re-

Auct.: 2–4 Orac. Sib. 3, 741–743; *de 741 sq. u. Geffcken et Frd ad l.* 6–7 ibid. 8, 241–242; *u. eosdem* 9–12 ibid. 8, 413–416; *u. eosdem* 16–p. 712, 1 psalm. 1, 5

Test.: 5 §§ 3–4] Theosoph. Sib. 13 l. 349–360 Erbse *(acced. Orac. Sib. 8, 243, sed l. 349 μετὰ βραχέα Lact., non Orac. Sib. respondet)*

Codd.: 16 contestantibus ... 7, 21, 8 accipient *fol. transposito (nunc 185) post 7, 27, 9 quam bonam habet* M; *u. p. XX n. 58*

2 τέλος] τε D   3 εἰς] ειcιc K S   εξει B, ηξ P   θεοιο DP; θειο B; θεοι K S   4 καιρχη D, καρχη P   5 aliam] a. sibyllam B
6 ταρταροεν B *rarissima lectio difficilior (u. Frd ad l.);* ταρταρεον D *(-οη)* PK *(-οη)* S *ut codd. Sib. et Theosoph.*   7 βασιλῆες *codd. Sib.; u. Frd ad l.*   9 ειλιξον D, -ξις S   κευθμῶνας ἀνοίξω] κευθμω *tantum* P   αηοιξω K S, ανυξω B; ανοιξοι D
10 νεκρους K S, -οις P; -ου D; νε B   11 καὶ ὕστερον *om.* P
12 κρινον P K S   καὶ] κ P K S   δεccεβεῶ P, δυccεβεω K S
13 a deo] ab eo P   hi BDHM, *om.* PKS; ii *edd., Br*
15 de his in DP; dei his in HM; deus his in KS; dei sine B absolutione BKS   ferre KS   iam B³ *(ex* nam*)* DHM, *om.* PKS

6 surrecturos esse impios in iudicium'. iudicabuntur ergo qui
deum scierunt et facinora eorum, id est mala opera cum bonis
collata ponderabuntur, ut si plura et grauia fuerint bona iustaque,
dentur ad uitam beatam, si autem mala superauerint, condem-
nentur ad poenam.

7 Hic fortasse dixerit quispiam: si est immortalis anima, quomodo patibilis inducitur ac poenae sentiens? si enim ob merita
punietur, sentiet utique dolorem atque ita etiam mortem; si morti
non est obnoxia, ne dolori quidem; patibilis igitur non est. –
8 huic quaestioni siue argumento a Stoicis ita occurritur: animas
quidem hominum permanere nec interuentu mortis in nihilum
resolui, sed eorum qui iusti fuerunt puras et impatibiles et beatas
ad sedem caelestem, unde illis origo sit, remeare uel in campos
9 quosdam fortunatos rapi, ubi fruantur miris uoluptatibus, impiorum uero, quoniam se malis cupiditatibus inquinauerint, me-
diam quandam gerere inter immortalem mortalemque naturam
et habere aliquid imbecillitatis ex contagione carnis, cuius desideriis ac libidinibus addictae ineluibilem quendam fucum trahant labemque terrenam; quae cum temporis diuturnitate penitus

---

1 esse *om.* KS   **3** grauia *codd., def. Frd;* grauiora *Hm, Br*
3–4 iustaque dentur] iustificentur KS   **7** patibilis *ex* -bul- B
ad PHM   poena, a *in ras. m.2,* B; -nam P   **8** etiam ita KS
9 nec KS   dolore HM   patibilis *ex* -bul- B; part- HM; -lisque KS
10 sine S   a *om.* P   stoicos *ex* -cis P³   **11** permanere] terminare
D¹, non terminari D²   interuentu *ex* -tum P³   **12** resoluis? B^ar
resolui sed] -uisse et H (s *post* i *inc.*) M   fuerunt *codd., Buen, Hm,
Le, Fr sine notis;* -rint *'edd.' notantes Br, Frd; cf.* § 9 inquinauerint
inpartibiles HM   beatam K^ac   **14** quosdam *om.* P   miris] m *s.l.
m.3, pr.* i *in ras. (ex* u?*)* B; muris *ut uid.* D^ac   impiorum *Isaeus (1646,
repet. PL 6, 1011), Frd;* -pios *codd.,* -pias *Hm, Br; cf.* § 8 eorum
16 inter *in mg.* H   immortalem mortalemque] immortalemque
B¹ *(antea s.l.* mortalem B²) HM   **17** *ante* ex contagione *del.* ex
contactis P; ex contagio HMKS   **18** acdictae B¹, *corr.* B²
inelubilem HM   quendam] en *in ras. m.2* B   fucum *s.l.* B²;
focum P   **19** temporis *post* diuturnitate *repet.* B   diuturnitatem HM

inhaeserit, eius naturae reddi animas, ut si non extinguibiles in
totum, quoniam ex deo sint, tamen cruciabiles fiant per corporis
maculam, quae peccatis inusta sensum doloris attribuit. quam   10
sententiam poeta sic explicauit:
   'quin et supremo cum lumine uita reliquit,
      non tamen omne malum miseris nec funditus omnes
      corporeae excedunt pestes, penitusque necesse est
      multa diu concreta modis inolescere miris.
      ergo exercentur poenis ueterumque malorum
      supplicia expendunt.'
haec propemodum uera sunt. anima enim cum diuortium fecit a   11
corpore, est, ut ait idem poeta,
   'par leuibus uentis uolucrique simillima somno',
quia spiritus est et ipsa tenuitate incomprehensibilis, sed nobis,
qui sumus corporales, deo autem, cui subiacet posse omnia,
comprehensibilis.

   21. Primum ergo dicimus tantam esse dei potestatem, ut   1
etiam incorporalia comprehendat et quemadmodum uoluerit ad-
ficiat. nam et angeli deum metuunt, quia castigari ab eo possunt
inenarrabili quodam modo, et daemones reformidant, quia tor-
quentur ab eo ac puniuntur.   quid ergo mirum, si cum sint   2

Auct.: **5–10** Verg. Aen. 6, 735–740   **13** ibid. 6, 702

1 si] sint B   inextinguibiles B[ar]   **2** ex] a H M   sunt B
3 iniusta B[ar] K S   doloris] dio oris K[1] S   **5** suppremo D P *ut Verg.
cod. F*   uitam *ex* -ta K[2]   relinquit B H M *(-quint) ut cod. Verg. F
m.1 et duo saec. IX*   **7** corporeae *ex* -as B[2]   **9** exercentur] exertur
H *(alt.* r *s.l.)* M   **11** haec] et B   cum *in maiore ras. m.2* D
facit B; fecerit, er *s.l.,* H   **12** idem *om.* H M   **13** par] pars B H M *ut
pars codd. Verg.*   uolucrisque H M   **14** et *om.* H M
ipse D   sed nobis *bis, pr. del.,* S   **14–16** sed . . . comprehensibilis *in
mg. (*deo autem *et* omnia comprehensibilis *perierunt)* D   **15** corpo-
rales] carnales B   **16** comprehensibilis] c. est B   **17** tanta K[1]
18 adficiet S[ac]; efficiat H M   **19** metuent H[ac]   **20** inenarrabiliter B;
innarrabili K S   reformidant] r. deum B

immortales animae, tamen patibiles sint deo? nam cum in se
nihil habeant solidum et contrectabile, a solidis et corporalibus
nullam uim pati possunt. sed quia in solis spiritibus uiuunt, a
solo deo tractabiles sunt, cui uirtus ac substantia spiritalis est.
3 sed tamen docent nos sanctae litterae, quemadmodum poenas
impii sint daturi. nam quia peccata in corporibus contraxerunt,
rursus carne induentur, ut in corporibus piaculum soluant. et
tamen non erit caro illa, quam deus homini superiecerit, huic
terrenae similis, sed insolubilis ac permanens in aeternum, ut
sufficere possit cruciatibus et igni sempiterno, cuius natura diuersa est ab hoc nostro, quo ad uitae necessaria utimur, qui nisi
4 alicuius materiae fomite alatur, extinguitur. at ille diuinus per
se ipsum semper uiuit ac uiget sine ullis alimentis nec admixtum
habet fumum, sed est purus ac liquidus et in aquae modum
fluidus; non enim ui aliqua sursum uersus urguetur sicut noster,
quem labes terreni corporis quo tenetur et fumus intermixtus
exsilire cogit et ad caelestem naturam cum trepidatione mobili
5 subuolare. idem igitur diuinus ignis una eademque ui ac potentia et cremabit impios et recreabit et quantum e corporibus

Auct.: **5** §§ 3–5] *cf.* Tert. apol. 48, 13–15 *et Frd ad l.*

Test.: **18** § 5] *cf.* Pacian. paraen. 11, 5 (p. 124 Peyrot)

3 solidis *ex* solis B[3]   spiritibus] partibus B   **4** cui ... est *om.* D
5 poena P[ac]   **6** sunt P   qui PHM   traxerunt HM
7 rursum B   induerentur H[1]   in *om.* HM   **8** *ante* non *eras.* et B
erint? B[ar]   subiecerit P   **9** insoluibilis BD   **10** natura *s.l.* P[3]
11 *sup.* nostro *m.*2 scilicet igne D   quo ad B D[pr] KS; quod ad P *(et*
D[ar]?); quod HM   **12–13** per se ipsum *om.* P   **14** est *ex* et B[2]
in *om.* D   aqua B *(alt.* a *s.l. pro del. litt.)* M   modo *ex* -dum D[2]
15 fluuidus DPHM   aliqua *ex* -quae? D[2]   susum HM
urguetur BD, -getur *cet.; cf.* 4, 15. 20   **16** labes] s *in ras.* D
17 exsilire BH, exil- *cet.* (-lere D[1]; & illi re P[ac]); *cf.* 3, 28, 11
molli H; mollis M; *om.* KS   **18** subleuare D   ignis] i. in his B
19 cremauit B[1], *corr.* B[2]   et *post* impios] ac HM   recreauit
B[1] *(corr.* B[2]) D[ac]   quamtum B[1], *corr.* B[2]   e] me B[ar]; et H[ar] M

absumet, tantum reponet ac sibi ipse aeternum pabulum sub-
ministrabit, quod poetae in uulturem Tityi transtulerunt. ita sine
ullo reuirescentium corporum detrimento aduret tantum ac sensu
doloris adficiet.   sed et iustos cum iudicauerit deus, etiam igni
eos examinabit. tum quorum peccata uel pondere uel numero
praeualuerint, perstringentur igni atque amburentur, quos autem
plena iustitia et maturitas uirtutis incoxerit, ignem illum non
sentient; habent enim aliquid in se dei, quod uim flammae re-
pellat ac respuat.   tanta est uis innocentiae, ut ab ea ignis ille
refugiat innoxius, qui accepit a deo hanc potentiam, ut impios
urat, iustis temperet. nec tamen quisquam putet animas post
mortem protinus iudicari; omnes in una communique custodia
detinentur, donec tempus adueniat quo maximus iudex merito-
rum faciat examen. tum quorum fuerit probata iustitia, hi praemium immortalitatis accipient, quorum autem peccata et scelera
detecta, non resurgent, sed cum impiis in easdem tenebras re-
condentur ad certa supplicia destinati.

22. Figmenta haec esse poetarum quidam putant ignorantes,
unde illa poetae acceperint, ac negant haec fieri posse; nec

Auct.: **2** poetae] Verg. Aen. 6, 595–600   **5–11** tum . . . temperet] *cf.*
Orac. Sib. 2, 253–255. 8, 411 *et Frd ad l. (523 nn. 15. 16)*

1 absumet *ex* -mit B²; ads- HM   reponenet *aut* -nunet B^ar; resumet P
sibi *ex* si H   patibulum D^ac   **2** uulturum HM   tityi HK, tity M,
ticii P, tytii S; tytion, y *in ras.*, o *s.l.*, n *in ras., deinde s.l.* i *eras.*, B;
titonis, on *minus certum,* D   **3** uirescentium KS   sensum B (˜
add.?) HM   **4** adiciet HM   deus *om.* KS   etiam] e. in D; et in
P; et KS   **5** examinauit B¹, *corr.* B²   tunc B; *post* tū *1 litt. eras.* P
6 perstringentur HM *edd., Br;* restr- B; praestr- DPKS *Frd ft. recte*
ambulentur D^ac; combur- PS *(ex* amb-*)*   **8** sentiet habet B¹, *corr.* B²
in se aliquid B   **9** uis] uirtus KS   **10** innoxius] in *eras. an euan.?* B
qui BDHMKS *edd.;* quia P *Br, Frd*   accipit BDHM
11 obtemperet PKS *(*opt- KS*); u. Frd ad l.*   animam HM
12 omnes] nam o. P   **13** destinentur HM *(*-sten-*)*   **14** tunc B
hii P^ar K² *(ex* ii*)* S   **15** accipient] e *in ras.* D   **16** detecta *om.* HM
19 poeta B¹ *(corr.* B²*)* M^ac   acciperint HM   nec *ex* ne B²

2 mirum est ita illis uideri. aliter enim quam res habet traditur a poetis. qui licet sint multo antiquiores quam historici et oratores et cetera genera scriptorum, tamen quia mysterium diuini sacramenti nesciebant et ad eos mentio resurrectionis futurae obscuro rumore peruenerat, eam uero temere ac leuiter auditam in
3 modum commenticiae fabulae prodiderunt. et tamen idem testati sunt non auctorem se certum, sed opinionem sequi, ut Maro qui ait:

'sit mihi fas audita loqui'.

4 quamuis igitur ueritatis arcana in parte corruperint, tamen ipsa res eo uerior inuenitur, quod cum prophetis in parte consentiunt,
5 quod nobis ad probationem rei satis est. errori tamen eorum subest ratio nonnulla. nam cum prophetae adsiduis contionibus praedicarent iudicaturum esse de mortuis filium dei et haec adnuntiatio non lateret, quoniam rectorem caeli deum non alium putabant esse quam Iouem, iudicare apud inferos Iouis filium tradiderunt, sed tamen non Apollinem aut Liberum aut Mercurium, qui caelestes putantur, sed eum, qui et mortalis fuerit et
6 iustus, uel Minoem uel Aeacum uel Rhadamanthum. corru-

Auct.: 9 Verg. Aen. 6, 266

Codd.: 9 *a* loqui *ad* § 15 ergo *transsilit* P; *hinc extant* B D HM K S
1 traditur *s.l.* P²   **2** qui] qui sit H; quid si M   sint *ex* sit B² multo *bis, pr. exp.* B   storici, r *s.l. m.2*, B   **4** et *om.* B res surrectiores HM   obscurorum ore *dist.* DPKS, -culorum more HM   **5** eam *ex* eum B²; ea M   uero *exp.* D   auditam] ad uitam M **7** se] sed P^ar   secretum K^ac   set *ex* et B²   **7–9** ut ... loqui] ut ... audit *eras. ut uid., extat* a loqui K   **8** qui *om.* S   **9** loqui] qui *(del. m.3)* l. P   **10** corrumperit H^ac   **11** uerius B; uenior H^ac quod] od *in ras. m.2* B; quo HM   constituunt D¹   **12** error KS^ac eorum] forum HM   **13** nam *s.l.* B²   conditionibus D^ac **14** de *s.l.* B   haec *s.l.* H   **15** non *om.* HM   dominum B **17** aut *ante* Liberum] apud H^ac M   **18** quia H^ar   sed] et HM eum] deum D   **19** iniustus HM   minoen KS *ft. recte* eacum DHM   rhadamantum HKS, radamanthum B, radamanthym, da *s.l.*, y *ex* u? *m.2*, D, radamantum M

perunt igitur poetica licentia quod acceperant, uel opinio ueritatem per diuersa ora sermonesque uarios dissipatam mutauit. nam quod peractis ad inferos mille annis rursus ad uitam restitui cecinerunt, Marone ita dicente:

'has omnis, ubi mille rotam uoluere per annos,
Lethaeum ad fluuium deus euocat agmine magno,
scilicet immemores supera ut conuexa reuisant
rursus et incipiant in corpora uelle reuerti',

haec eos ratio fefellit, quod resurgent defuncti non post mille annos mortis suae, sed ut restituti rursus in uitam mille annis cum deo regnent. deus enim ueniet, ut orbe hoc ab omni labe purgato rediuiuas iustorum animas corporibus innouatis ad sempiternam beatitudinem suscitet. itaque praeter aquam obliuionis uera sunt cetera – quam idcirco finxerunt, ne quis illis opponeret: cur ergo non meminerint se aliquando uixisse aut qui fuerint aut quae gesserint? –, sed nihilominus tamen ueri simile non putatur et res tota uelut licenter ac fabulose ficta respuitur. nobis autem de resurrectione adfirmantibus et docentibus animas

Auct.: **5–8** Verg. Aen. 6, 748–751

1 poeta K¹ S   acceperant] pe *s.l. m.2* D; -runt HM; -rat Kac uel] u. quod HM   **1–2** opinio ... per *om.* KS   **1** ueritatis HM **2** ora *om.* HM   dissipatam *Hm, Buen, Br, Frd;* -ta *codd.* **3** actis M   annis] i *in ras. m.2* B   rursum B   **5** has] enim *(ante init. lin.)* has K, has enim S   omnis BD *ut codd. Verg.,* -nes H, om̃s MK, ōs S   ubi] idē KS   **7** super aut B¹ *(corr.* B²); super *(deinde eras.* a*)* ut D *ut Verg. cod.* M   reuixent HM   **8** corpore Kac uelle *s.l.* K², *om.* S   reuertere K¹ S   **9** non] quod non HM potest Sac   **10** ut] et B   restitui B; praestituti D   uitam] u. ut, ut *in fine lin. m.1 aut 2* B   **11** ut *s.l.* B³   ab omni *om.* HM **12** purgatore diuinas HM   innouatis] inmutatas *ex* inmutas K² S² aeternam KS   **13** praeterea quam Bac   **14** ceterae K¹ S¹ quam] quae HM *(*que*)*   quis *om.* D   illud KS   opponere D **15** cur ergo *spatio relicto om.* D   meminerunt B   **16** quae *om.* HM; quid *ut uid.* S   uero Dac   **17** res tota] refota K¹ S   **18** adfirmantibus *ex* acf- B²

ad alteram uitam non oblitas sui, sed in eodem sensu ac figura
esse redituras illud opponitur: tot iam saecula transierunt; quis
umquam unus ab inferis resurrexit, ut exemplo eius fieri posse
11 credamus? – at enim resurrectio fieri non potest dominante
adhuc iniustitia. hoc enim saeculo necantur homines ui ferro
insidiis uenenis et adficiuntur iniuriis egestate carceribus tor-
12 mentis proscriptionibus. eo accedit quod iustitia inuisa est,
quod omnes, qui deum sequi uolunt, non tantum odio habentur,
sed uexantur omnibus contumeliis et excruciantur multiplici ge-
nere poenarum et ad impios cultus manu factorum deorum non
ratione aut ueritate, sed nefanda corporum laceratione coguntur.
13 num igitur oportet ad haec eadem resurgere aut reuerti homines
ad uitam, in qua tuti esse non possunt? cum ergo iusti tam uiles
habeantur, tam facile tollantur, quid putemus futurum fuisse, si
14 quis ab inferis rediens uitam postliminio recepisset? auferretur
profecto ab oculis hominum, ne uiso eo uel audito deos uniuersi
relinquerent et ad unius se dei cultum religionemque conuerte-
15 rent. ergo semel fieri resurrectionem necesse est, cum malum
fuerit ablatum, quoniam eos qui resurrexerint nec mori iam

Codd.: 18 *ab* ergo *redit* P *(u. § 3); hinc extant* B D P HM KS

1 non | oblita *(deinde eras.* s?*)* uitam, *ord. lineolis rest.* uid., B
sui] s *s.l.*, ui *in ras.* B; suis H[ar]   2 reddituras H   quis *ex* qui B[2]
3 unus] imus KS   resurrexerint KS *(*n *del.)*   posse *s.l.* B[2]
4 credamur K[1]   5 adhuc *om.* M   7 eodem KS   accidit B
8 uoluit S   tantummodio H[ar], -ummodo M   9 uexantur *atque*
tumeliis et *spatiis relictis om.* D   10 et *ante* ad *om.* HM
cultos *ex* -tus *ut uid.* D   manu fabricatorum KS, *uix recte prob. Heck,
1972, 194 n. 119*   non *ex* nos B[3]   12 aut] ac B; et KS
13 toti B[ac]   iusti tam B[pr] *(ras. inc.)* D[pc] *recc., edd.;* iustitiam B *(tert.* i
eras. an euan.?) D[ac] K[1] S[ar] *(-*tia K[2] S[pr]*);* tam *om.* HM   uiles] u *et* e
in ras. m.2? B; -lis *ex* -les K[2]   14 habeantur] -nt D[ac]; n *exp.* K[2]
tam] ac *(s.l. m.3)* t. B; uita *ex* uitam K[2] S[pr] *(˜ eras.)*   tollantur] n
exp. K[2]   futurum fuisse si B D; futurum si HM; si *(del.* K[2], *exp.* S[2]*)*
fuisse si K[1] S[1]   15 auferetur S[ac]; aut feretur H, aut referetur M
16 nec HM   19–p. 719, 1 mori ... nec *om.* HM

ulterius nec uiolari ullo modo fas est, ut beatam possint agere
uitam quorum mors resignata est. poetae uero cum scirent hoc
saeculum malis omnibus redundare, obliuionis amnem induxe-
runt, ne malorum ac laborum memores animae reuerti ad su-
peros recusarent. unde Vergilius:

    'o pater, anne aliquas ad caelum hinc ire putandum est
    sublimis animas iterumque ad tarda reuerti
    corpora? quae lucis miseris tam dira cupido?'

ignorabant enim quomodo aut quando id fieri oporteret, itaque
renasci eas putauerunt et denuo ad uterum reuolui atque ad infantiam regredi. unde etiam Plato de anima disserens 'ex hoc'
ait 'posse cognosci animas esse immortales atque diuinas, quod
in pueris mobilia sint ingenia et ad percipiendum facilia, quod
ea quae discant ita celeriter rapiant, ut non tunc primum discere
illa uideantur, sed recognoscere atque reminisci'; in quo uir sapiens poetis ineptissime credidit.

   23. Non igitur renascentur, quod fieri non potest, sed resurgent et a deo corporibus induentur et prioris uitae factorumque
omnium memores erunt et in bonis caelestibus collocati ac fru-
entes iucunditate innumerabilium copiarum praesenti deo gratias

Auct.: **6–8** Verg. Aen. 6, 719–721   **11** Plato] *cf.* Phaed. 72 e–73 a.
Men. 82 b–86 c   **11–15** Cic. Cato 78; *u. iam 7, 8, 5 et Frd ad l.*

Codd.: **4** *ab* animae *usque ad 7, 27, 1 spatiis 2 foll. excisis deest* K *(sed 7, 26, 11–17 habet post 7, 27, 2); hinc extant* B D P H M S

1 uiolare H   **4** ac *ex* a B[2]   **5** uirgilius D S   **7** sublimis B D *ut Verg. codd. F et P m.1,* -es P H M S *ut cet. codd. Verg.*   tartara *ex* tarda? P[2] *(cf. Geymonat ad l.);* tarta H[ac]   **8** cupido] o *ruga operta (deinde uirgula, non* i*)* D   **9** ignorant D   aut quando *om.* H M
10 eas *om.* H M   ad uterum] adult- H   ad *om.* H   **12** esse animas H M   **13** sunt P   et *om.* H M   perspiciendum H M
facilia] f. sunt H M   **14** ita *om.* H M   ut] quod H M
15 illa *om.* H M   uidentur S[1]   **15–16** sed ... ineptissime *om.* M
17 *post* non *repet.* credidit H M   renascantur D[ac]   **18** factorum B
19 erunt *om.* D   et *om.* P   collocatae *ex* -ti P[3]   **20** iucunditate *ex* -ti P[2]

agent, quod malum omne deleuerit, quod eos ad regnum uitamque perpetuam suscitarit. qua de anastasi philosophi quoque dicere aliquid conati sunt tam corrupte quam poetae. nam Pythagoras transire animas in noua corpora disputauit, sed inepte, quod ex hominibus in pecudes et ex pecudibus in homines et se ipsum ex Euphorbo esse reparatum. melius 'Chrysippus', quem Cicero ait 'fulcire porticum Stoicorum', qui in libris quos de prouidentia scripsit cum de innouatione mundi loqueretur, haec intulit: τούτου δὲ οὕτως ἔχοντος δῆλον, ὡς οὐδὲν ἀδύνατον καὶ ἡμᾶς μετὰ τὸ τελευτῆσαι πάλιν περιόδῳ τινὶ χρόνου εἰς τοῦτο ⟨ἐν⟩ ᾧ νῦν ἐσμεν ἀποκαταστῆναι σχῆμα. sed nos ab humanis ad diuina redeamus. Sibylla dicit haec:

δύσπιστον γὰρ ἅπαν μερόπων γένος. ἀλλ' ὅταν ἤδη
κόσμου καὶ θνητῶν ἔλθῃ κρίσις, ἣν θεὸς αὐτὸς
ποιήσει κρίνων ἀσεβεῖς θ' ἅμα εὐσεβέας τε,
καὶ τότε δυσσεβέας μὲν ἐπὶ ζόφον ἐν πυρὶ πέμψει·
ὅσσοι δ' εὐσεβέουσι, πάλιν ζήσοντ' ἐπὶ γαίης,

πνεῦμα θεοῦ δόντος τιμήν θ' ἅμα καὶ βίον αὐτοῖς.

quodsi non modo prophetae, sed etiam uates et poetae et philosophi anastasin mortuorum futuram esse consentiunt, nemo quaerat a nobis quemadmodum fieri possit. nec enim diuinorum operum reddi potest ratio, sed si a principio deus hominem nescio quo inenarrabili modo instituit, credamus ab eodem restitui ueterem posse qui nouum fecit.

24. Nunc reliqua subnectam. ueniet igitur summi et maximi dei filius, ut uiuos ac mortuos iudicet, Sibylla testante atque dicente:

πάσης γὰρ γαίης τότε θνητῶν σύγχυσις ἔσται,
αὐτὸς ὁ παντοκράτωρ ὅταν ἔλθῃ βήματι κρῖναι
ζώντων καὶ νεκύων ψυχὰς καὶ κόσμον ἅπαντα.

uerum ille cum deleuerit iniustitiam iudiciumque maximum fecerit ac iustos qui a principio fuerunt ad uitam restaurauerit, mille annos inter homines uersabitur eosque iustissimo imperio reget. quod alia Sibylla uaticinans furensque proclamat:

Epit.: 7, 24, 2–4. 6] 67, 3 rex . . . annis

Auct.: 8 §§ 1–6] cf. apoc. 20, 1–6   **11–13** Orac. Sib. 8, 81–83

1 τινην D; ζωὴν *codd. Sib.*   θ' ἅμα] δλνα D   βίον] χάριν *pars codd. Sib.*   αυτις, c *eras.*, B   **2** quod D   prophetae . . . poetae] poetae s. e. u. et prophetae HM   et *post* poetae *om.* S
3 anastasin DS *recc., edd.;* -sim BP *edd.*, Br *dubitanter (cf. Frd ad l.);* anastas HM   futuram *ex* -ra B²   consentiant S   **5** *post* reddi *1 litt. eras.* D; redi S^ac   sed *om.* HM   **7** posset HM   **8–10** ueniet . . . dicente h̄s *inter columnas m.1* B   **8** et maximi] maximique, q; *s.l. m.2* D   magni HM   **9** ac] ut HM   **11** ταιη PS θνητῶν τότε *codd. Sib.*   **12** ἐλθὼν βήματι κρίνῃ *codd. Sib.*
12–13 ἔλθῃ . . . ἅπαντα *post* § 2 proclamat *transpos., unde hic ins.* proclamat . . . ἄρχει S   **13** ζώντων καὶ] cυν|παντον B
15 restaurauerit BDP³ *(ex* -stauerit*)* S² *(ex* -rint*) Buen, Frd;* inst- HM Br, *numero meliore*   **16** annos BHM Br; annis DPS *edd., ft. recte; cf. 2, 12, 21. 7, 14, 14. 22, 8. 24, 5*   **17** furenque HM   proclamans H, praeclamans M

κλῦτε δέ μου, μέροπες, βασιλεὺς αἰώνιος ἄρχει.
3 tunc qui erunt in corporibus uiui, non morientur, sed per eosdem mille annos infinitam multitudinem generabunt et erit suboles eorum sancta et deo cara. qui autem ab inferis suscitabuntur, hi
4 praeerunt uiuentibus uelut iudices. gentes uero non extinguentur omnino, sed quaedam relinquentur in uictoriam dei, ut tri-
5 umphentur a iustis ac subiugentur perpetuae seruituti. sub idem tempus etiam princeps daemonum, qui est machinator omnium malorum, catenis uincietur et erit in custodia mille annis caelestis imperii, quo iustitia in orbe regnabit, ne quod malum aduersus populum dei moliatur. post cuius aduentum congrega-
6 buntur iusti ex omni terra peractoque iudicio ciuitas sancta constituetur in medio terrae, in qua ipse conditor deus cum iustis dominantibus commoretur. quam ciuitatem Sibylla designat, cum dicit:
καὶ πόλιν, ἣν ἐπόθησε θεός, ταύτην ἐποίησεν
λαμπροτέραν ἄστρων ἠδ' ἠλίου ἠδὲ σελήνης.
7 tunc auferentur a mundo tenebrae illae quibus offundetur atque

Epit.: 7, 24, 5 . . . custodia] 67, 2 . . . dabitur   7, 24, 7 . . . fiet] 67, 4 . . . deminutionem

Auct.: 1 Orac. Sib. frg. 4 Geffcken   **16–17** ibid. 5, 421 sq.

Test.: 1 Theosoph. Sib. 14 l. 386 Erbse

1 μεροπε D   αιωνος D   **2** tum S *Br*   moriuntur P   eosdem *ex* eod- B²   **3** infinita S; adfinitam D   generabunt *s.l.* S   erunt P^ac   soboles P² HM   **4** ab inferis] a feris HM   hii B P^ar S   **5** ueluti HM S   **6** uictoria S   triumferentur P^ac; triuntur HM   **7** subiungentur S^ar   perpetua HM   **8** etiam] idem HM   princeps *ex* -cipis *m.3?* P   est *ex* et B³   **9** cathenis B   catenis uincietur *om.* HM   custodiam D   **10** quo] quod HM   nec B^ar   aduersum HM S   **11** cuius] *sc.* dei, *i. e.* filii dei; *cf. Frd ad l.*   **13** dei HM   **17** λαμπροτέραν] φαιδροτέραν *codd. Sib.*   ἠδ' *om.* B; τε καὶ *codd. Sib.*   **18** a *s.l.* H²   tenenebrae B   offunditur P; offendetur D S

occaecabitur caelum, et luna claritudinem solis accipiet nec minuetur ulterius, sol autem septies tanto quam nunc est clarior fiet. terra uero aperiet fecunditatem suam et uberrimas fruges sua sponte generabit, rupes montium melle sudabunt, per riuos
5 uina decurrent et flumina lacte inundabunt; mundus denique ipse gaudebit et omnis rerum natura laetabitur erepta et liberata dominio mali et impietatis et sceleris et erroris. non bestiae per 8 hoc tempus sanguine alentur, non aues praeda, sed quieta et placida erunt omnia. leones et uituli ad praesepe simul stabunt,
10 lupus ouem non rapiet, canis non uenabitur, accipitres et aquilae non nocebunt, infans cum serpentibus ludet. denique tum fient 9 illa, quae poetae aureis temporibus facta esse iam Saturno regnante dixerunt. quorum error hinc ortus est, quod prophetae futurorum pleraque sic proferunt et enuntiant quasi iam peracta.
15 uisiones enim diuino spiritu offerebantur oculis eorum et uidebant illa in conspectu suo quasi fieri ac terminari. quae uati- 10 cinia eorum cum paulatim fama uulgasset, quoniam profani a sacramento ignorabant quatenus dicerentur, completa esse iam

Epit.: 7 terra ... inundabunt] 67, 4 et omnem ... 5 exuberabunt   8] 67, 5 bestiae ... sanguine

Auct.: **1–3** luna ... fiet] Is. 30, 26   **3–5** terra ... inundabunt] *cf.* Orac. Sib. 3, 619–623   **7** § 8] *cf.* Is. 11, 6–8 *et Frd ad l.*

1 occaecatur P   nec *om.* HM   minuetuetur B^{ac} **2** ulterius *bis, alt. exp.,* S   tantum B   est *om.* S   **4** suas D   generauit B^{1}, *corr.* B^{2} riuos *ex* -uas P^{3} **5** uina *s.l.* S   **6** et *ante* omnis *om.* HM   libera HM   **7** dominio mali] de omni malo *(o pro a m.3)* P   terroris P; erroribus HM   **8** tempus *ex* tem P^{3} praedas B^{ar} **9** praesepe D^{pc} HMS *(-ae MS)*; -pem D^{ac} *(m exp.)* P; -pium B; *cf.* 4, 11, 12   **10** canes S   uenabuntur S   **11** nocebunt *ex* nec-? B   tunc HS, *om.* M   **12** esse *om.* HM   **13** quod *ex* quo P^{3} **14** et enuntiant BD; et nunt- P *(-nci-)* S; ut nuntient HM *(-nci-)*   **15** uisione, *deinde dist.,* B   **16** illa *ex* -lam P^{3} in conspectu] insp- D   quae *ex* qua *m.2?* B   **17** uelasset *ex* uolcasset D   profana S   a *exp.* D, *om.* PS   **18** sacramenta D *(ex* -to*)* P *(ex* -to*)* S   dicentur B^{1}, *corr.* B^{2}; duc- M

ueteribus saeculis illa omnia putauerunt, quae utique fieri complerique non poterant homine regnante. cum uero deletis religionibus impiis et scelere compresso subiecta erit deo terra,
>'cedet et ipse mari uector nec nautica pinus
>mutabit merces, omnis feret omnia tellus.
>non rastros patietur humus, non uinea falcem;
>robustus quoque iam tauris iuga soluet arator'.

tunc et
>'molli paulatim flauescet campus arista
>incultisque rubens pendebit sentibus uua
>et durae quercus sudabunt roscida mella.
>nec uarios discet mentiri lana colores,
>ipse sed in pratis aries iam suaue rubenti
>murice, iam croceo mutabit uellera luto,
>sponte sua sandyx pascentis uestiet agnos.
>ipsae lacte domum referent distenta capellae
>ubera nec magnos metuent armenta leones'.

quae poeta secundum Cymaeae Sibyllae carmina prolocutus est. Erythraea uero sic ait:
>ἠδὲ λύκοι τε καὶ ἄρνες ἐν οὔρεσιν ἄμμιγ' ἔδονται

Auct.: **4–7** Verg. ecl. 4, 38–41   **9–11** ibid. 28–30   **12–15** ibid. 42–45   **16–17** ibid. 21–22   **20–p. 725, 4** Orac. Sib. 3, 788–791. 794

1 illa *ex* -li P³   **2** regionibus P¹, *corr.* P²   **3** compressos B^{ar}; cumpr- M   **5** omnis DP³ HMS, -nes BP¹   **6** non *ante* uinea *om.* D falce HM   **7** robus B¹, *corr.* B³   iam] in HM   **8** tum D et *om.* PS   **9** flauescet] *alt.* e *in ras. m.*2 S; -cit B   **10** incultis P sentibus *bis, alt. exp.,* P   **11** durae *ex* -re B³   **11–12** roscida ... uarios] ros *tantum spatio relicto* D   **12** discet DP³ S, -cit BP¹ HM luna D^{ac}   **15** sandyx BD² P, -dix D¹ S, -dis HM   pascentis BDS; -tes P; -ti HM   **16** ipse BHS   lacte *post* domum *repet.* B¹, *exp.* B³; *ante* domum *s.l.* P²   referunt B², -rent *rest.* B³   distentae HM (-te) capillae D^{ac}   **17** metuentur H   **18** cymeae DHM, cymee P, cimeę S; qui meae B   **20** ἠδὲ] ουδε D, ude H, unde M; ἐν δὲ *codd. Sib.* αμμι D; ἄμμις *uel* ἄμα *codd. Sib.*   δονται D

χόρτον παρδάλιές τ' ἐρίφοις ἅμα βοσκήσονται·
ἄρκτοι σὺν μόσχοισιν ὁμοῦ καὶ πᾶσι βοτοῖσιν
σαρκοβόρος τε λέων φάγεται ἄχυρον παρὰ φάτνῃ
σὺν βρέφεσίν τε δράκοντες ἅμ' ἀσπίσι κοιμήσονται.
et alio loco de ubertate rerum:
καὶ τότε δὴ χάρμην μεγάλην θεὸς ἀνδράσι δώσει.
καὶ γὰρ γῆ καὶ δένδρα καὶ ἄσπετα θρέμματα γαίης
δώσουσιν καρπὸν τὸν ἀληθινὸν ἀνθρώποισιν
οἴνου καὶ μέλιτος γλυκεροῦ λευκοῦ τε γάλακτος
καὶ σίτου, ὅπερ ἐστὶ βροτοῖς κάλλιστον ἁπάντων.
et alia eodem modo:
εὐσεβέων δὲ μόνων ἁγία χθὼν πάντα τάδ' οἴσει,
νᾶμα μελισταγέης ἀπὸ πέτρης ἠδ' ἀπὸ πηγῆς
καὶ γάλα τ' ἀμβροσίης ῥεύσει πάντεσσι δικαίοις.

Auct.: **6–10** Orac. Sib. 3, 619–623   **12–14** ibid. 5, 281–283

Test.: **12–14** Thesoph. Sib. 15 l. 406–408 Erbse *textu fere Lact.*

2 μόσχοισιν ... βοτοῖσιν] μόσχοις νομάδες αὐλισθήσονται *codd. Sib.*   ομυ PS   βροτοισιν D   **3** φαγεταχυρον B; ἄχυρον φάγετ' ἐν φάτνῃ *uel* α. φ. ἐπὶ φάτνης *codd. Sib.* φατνη D, φαιτνη PS *(-νηυ)*; παονη B   **4** σὺν βρέφεσίν τε] και βρεφέεσσι *uel* βρεφέεσσί τε *codd. Sib.*   δρακοντε P ἅμ' ἀσπίσι *Stadtmüller cl. Is. 11, 8, Br;* αματησι BDS, μασατησι P; ἅμα σφίσι *codd. Sib.*   **5** ubertate S; lib- *cet.*   **6** δε B ανδρασει δοσε B   **7** γὰρ ... ἄσπετα] γαρ *(γ s.l.)* | πετα *tantum* D θρέμματα γαίης] ποίμνια μήλων *codd. Sib.*   **9** γλυκυτερου D **10** απαντων P^pc S, -τον BDP^ac   **12** εὐσεβέων ... οἴσει] *aliter codd. Sib.; u. Geffcken ad l.*   μονω αρ χθων B   χθὼν *om. cod. Theosoph.*   τάδ'] δ P, ταγαδ S   **13** νᾶμα] ἅμα *cod. Theosoph.* μελισταγεης *codd. Lact.* (ης *omnes, ceterum uariat scriptura), Theosoph.; -γέος codd. Sib.; u. Frd ad l.*   ἠδ' ἀπὸ πηγῆς] καὶ διὰ γλώσσης *codd. Sib.*   **14** γάλα τ' *edd. Lact. ante Br,* γλλλτ *i. e.* γαλατ D, ταλατος PS, *om.* B; γάλα δ' *uel* μάλα τ' *codd. Sib.,* γάλακτος *cod. Theosoph.;* γλάγος *Struve, 1854, 98, Br, Geffcken, Erbse, Frd (dubitanter)*   αμβροσιη B; ἀμβρόσιος *codd. Sib.* ρευσει D *(cf.* breusi HM*), edd.;* ρυσει BPS   πάντεσσι *om.* S

15 uiuent itaque homines tranquillissimam et copiosissimam uitam et regnabunt cum deo pariter, reges gentium uenient a finibus terrae cum donis ac muneribus, ut adorent et honorificent regem magnum, cuius nomen erit praeclarum ac uenerabile uniuersis nationibus quae sub caelo erunt et regibus qui dominabuntur in terra.

1 25. Haec sunt quae a prophetis futura dicuntur; quorum testimonia et uerba ponere opus esse non duxi, quoniam esset infinitum nec tantam rerum multitudinem mensura libri caperet tam multis uno spiritu similia dicentibus, simulque ne fastidium legentibus fieret, si ex omnibus collecta et translata congererem, praeterea ut ea ipsa quae dicerem non nostris, sed alienis potissimum litteris confirmarem doceremque non modo apud nos, uerum etiam apud eos ipsos qui nos insectantur, ueritatem con- **2** signatam teneri, quam recusent agnoscere. si quis autem diligentius haec uoluerit scire, ex ipso fonte hauriat et plura quam nos in his libris complexi sumus admirabilia reperiet.

3 Fortasse quispiam nunc requirat, quando ista quae diximus sint futura. iam superius ostendi completis annorum sex milibus mutationem istam fieri oportere et iam propinquare summum

---

19 superius] 7, 14, 6–11

1 ita H   tranquillissimam B³ P^{ac} S, -ma D P^{pc}, -quillimam B¹ H M (-linam H M)   copiosissimam] *ult.* m *exp.* D P   uitam] m *exp.* D P
2 reges B P; et r. D H M S *ft. recte*   **4** uenerabile *ex* -lem B³
5 qui P   erunt *ex* sunt P²   **9** tantarum B; tantum S   mensuram B
10 multis uno] -ti sunt D   uno] o *in ras. m.3* B, o *pro* i P³
dicentes *ex* -tibus D²   **11** congerere B¹, *corr.* B³; congregarem H M
12 aut B^{ar} quae dicerem] dicere H M   **13** diceremque D; quae *tantum* H M (que)   **15** recurent D   agnoscere] agno *(deinde extra lin. post spatium 1–2 litt.* r)|sacer est D   si quis] quis, s *eras.*, D
16 *ante* ex 2 *litt. eras.* B   et] et? *eras.* B   **17** nos *bis* H M
iis B   admirabilia P S; ac mir- B D *ft. recte*; mir- H M
reperiet S, reppe- *cet.* (-peret M; *u. 7, 8, 6*   **18** nunc] hoc *ex* hunc B³
19 sint *ex* sin P³   ostendimus P   **20** oportet H M

illum conclusionis extremae diem. de signis quae praedicta 4
sunt a prophetis licet noscere; praedixerunt enim signa, quibus
consummatio temporum et expectanda sit nobis in dies singulos
et timenda. quando tamen compleatur haec summa, docent ii 5
qui de temporibus scripserunt, colligentes ex litteris sanctis et ex
uariis historiis, quantus sit numerus annorum ab exordio mundi.
qui licet uarient et aliquantum numeri eorum summa dissentiant,
omnis tamen expectatio non amplius quam ducentorum uidetur
annorum. etiam res ipsa declarat lapsum ruinamque rerum 6
breui fore, nisi quod incolumi urbe Roma nihil istius uidetur
esse metuendum. at uero cum caput illud orbis occiderit et 7
ῥύμη esse coeperit, quod Sibyllae fore aiunt, quis dubitet uenisse
iam finem rebus humanis orbique terrarum? illa, illa est 8
ciuitas quae adhuc sustentat omnia, precandusque nobis et adorandus est deus caeli, si tamen statuta eius et placita differri
possunt, ne citius quam putamus tyrannus ille abominabilis
ueniat, qui tantum facinus moliatur ac lumen illud effodiat,
cuius interitu mundus ipse lapsurus est. nunc ad cetera exsequenda redeamus quae deinceps secutura sunt. 9

Epit.: 7, 25, 4] 65, 7 quantum ... potest   6 ... fore] 65, 7 id ... est

Auct.: 12 ῥύμη] Orac. Sib. 3, 364. 8, 165   13–14 illa ... omnia] *cf.*
II Thess. 2, 7. Tert. apol. 32, 1 *et Frd ad l.*

1 illum *bis, pr. del.* D   dicta DHM   2 a] ex HM
noscere] nos certe HM   3 et *om.* P   4 ii *edd.*, hii BP^{ar}, hi D *(sup.
del.* tii *m.1?)* P^{pr} HMS   5 qui de] quidem D^{ar} S^{ar}   colligentes *ex*
-tis P³   ex S; ea BP¹, a D; et P³; ea ex HM *edd. (u. Buen ad l.)*
6 mundi qui *ex* -ndio P²   7 et *ex* ei P²   numerum B
dissentiant HM, -at *cet.*   8 quae H   10 orbe D^{ac}   istius] i. modi
PS   11 orbis *ex* orb. *i. e.* orbus? B³   acciderit D   12 ρυμη
BPHMS; primoque *ex* pymo D   quid D^{ac}   13 orbi H
illa illa DP *Frd cl.* 5, 11, 5. 23, 4; illa BHMS *Br dubitanter*
14 praedicandusque B¹, *partim ras. corr.* B³   15 eius *om.* P
placida P¹, *corr.* P³   16 putemus S   tyrannus *bis (alt.* tir-*)* S
abominandus PS *(*abho-*)*   18 interitum S   lapsurus] sensurus S
19 secura B^{ac}   sunt *om.* HM

1   26. Diximus paulo ante in principio regni sancti fore, ut a
deo princeps daemonum uinciatur. sed idem, cum mille anni
regni hoc est septem milia coeperint terminari, soluetur denuo et
custodia emissus exibit atque omnes gentes quae tunc erunt sub
dicione iustorum concitabit, ut inferant bellum sanctae ciuitati.
et colligetur ex omni orbe terrae innumerabilis populus natio-
2 num et obsidebit et circumdabit ciuitatem. tunc ueniet nouis-
sima ira dei super gentes, et debellabit eas usque ad unum. ac
primum concutiet terram quam ualidissime et a motu eius scin-
dentur montes Syriae et subsident ualles in abruptum et muri
omnium ciuitatum concident. et statuet deus solem triduo ne
occidat et inflammabit eum, et descendet aestus nimius et adus-
tio magna super perduelles et impios populos et imbres sulphuris et grandines lapidum et guttae ignis, et liquescent spiritus
eorum in calore et corpora conterentur in grandine et ipsi se
inuicem gladio ferient et replebuntur montes cadaueribus et

Epit.: 7, 26, 1] 67, 6   2 ... 4 tecta] 67, 7 ... profundum

1 paulo ante] 7, 24, 5

Auct.: **1** §§ 1–7] *cf.* apoc. 20, 10–15 *et Frd ad l. (578–581)*
7 § 2] *cf.* Ezech. 38, 18–22

1 fore *om.* M   **2** daemonium H^{ar} illi *ex* mille B^3 **3** milia] m. anni
HM   et] e B   **4** custodia *ex* -di B^3 exibit *om.* D
atque] quae *ex* HM   **5** inferant *ex* -rat P^3 ciuitatis S
6 orbi D^{ac} **7** obsedebit HM   tunc BDPS *Frd,* tum HM *Br*
uenient P^{ac} **8** debellauit B^1, *corr.* B^3; delebit HM   eos S
ac] ad HM   **9** scindetur P^1, *corr.* P^3 **10** ualles *Br cl. epit. et 2, 5, 1;*
colles *codd., edd.*   in *s.l. m.1?* B   **11** ciuitatium B   corruent S
12 inflammauit B   uescent *sic ex* descendet (u *sup. eras. pr.* d, de
exp.) m.2? D   nimis D^{ac}; nimium HM   **13** super perduelles *Hm,
Buen cl. epit., Br;* supra p. DPS (-las); superduelles B; supra rebelles
HM   sulphuris *ex* -por- *m.2 et 3* P, sulfu- B   **14** grandinis B
15 grandinem HM   ipsi se HMS *Br cl. epit.;* ipse D^{ac}; ipsi BD^{pc} P
16 ferient] peribunt P   et *post* ferient *om.* HM   **16–p. 729, 1** et
campi ... ossibus *om.* P

campi operientur ossibus. populus autem dei tribus illis diebus sub concauis terrae occultabitur, donec ira dei aduersus gentes et extremum iudicium terminetur. tunc exibunt iusti de latebris suis et inuenient omnia cadaueribus atque ossibus tecta. sed et genus omne impiorum radicitus interibit nec erit in hoc mundo ulla iam natio amplius praeter solam gentem dei. tum per annos septem perpetes intactae erunt siluae nec excidetur de montibus lignum, sed arma gentium comburentur, et iam non erit bellum, sed pax ac requies sempiterna. cum uero completi fuerint mille anni, renouabitur mundus a deo et caelum complicabitur et terra mutabitur. et transformabit deus homines in similitudinem angelorum et erunt candidi sicut nix et uersabuntur semper in conspectu omnipotentis et domino suo sacrificabunt et seruient in aeternum. eodem tempore fiet secunda illa et publica omnium resurrectio, in qua excitabuntur iniusti ad cruciatus sempiternos. hi sunt qui manu facta coluerunt, qui dominum mundi ac parentem uel nescierunt uel abnegauerunt. sed et dominus illorum cum ministris suis comprehendetur ad poenamque damnabitur, cum quo pariter omnis turba impiorum pro suis facinoribus in conspectu angelorum atque iustorum perpetuo igni cremabitur

Epit.: 7, 26, 5–7] 67, 8

Auct.: 3 § 4] *cf.* Ezech. 39, 9–10. Orac. Sib. 8, 724–731 *(u. Geffcken ad l. et Frd 580 n. 7)*

1 polus P   **2** sub *om.* B   cauis H M   et *om.* H M S   **3** terminet S   lateribus D[1] P H[ac]   **4** *post* tecta *excidisse quibus respondeat epit.* 67, 7 tunc fiet ... Polyandrium *coni. Br, sed u. Frd ad l.* et *om.* H M   **5** omnem H   radicitus] a *in ras. m.2* B   **6** iam *om.* P   tum] tamen, e *ex* a, D   **7** septem *om.* P, VII S   siluae] et s. B   **8** sed] et H M   **9** pax aut quies S   completa H   **11** transformabit *ex* -mauit *m.2 uel 3* B   omnes H   **12** candidi] *alt.* i *in ras. m.3* B   conuersabuntur H M   **13** deo H M   seuient S[1]   **15** in] etiam in D   cruciatus *ex* -tos B[3]   **16** ii B, hii P[ar]   manu] anu *in ras. m.1 uel 2* B   deum H M   ac parentem] appar- S

8 in aeternum. haec est doctrina sanctorum prophetarum, quam Christiani sequimur, haec nostra sapientia, quam isti, qui uel fragilia colunt uel inanem philosophiam tuentur, tamquam stultitiam uanitatemque derident, quia nos defendere hanc publice atque adserere non solemus deo iubente, ut quieti ac silentes arcanum eius in abdito atque intra nostram conscientiam teneamus nec aduersus istos ueri profanos, qui non discendi, sed arguendi atque inludendi gratia inclementer deum ac religionem
9 eius impugnant, pertinaci contentione certemus. abscondi enim tegique mysterium quam fidelissime oportet, maxime a nobis,
10 qui nomen fidei gerimus. uerum illi hanc taciturnitatem nostram ueluti malam conscientiam criminantur; unde etiam quasdam exsecrabiles opiniones de pudicis et innocentibus fingunt et libenter iis quae finxerint credunt.
11 *Sed omnia iam, sanctissime imperator, figmenta sopita sunt, ex quo te deus summus ad restituendum iustitiae domicilium et*

Epit.: 7, 26, 8 ... prophetarum] *cf.* 68, 1 ... praedicta   9 maxime ... gerimus] 61, 1 *eadem*

Auct.: 5–7 deo ... teneamus] *cf.* Cypr. Demetr. 1, 1

Codd.: 15 §§ 11–17] K S *tantum; u. infra adn. crit.*

2 cristiani B   sequimur *ex* -itur? B   uel qui S   **3** stultitiamque D
4 derident] *ante* n *1–2 litt. eras.* B   nos] non S   **5** non *om.* S
ac] ac id H M   **6** nostra S¹   **7** aduersum P   isto D^ac
8 inclementer deum] -mendom H M   **9** eius *om.* S   peruicaci *ex*
perticaci *m.2?* D   contemptione H M   certem S   **10** tetigique S
quamquam D¹   **11** nomen] non S   fidei] dei H M
12 mala H M   criminantur *ex* cim- B³; -natur H^ac   **13** execrabilis
opinionis D^ac   **14** iis B, his *cet.*   **15** *§§ 11–17 post 7, 27, 2 collocant* K S *(seq. opif. 19, 1–8. 20, 1–2; u. p. XXI sq. XXVIII. XXXVII sq. et Heck, 1972, 172 sq.), huc transpos. Fasitelius (1535; cf. Br, Ed. II, LVI; Heck l. c. 135–137); de textu Heck l. c. 129–132 (nonnulla corrigenda K tunc ignoto); ceterum u. ibid. 127–170 (cf. Historia 58, 2009, 128–130), Frd ad l. (591–598)*

ad tutelam generis humani excitauit. quo gubernante Romanae rei publicae statum iam cultores dei pro sceleratis ac nefariis non habemur, iam emergente atque inlustrata ueritate non arguimur ut iniusti qui opera iustitiae facere conamur. nemo iam nobis dei nomen exprobrat, nemo inreligiosus ulterius appellatur, qui soli omnium religiosi sumus, quoniam contemptis imaginibus mortuorum uiuum colimus et uerum deum.   te prouidentia summae diuinitatis ad fastigium principale prouexit, qui posses uera pietate aliorum male consulta rescindere, peccata corrigere, saluti hominum paterna clementia prouidere, ipsos denique malos a re publica submouere, quos summa potestate deiectos in manus tuas idem deus tradidit, ut esset omnibus clarum quae sit uera maiestas.   illi enim, qui ut impias religiones defenderent, caelestis ⟨ac⟩ singularis dei cultum tollere uoluerunt, profligati iacent, tu autem, qui nomen eius defendis et diligis, uirtute ac felicitate praepollens immortalibus tuis gloriis beatissime frueris.   illi poenas sceleris sui et pendunt et pependerunt, te dextera dei potens ab omnibus periculis protegit, tibi quietum tranquillumque moderamen cum summa omnium gratulatione largitur.   nec immerito rerum dominus ac rector te potissimum delegit, per quem sanctam religionem suam restauraret, quoniam unus ex omnibus extitisti qui praecipua uirtutis et sanctitatis exempla praeberes, quibus antiquorum principum gloriam, quos tamen fama inter bonos numerat, non modo aequares, sed etiam, quod est maximum, praeterires. illi quidem natura fortasse tantum similes iustis fuerunt. qui enim moderatorem uniuersitatis deum ignorat, similitudinem

---

3 illustrante S^{ac} **5–6** inreligiosus ulterius appellatur K S; inreligiosos u. appellat *Br; u. Frd ad l.*   **8** principalem S^{ar} **14** caelestis ac singularis *edd., Frd cl. 1, 1, 13;* c. et s. *Br (ex Gothano, de quo u. p. XXII n. 67), Heck, 1972 ad l., ft. recte (utriusque iuncturae exempla ap. Frd ad l.);* c. s. K S   **21** delegit *edd.;* diligit K S   **22** unius K^{ar} S^{ar} **24** gloriam *edd.,* -ria K S   **26** similes tantum *temptauit Heck, 1972, 131; cf. Frd ad l.*   **27** ignorant K S^{ar}

17 *iustitiae adsequi potest, ipsam uero non potest.   tu uero et morum ingenita sanctitate et ueritatis et dei agnitione in omni actu iustitiae opera consummas. erat igitur congruens, ut in formando generis humani statu te auctore ac ministro diuinitas uteretur. cui nos cottidianis precibus supplicamus, ut te in primis, quem rerum custodem uoluit esse, custodiat, deinde inspiret tibi uoluntatem, qua semper in amore diuini nominis perseueres, quod est omnibus salutare et tibi ad felicitatem, ceteris ad quietem.*

1   27. Quoniam decursis propositi operis septem spatiis ad metam peruecti sumus, superest ut exhortemur omnes ad suscipiendam cum uera religione sapientiam, cuius uis et officium in eo uertitur, ut contemptis terrestribus et abiectis erroribus quibus antea tenebamur, fragilibus seruientes et fragilia concupiscentes, ad aeterna caelestis thesauri praemia dirigamur. quae ut capere possimus, quam primum omittendae sunt huius praesentis uitae inlicibiles uoluptates, quae animas hominum perni-
2 ciosa suauitate deleniunt. quanta felicitas aestimanda est subtractum his labibus terrae proficisci ad illum aequissimum iudicem parentemque indulgentissimum, qui pro laboribus requiem, pro morte uitam, pro tenebris claritatem, pro terrenis ac

Epit.: 7, 27, 1–16] 68, 2–5 *(pauca aliunde; u. Heck–Wlosok, Ed. ad l.)*

Codd.: **10** *a* quoniam *rursus adsunt* B D P HM, *ab* ad *redit* K *(u. 7, 22, 16); hinc extant* B D P HM KS

3 consumas S   **4** firmando *ex* form- S   statu *ex* -te *uel* -to S² diuinitatis K¹ S   **5** cotidianis K S; *u. 4, 16, 11*   **7** quam Sᵃᶜ perseueret Sᵃᶜ   **8** ad *post* tibi *in mg.* S   ceteris K S *Frd (ante* c. *dist. sec. Heck, 1972, 132); et* c. *recc., edd.,* Br *(ante* et tibi *dist.)* **10** propositi operis] proposi|tione per his, per *exp.*, D   **11** exhortemus H M *(exor-)*   suscipiendas H, -da *ras. ex* -das? M   **12** ueram religionem P¹, *corr.* P³   **13** aut Bᵃʳ   **14** ante BHM   teneamur Bᵃᶜ; -batur HM   **15** thesauri B¹ DHMKS, thens- B³ P *(*s *s.l.); u. 7, 6, 8* derigamur B   **17** inlicibiles *ex* -lis P²   **18** deliniunt Dᵃᶜ P existimanda HM   subtractis *ex* -tum D²   **19** iis B   laboribus *ex* labibus D²

breuibus bonis aeterna et caelestia largiatur! cum qua mercede
acerbitates ac miseriae, quas perpetimur in hoc mundo facientes
opera iustitiae, conferri et coaequari nullo modo possunt. proinde si sapientes, si beati esse uolumus, cogitanda et proponenda
sunt nobis non tantum Terentiana illa:
    'molendum esse usque in pistrino, uapulandum,
                                  habendae compedes',
sed his multo atrociora, carcer catenae tormenta patienda, sustinendi dolores, mors denique ipsa et suscipienda est et ferenda,
cum liqueat conscientiae nostrae nec fragilem istam uoluptatem
sine poena nec uirtutem sine diuino praemio fore. uniuersos
igitur oportet operam dare, ut uel se quam primum ad rectam
uiam dirigant uel susceptis operatisque uirtutibus et huius uitae
laboribus patienter exactis consolatorem deum habere mereantur.
pater enim noster ac dominus, qui condidit firmauitque caelum,
qui solem cum ceteris sideribus induxit, qui libratam magnitudine sua terram uallauit montibus, mari circumdedit amnibusque
distinxit et quidquid est in hoc opere mundi conflauit ac perfecit
e nihilo, perspectis erroribus hominum ducem misit qui nobis
iustitiae uiam panderet. hunc sequamur omnes, hunc audiamus,

Auct.: **6–7** Ter. Phorm. 249; *cf. Frd ad l.*

Codd.: **12** *in* dare ut | *desinit* K; *hinc ad finem extant* B D P H M S
14 *a* consolatorem *ad finem in* D *fol. 162ʳ col. dext. et 162ᵛ passim
nonnullae litt. propter rugas et lituras inc.*

2 aceruitates B[1], *corr.* B[3]; -tatis K S   quas *s.l.* P[3]   perpetimus H M
3 et *om.* P   *post* possunt *ins. 7, 26, 11–17* K S   **4** si *post* proinde
s.l. S   baeti B   **6** esse ... pistrino] *uariant codd.* Ter. *(u.
Kauer–Lindsay–Skutsch ad l.);* in p. usque, *ord. lineolis rest.* B
usque *del.* P[3]   pristino P[1] *(corr.* P[2]*)* K S *(ut uid.)*   uapulandum *ex*
bap- B[3]   **8** his *bis* S, hiis P[ar]; hil H, nihil M   acriora B[1] *(c inc., corr.*
B[3]*)* P; -ociara K[1]   **9** est *om.* H M   **10** conscientia H M
uoluptate S   **13** derigant P   **14** merea *sic* S   **16** induxit D P; inlu-
B H M S *(ill-)*   qui *om.* H M   **17** mari *ex* -re B[3]   amnibusque *ex*
mani- P[3]   **18** distincxit B   opere] corpore M   **20** iustitia H *(ras. ex*
–tiã?*)* M *(-cia)*

huic deuotissime pareamus, quoniam solus, ut ait Lucretius,
'ueridicis hominum purgauit pectora dictis
et finem statuit cuppedinis atque timoris
exposuitque bonum summum, quo tendimus omnes,
quid foret, atque uiam monstrauit, limite paruo
qua possemus ad id recto contendere cursu.'
7 nec monstrauit tantum, sed etiam praecessit, ne quis difficultatis
gratia iter uirtutis horreret. deseratur si fieri potest uia perditionis et fraudis, in qua mors uoluptatis inlecebris adoperta celatur.
8 et quanto quisque annis in senectutem uergentibus appropinquare cernit illum diem quo sit ei ex hac uita demigrandum, cogitet
quam purus abscedat, quam innocens ad iudicem ueniat, non ut
faciunt quidam caecis mentibus nixi, qui iam deficientibus corporis uiribus in hoc admonentur instantis ultimae necessitatis, ut
9 cupidius et ardentius hauriendis libidinibus intendant. qua ex
uoragine liberet se quisque, dum licet, dum facultas adest, seque

Auct.: **2–6** Lucr. 6, 24–28

1 huic (i *ex* n H) uotissime HM   **2** uiridicis B, uered- P; *cf. 7, 1, 10*
hominum] igitur *codd. Lucr.*   purgauit *ex* -abit B³   dictis] diobis
sic B   **3** cuppedinis *codd. Lucr.*, cupid- S; torpedinis BDP (turp-) H
(e *ex* i *m.2*) M   **4** quod P   tendimus omnes *om.* P   **5** quod H
uitam HM   monstrauit B¹, *corr.* B³; monstrabi *sic* HM
limite] tram- *codd. Lucr.*   paruo] puro PS   **6** qua *ex* quia *m.3?* P;
quo HM   ac id D^ac   recte D; -ta *codd. Lucr.* O^ac Q   contendere
recto HM   **8** iter] igitur HM   horreret *ex* -rebit? B³
post fieri *eras.* non H   **9** uoluptatibus HM   incelebris H, inlecebre M   ad|opera B^ac   celetur HM   **10** quando HM
annis *ex* animis B³   senectute B   ac propinquare HM (c *inc.*)
12 purus] prius S   iudicium D   **13** quidam] quorum S
nixi] lux negatur S   qui iam *ex* quidam B³; qui ideo, ideo *exp. et in
mg.* iam *m. rec.* D; quiam H^ac   **13–14** uiribus (*ex* uiris *m.3*) corporis,
ord. lineolis rest. B   **14** *post* admonentur *s.l.* periculo D²
instantes B¹ (*corr.* B³) P; -ti D   necessitates B¹, *corr.* B³
15 et] ut PS   *ante* libidinibus *eras.* in B

ad deum tota mente conuertat, ut illum diem securus expectet,
quo praeses dominusque mundi deus de singulorum factis et
cogitationibus iudicabit. quaecumque hic expetuntur, non tantum
neglegat, sed et fugiat potioremque animam suam iudicet
quam bona ista fallacia, quorum incerta et caduca possessio est.
migrant enim cottidie et multo uelocius exeunt quam intrauerant
et tamen, si nobis usque ad ultimum liceat istis frui, aliis certe
relinquenda sunt. nihil nobiscum ferre possumus nisi uitam bene
atque innocenter actam.   ille ad deum copiosus, ille opulentus
adueniet, cui adstabunt continentia misericordia patientia caritas
fides. haec est hereditas nostra quae nec eripi cuiquam nec
transferri ad alterum potest. ecquis est, qui haec bona parare et
adquirere sibi uelit? ueniant qui esuriunt, ut caelesti cibo saturati
sempiternam famem ponant, ueniant qui sitiunt, ut aquam salutarem
de perenni fonte plenissimis faucibus trahant.   hoc
cibatu atque potu dei et caeci uidebunt et surdi audient et muti
loquentur et clodi ambulabunt et stulti sapient et aegroti ualebunt
et mortui reuiuescent.   quisquis enim corruptelas terrae
uirtute calcauerit, hunc arbiter ille summus et uerax ad uitam
lucemque perpetuam suscitabit.   nemo diuitiis, nemo fascibus,

---

1 secuturus H[ar]   expectat D[ac]   **2** praeses DHM; -sens BPS
deus *s.l.* H   **3** iudicauit B[1], *corr.* B[3]   **4** et fugiat DS, effu- *cet.*
5 bonam istam fallaciam HM   et] ac S   **6** cotidie *codd.*; *u. 1, 4, 3*
et] ac HM   inquam, in *exp.*, D   **8** possimus HM[ac]
nisi *ex* si B[3]   **9** actam] tam, *antea dist.*, HM   ad . . . ille *om.* P
dominum HM   oppulentius, *pr.* p *exp.*, D   **10** misericordia patientia
om. P   caritas] caritas castitas HM   **11** nec *ante* eripi *om.* HM
12 transferri *ex* -rre B[3]   ad alteram D[ac]; adulterium H[ac]
haecquis P[ar]; et quis DS   parere HM   **13** esurient D[ac]
14 de|ponant, de *m.2*, D   ut *s.l.* B   aqua *ut uid.* D[1]
17 loquuntur HM   clodi BPHM, claudi DS; *cf. 4, 15, 14*
ambulant H[ac]   egro *sic* S   **18** reuiuescent B[2] *(ex* -uires-*)* D[1] HMS,
-uiuis- D[2]; resurgent, *pr.* r *ex* s, P; *cf. 7, 17, 3*   quis P
19 uerex, r *inc.*, D   **20** suscitauit, ci *s.l.*, B[1], *corr.* B[2]   nemo diuitiis
om. P

nemo etiam regia potestate confidat; immortalem ista non faciunt. nam quicumque rationem hominis abiecerit ac praesentia secutus in humum se ipse prostrauerit, tamquam desertor domini et imperatoris et patris sui punietur. intendamus ergo iustitiae, quae nos inseparabilis comes ad deum sola perducet, et 'dum spiritus hos regit artus', infatigabilem militiam deo militemus, stationes uigiliasque celebremus, congrediamur cum hoste quem nouimus fortiter, ut uictores ac deuicto aduersario triumphantes praemium uirtutis quod ipse promisit a domino consequamur.

Epit.: 7, 27, 16] *cf.* 68, 5 ut possit . . . adipisci

Auct.: 5–6 Verg. Aen. 4, 336

2 nam *om.* P   ac *om.* S   **4** et *post* domini *om.* P   **5** inseparalis B[1], *corr.* B[2]   **6** regit *s.l.* B[2]   infatigabili militia HM   milites B[1], *corr.* B[2]   **7** honeste B[ar]   **8** nouimus] ui *in ras.*, mus *s.l. m.1 uel 2* B   **9** *subscriptiones u. p. XXVII sq.*

APPENDIX

INTERPRETAMENTA GRAECORVM
DIVINIS INSTITVTIONIBVS INSERTORVM

(de appendice eiusque instructione u. supra pp. LXXXIX–XCIII)

1, 5, 4 πρωτόγονον
  VPWKS: primogenitum
1, 5, 4 Φάνητα
  BWKS: inluminatorem ‖ V: fanes nomen primogeniti apparendo dictum · apparere enim grece fanene dicitur ‖ P: prima apparitio
1, 5, 5 πρωτόγονος φαέθων περιμήκεος ἠέρος υἱός.
  B: primogenitus sol inmensus aeris filius. ‖ VP Sedul.: principio genitus faethon longo aere natus. ‖ WKS: primogenitus ante luciferum immensi aeris filius.
1, 5, 6 ἔκτισεν ἀθανάτοις δόμον ἄφθιτον.
  BWDVP Sedul.: condidit immortalibus domum incorruptam.
1, 6, 4 ἀνώνυμον
  VPR: sine nomine
1, 6, 4 ὁ δὲ θεὸς εἷς, ὁ δὲ εἷς ὀνόματος οὐ προσδέεται·
  ἔστιν γὰρ ὁ ὢν ἀνώνυμος.
  P Sedul.: deus autem unus. unus autem nominis non eget. est enim qui sine nomine est. ‖ KS: deus autem qui unus est non indiget nomine quia et sine nomine est.

19 προσδεομαι *Sedul.*

6 primigenitum V P   **12–13** principio genitus feton longo aere natus qui et fanes ·i· appare *(e s.l.) Sedul.; cf.* V *1, 5, 4*   **14** immensi ... filius *om.* K S   **16** creauit W   incorruptam B W, -ptibilem D V P *Sedul.*   **21** *alt.* autem *om., sed fere 4 litt. eras. Sedul.*

1, 6, 7 σιούς enim deos, non θεούς, et consilium non βουλήν, sed βουλίαν appellabant ... itaque Sibyllam dictam esse quasi θεοβούλην.
θεοβούλην] R: consiliatricem dei

1, 6, 15 εἷς θεός, ὃς μόνος ἄρχει, ὑπερμεγέθης ἀγένητος.
BP (KS^{mg.}): unus deus qui solus reget super omnem magnitudinem et innatus. ‖ V Sedul.: unus deus qui solus est usque amplissimus increatus. ‖ KS: unus deus omnipotens supra magnitudinem innatus.

1, 6, 15 ἀλλὰ θεὸς μόνος εἷς πανυπέρτατος, ὃς πεποίηκεν οὐρανὸν ἠέλιόν τε καὶ ἀστέρας ἠδὲ σελήνην καρποφόρον γαῖάν τε καὶ ὕδατος οἴδματα πόντου.
B (KS^{mg.}): sed unus deus solus immensus qui fecit caelum solemque et stellas et lunam frugiferamque terram et undosum mare. ‖ VP Sedul.: sed deus solus unus eminentissimus qui fecit caelum atque solem et stellas et lunam frugiferam terramque et tumores aquae ponti. ‖ KS: sed deus unus ultra omnia sublimior qui fecit caelum et sidera sed et lunam frugiferamque terram aquas fluentes ponti.

1, 6, 16 αὐτὸν τὸν μόνον ὄντα σέβεσθ᾽ ἡγήτορα κόσμου, ὃς μόνος εἰς αἰῶνα καὶ ἐξ αἰῶνος ἐτύχθη.
B (KS^{mg.}): ipsum qui solus est colite rectorem mundi qui solus in saeculum et ante saeculum paruit. ‖ VP Sedul.: ipsum qui solus est colite principem mundi qui solus est in saeculum

1–2 ciouc deos ... appellabant *tantum* Sedul.   5 ὅς] ω Sedul.
αχρι Sedul. *ut* DV   10 πεποιησεν Sedul.   11 ηλιον Sedul.
12 γηαν Sedul.   οιδηματα Sedul.   20 σεβεσθε Sedul.

6 reget B, -git KS^{mg.}; *om.* P   supra P   omnem *om.* P
7 et *om.* P   et non natus KS^{mg.}   13 sed] hoc est et KS^{mg.}
immensus *om.* KS^{mg.}; us euan. in B   14 et stellas *om.* S^{mg.}
fructiferamque KS^{mg.}   undosum mare *euan.* B   16 caelum
solemque Sedul.   stellas et] sidera atque P   17 et aquae tumores
Sedul.; aquas fluentes P   ponti *ex* -to P   22 ipse KS^{mg.}
22–23 mundi solus in saecula et ex saeculo KS^{mg.}   24 principem V;
p. uel creatorem Sedul.; creatorem, *in mg.* p., P   est *om.* P

et a saeculo factus permanet. ‖ KS: ipsum solum qui est creatorem mundi qui solus saecula et saeculis permanet.

1, 6, 16 μοῦνος γὰρ θεός εἰμι καὶ οὐκ ἔστιν θεὸς ἄλλος. BVP Sedul. (KS^mg.): solus enim deus sum et non est deus alter. ‖ KS: unus enim deus sum et non est deus alius.

1, 7, 1 αὐτοφυὴς ἀδίδακτος ἀμήτωρ ἀστυφέλικτος, οὔνομα μηδὲ λόγῳ χωρούμενος, ἐν πυρὶ ναίων, τοῦτο θεός, μικρὰ δὲ θεοῦ μερὶς ἄγγελοι ἡμεῖς.
B (KS^mg.): ultro natus indocibilis sine matre incomprehensibilis non nomine non uerbo capiendus in igne habitans, hoc est deus, modica autem pars dei angeli nos. ‖ VP Sedul.: ex se ortus indoctus sine matre inexpugnabilis, nomen nec uerbo capiendum igneum saeculum, hoc deus, modica autem dei portio angeli nos. ‖ HWKS: ultro natus a nullo doctus sine matre immutabilis, cuius nomen nullum uerbum capere potest, ignem emittens, hoc deus, pusilla autem dei pars angeli nos.

1, 7, 2 non modo ἀμήτορα . . ., sed ἀπάτορα quoque DVPKS: sine matre . . . sine patre

1, 7, 9 πάνσοφε παντοδίδακτε πολύστροφε κέκλυθι
δαῖμον.

B: omnia sciens qui omnia doctus es qui te saepius conuertis exaudi daemon. ‖ DVP Sedul.: omnia sapiens et omnia docte qui permulta uerteris exaudi daemon. ‖ HWKS: totius sapientiae totius doctrinae multis motibus potens audi daemon.

3 μονος *Sedul.*   **7** πυρος αιων *Sedul. ut* DVP   **20** κλυθι *Sedul.*

1 et] utque V   factus *om.* P   permanet *om.* V   **4** sum *om.* V
9 *de* KS^mg. *hic et § 13 u. p.* XC *n. 301*   ultro] a se KS^mg.
inconuertibilis K S^mg.   **10** non nomine non] nomine nec KS^mg.
habitans *om.* KS^mg.   hoc est] qui e. h. KS^mg.   **11** dei pars nos
angeli KS^mg.   **12** indoctus] a nullo doctus P   immutabilis P
nomen] cuius n. P   **13** modica] pusilla P   **15** mare H
sapere KS   **16** igne S   **19** sine matre *mg. periit* D; *ab m.* K
23 et *om.* P *Sedul.*   **24** qui . . . uerteris] multum uerende P

1, 7, 9 ἁρμονίη κόσμοιο, φαεσφόρε, πάνσοφε δαῖμον.
BHWKS: compago mundi lucifer sapientissimus daemon. ‖
DVP Sedul.: coaptatio mundi fera totius omnia sapiens
daemon.

1, 7, 10 δαίμονες οἳ φοιτῶσι περὶ χϑόνα καὶ περὶ πόντον
ἀκαμάτου δάμνονται ὑπαὶ μάστιγι ϑεοῖο.
B: daemones quicumque sunt circa terram et pontum uerberantur flagellis dei. ‖ DV Sedul.: daemones qui pergunt circa
terram et circa pontum infessi domantur sub uerbere dei. ‖
PHWKS: daemones qui degunt circa terrestria et circa pontum intolerabilibus domantur sub flagellis dei.

1, 7, 13 αὐτοφυής, ... αὐτογενής et ἀγένητος et ἀποίητος
B (KS$^{mg.}$): a se natus | a nullo procreatus neque factus ‖ VP
Sedul.: ex se ortus ex se genitus increatus infectus ‖ HWKS:
ultro germinatus ultro natus nec creatus nec factus

1, 8, 3   οὐ δύνατ' ἀνδρὸς
ἐκ μηρῶν μήτρας τε ϑεὸς τετυπωμένος εἶναι.
BHWKS: non potest ex femoribus uiri et uulua deus esse
formatus. ‖ VP Sedul.: non potest uiri ex feminibus et matrice
deus formatus esse.

1, 11, 16 Ζεύς siue Ζήν
D: iuppiter graece zeus siue zoen ‖ Sedul.: iupiter quod fratribus iam occisis superuixit

1, 11, 47 δαίμονας ἀψύχους, νεκύων εἴδωλα καμόντων,

1 κοσμου φαεσφαεφρε *Sedul.; cf.* DVP   5 δαιμοναις *Sedul.*
χϑονει *Sedul.*   6 μαςτιγις ϑεου *Sedul.*   16 διναται *Sedul.; cf.*
δυνατε B   21 siue] uel *Sedul.*

2 compago] c. qui B   sapientissimus *om.* BKS   3 totius *om.* P
omnia *om.* DV   sapien DV   9 dominantur V   uerberet D
11 intolerabilibus] infessi P   dominantur? P^{ar} flagelli S
13 *de* KS$^{mg.}$ *u. § 1*   a nullo procreatus] et non natus K$^{mg.}$, et innaS$^{mg.}$ 14 nec factus P; non fac- *Sedul.*   18 et uulua] uulueque HW,
uuluae quoque KS   formatus esse HWKS   19 uiri ex feminibus]
u. e. faeminis V; e. u. f. P

ὧν Κρήτῃ καύχημα τάφους ἡ δύσμορος ἕξει.
B: daemones infelices mortuorum quorum crete inanis iactatio et sepulcra mors suauis habebit. ‖ DV Sedul.: daemones inanimes cadauerum simulacra mortuorum quorum sepulcra prae se feret creta male peritura. ‖ P: daemones sine animis mortuorum umbra quorum gloria miserrima creta sepulcra eorum habebit. ‖ HKS: daemones sine animis mortuorum defunctorum umbras quorum gloria miserrima cretae sepulcra eorum habent. ‖ R: daemonas infelices mortuorum quorum crete peritura sepulcra gloriam habebunt.

1, 13, 11 πρώτιστος μὲν ἄναξεν ἐπιχθονίων Κρόνος
ἀνδρῶν·
ἐκ δὲ Κρόνου γένετ᾽ αὐτὸς ἄναξ μέγας εὐρυόπα Ζεύς.
DVP Sedul.: primus quidem regnauit in terra saturnus uirorum, ex saturno autem factus est ipse rex magnus latus uisibus iuppiter. ‖ HKS: primus quidem regnauit terrestribus uiris saturnus, ex saturno autem natus est ipse rex magnus omnia prospeculator iouis. ‖ R: primus quidem rex terrenus hominum saturnus, ex saturno autem factus ipse rex magnus iupiter.

1, 15, 15 Ἑλλὰς δή, τί πέποιθας ἐπ᾽ ἀνδράσιν
ἡγεμόνεσσιν;
πρὸς τί δὲ δῶρα μάταια καταφθιμένοισι πορίζεις;
θύεις εἰδώλοις; τίς σοι πλάνον ἐν φρεσὶ θῆκεν
ταῦτα τελεῖν προλιπόντα θεοῦ μεγάλοιο πρόσωπον;

11 πρωτος τις *Sedul. ut* P   επιχθονιον *Sedul.*   **13** κρονοι *Sedul.* γενετος *Sedul.*   ευριοπα ζεις *Sedul.*   **21** δε *Sedul.*   **21–22** επι·ανδρασειν·|ειναι εγιμωνες· ει *Sedul.*   **23** καταφθιμηνοισει *Sedul.*   **24** ιδωλοις *Sedul.*   **25** θεουο *Sedul.*

2–3 infelices, iactatio, suauis *inc.* B   **4–5** sepulcra . . . creta] c. p. se f. sep- *Sedul.*   **6** creteia P^ac   **8** creta H   **9** habebit H   **15** autem . . . est] genitus P *Sedul.*   latus uisibus] omnia prospectans P *Sedul.*   **16** primus . . . regnauit *om.* S   **18** prospeculatur H

V: graecia quid confidis in uiros principes, cui bono autem dona inania mortuis aquiris. immolas simulacris. qui tibi errorem in mente posuit haec perficere relicto dei magni ore. ‖ PHKS Sedul.: graecia quid confidis in uiris esse rectores, et cur inania dona mortuis adfers. hostias idolis celebras. quis tibi errorem in mente posuit ut haec facias derelicta dei magni facie. ‖ R: ellas quid confidis in hominibus. at[??] autem munera uana mortuis off[ers]. sacrificas idolis. quis tibi hunc errorem in mente posuit haec uelle relict[o] uultu dei magni.

1, 17, 13 ἀπὸ τῆς ἔριδος καὶ χϑονός
DV: a discordia et terra

1, 21, 7 καὶ κεφαλὰς Ἀίδῃ καὶ τῷ πατρὶ πέμπετε φῶτα.
B: et capita ioui et patri mititte lumina. ‖ DVP Sedul.: et capita diti et patri mittite lumina. ‖ KSR: et capita circumdate et patri mittite lumen.

1, 21, 28 ὄνους
DVP: asinos

1, 21, 36 βούζυγον
VP: bouis iugum

1, 22, 19 ἐξηγήσεως Πινδαρικῆς
B: enarrationis pendaricae ‖ DVP: narrationis pindaricae

2, 1, 16 ἄνϑρωπον ... spectet.

2, 10, 4 εἰκών ἐστ' ἄνϑρωπος ἐμὴ λόγον ὀρϑὸν ἔχουσα.
BPR: imago est homo mea uerbum rectum habens. ‖ V Sedul.: quoniam homo imago mea rationem rectam habens.

---

10 erichthonius dictus est απο ... χϑονοc id est ex certamine et terra *Sedul.*   **12** το *Sedul.*   πεμπεται *Sedul.*   **22** ανϑρωπον id est hominem graeci appellant quod sussum spectet *Sedul.*   **23** ἐστ'] επι *(pro* ἐπεί*) Sedul.; cf.* V *et adn. crit. ad l.*

4 quid] autem q. *Sedul.*   in ... rectores] -ribus H   **5** et cur] c. autem *Sedul.*   dona inania *Sedul.*   **6** ut *om.* H   facias] uelis *Sedul.*   **7** at] *mg. resecto litt. inc. desunt* R   **14** kapit adita V   *post* lumina *s.l.* ·i· faces *Sedul.*   et *ante* capita *om.* KS   **19** uobis V

2, 11, 18 ὃς μόνος ἐστὶ θεὸς κτίστης ἀκράτητος
ὑπάρχων,
αὐτὸς δ᾽ ἐστήριξε τύπον μορφῆς μερόπων τε
αὐτὸς ἔμιξε φύσιν πάντων, γενέτης βιότοιο.
BR: qui solus est deus conditor fortissimus ipse finxit formam figurae hominis unumque ipse temperauit naturam disposuitque gubernacula aeui. ‖ DV Sedul.: qui solus est deus et est creator liber. ipse autem firmauit uultum formae hominumque ipse miscuit naturam omnium in propaginem uitae. ‖ PH(S): solus est deus conditor nullius imperio subiacens. ipse autem et figurae hominum formam solidauit et ipse omnium hominum naturam miscuit generationis uitae.

2, 12, 19 οἱ δὲ θεὸν τιμῶντες ἀληθινὸν ἀέναόν τε
ζωὴν κληρονομοῦσι, τὸν αἰῶνος χρόνον αὐτοὶ
οἰκοῦντες παράδεισον ὁμῶς, ἐριθηλέα κῆπον.
BR: qui autem deum honorant uerum mundissimam uitam hereditabunt in tempora saeculi ipsi habitantes paradisum amoenissimum hortum. ‖ DV Sedul.: qui autem deum honorant uerum et aeternum, uitam hereditario iure possident saeculi tempus ipsi habitantes ad paradisum similiter florentissimum hortum. ‖ PH(S): qui autem deum honorant uerum, aeternam uitam hereditabunt perpetuo saeculo ipsi habitantes paradisum simul amoenissimum hortum.

1 εστιν *Sedul.*   **1–2** ακρατη·το·τιπαρχων *Sedul., cf.* DV
4 γενεης *Sedul. ut* DVP   **15** ομωιος *Sedul.*

5–7 *in* B *liturae causa plurima inc., sed* qui ... conditor, ipse ... hominum, disposuitque gubernacula *agnoscuntur*   **6** hoīs unū | q; R; homi | num quem *ut uid.* B   **7** *post* et *exp.* non D; et est *om. (eras.?) Sedul.*   **8** creator] conditor c. *Sedul.*   **9** ipse autem miscuit D   **10** subiacet S   **11** figurae hominum] fi | nū P   forma S   solidauid PS   hominum omnium H   **12** uitaeque P^{ac} H S
16 dominum adornant R   **17** inhabitantes R   **18** ortum R
19 et aeternam V, aeternumque *Sedul.*   **20** ad *om. Sedul.*   paradissum *Sedul.*   **20–21** simul amoenissimum florentissimum *(s.l.) Sedul.*   **22** perpetuo saeculo *om.* HS   **23** ortum S

2, 12, 20 ἄνθρωπον πλασθέντα θεοῦ παλάμαις ἁγίαισιν
ὅν κ' ἐπλάνησεν ὄφις δολίως ἐπὶ μοῖραν ἀνελθεῖν
τοῦ θανάτου γνῶσίν τε λαβεῖν ἀγαθοῦ τε κακοῦ τε.
BR: hominem formatum dei palmis persuasit coluber dolose
ad partem uenire mortis notitiamque accipere boni ac mali. ǁ
DV Sedul.: hominem fictum dei manibus in annos quem
etiam seduxit uipera dolose in fatum mortis ascendere notio-
nemque accipere boni et mali. ǁ PH(S): hominem plasmatum
dei ipsius palmis quem dolis fefellit serpens, ut uim mortis
incurreret et scientiam acciperet boni et mali.

2, 14, 7 τοὶ μὲν δαίμονές εἰσι Διὸς μεγάλου διὰ βουλὰς
ἐσθλοί, ἐπιχθόνιοι, φύλακες θνητῶν ἀνθρώπων.
BR: hi qui daemones sunt iouis maximi consiliis boni super
terram custodes hominum mortalium. ǁ VPH(S) Sedul.: hi
quidem daemones sunt iouis magni propter uoluntatem, boni
terrestres custodes mortalium hominum.

2, 15, 6 μία ... φυλακὴ εὐσέβεια. εὐσεβοῦς γὰρ ἀνθρώπου οὔτε δαίμων κακὸς οὔτε εἱμαρμένη κρατεῖ. θεὸς
γὰρ ῥύεται τὸν εὐσεβῆ ἐκ παντὸς κακοῦ. τὸ γὰρ ἓν
καὶ μόνον ἐν ἀνθρώποις ἐστὶν ἀγαθὸν εὐσέβεια. ...
εὐσέβεια ... ἡ γὰρ εὐσέβεια γνῶσίς ἐστιν τοῦ θεοῦ.
BR: una tutela pietas. pios enim homines nec daemon malus

1 πλασθ, *deinde spatium 2–3 litt., Sedul.* ἁγίαισιν] ετεσσειν
Sedul. ut DV 2 και πλανἒcεν *Sedul., cf.* DV ανελτιν *Sedul.*
3 λαβιν *Sedul. ut* DV τε ... τε] και κακου *Sedul. ut* DV
11 του μεν δαιμοναιc ειcιν οδιοc *Sedul., cf.* DV 12 εcθαιο
Sedul φιλακαυc *Sedul.* ανῶν *Sedul.* 19 ρυcεται *Sedul.*
20–21 αγαθον ευcεβεια.| η γαρ *Sedul.*

4–5 *ob lituram* persuasit ... partem *et* notitiamque accipere *maximam
partem inc.* B 7 ascendere mortis *Sedul.* 8 et] ac V
9 plasmis P 10 interiret S boni et mali acciperet S; *a. om.* H
13 hi] dii R bonis R 14–15 hi ... sunt] d. q. s. P; d. s. q. H S
15 uoluptatem P bonis S 16 terrestris P S 22 *de* B *u. adn. crit.*
tutella B^ac pii B

APPENDIX: INTERPR. GRAEC. INST. 2   745

nec decretum tenet. deus enim eruit pium ex omni malo. hoc
enim unum et solum est in homine bonum pietas. . . . pietas
enim est deus. ‖ DV Sedul.: una custodia pietas. pium enim
hominem nec daemon malus nec fatum tenet. nam deus li-
5   berat pium ab omni malo. quod enim unum et solum in hominibus est bonum pietas. . . . pietas enim scientia est dei. ‖
PH(S): una . . . custodia pietas. etenim pius homo neque dae-
moni pessimo neque fato subiacet. deus enim liberat pium ab
omni malo. namque unicum atque solum est hominibus bo-
10   num pietas. . . . pietas enim scientia est dei.
   2, 15, 8 ἀγγέλους πονηρούς
   B: angelos nequissimos ‖ DV: angelos malignos ‖ PHR: angelos malos
   2, 16, 1   ἐπεὶ πλάνα πάντα τάδ᾽ ἐστιν,
15 ὅσσαπερ ἄφρονες ἄνδρες ἐρευνῶσιν κατὰ ἦμαρ.
   BR: quia falsa sunt omnia quae insipientes homines cottidie
   nominantur. ‖ V Sedul.: quia errores omnia haec sunt quae
   stulti homines scrutantur corde. ‖ PH(S): errabilia sunt omnia
   ista quaecumque insipientes homines scrutantur cottidie.

20 4, 6, 4 λόγος τέλειος
   BPR: sermo perfectus
   4, 6, 4 ὁ κύριος καὶ τῶν πάντων ποιητής, ὃν θεὸν καλεῖν
   νενομίκαμεν, ἐπεὶ τὸν δεύτερον ἐποίησε θεὸν ὁρατὸν
   καὶ αἰσθητόν — αἰσθητὸν δέ φημι οὐ διὰ τὸ αἰσθά-

15 απερ *Sedul. ut* V   ευρευνωσιν *Sedul.*   **22** καλιν νενομαι-
καμεν *Sedul.*   **24** φημει *Sedul.*   **24–p. 746, 1** δια τουτο αιcθε-
cθαι *Sedul.*

1 nec *post* malus *om.* B   eruet B; *cf. Sedul.* ρυcεται
2 unum *om.* R   *post* bonum pietas *exp.* autem B   **2–3** pietas . . . deus
om. R   **4** nam deus] deus enim *Sedul.*   **5** quod est *(s.l.* D) enim D V
et] est V   **6** bonum est D V   pietas . . . dei *om.* D V
8 fatis S; forti H *(pro* sorti?)   **9** neque S   **12** *de* B *u. adn. crit.*
16 *de* B *u. adn. crit.*   **18** homines . . . corde] uiri scrutantur secundum
cor *Sedul.*   terribilia H   **21** *de* P *u. adn. crit.*

νεσθαι αὐτόν, περὶ γὰρ τούτου, πότερον αὐτὸς αἴ-
σθεται ⟨ἢ μή, εἰσαῦθις ῥηθήσεται⟩, ἀλλὰ ὅτι εἰς αἴ-
σθησιν ὑποπέμπει ⟨καὶ⟩ εἰς ὅρασιν – ἐπεὶ οὖν τοῦτον
ἐποίησε πρῶτον καὶ μόνον καὶ ἕνα, καλὸς δὲ αὐτῷ
ἐφάνη καὶ πληρέστατος πάντων τῶν ἀγαθῶν, ἠγάσθη
τε καὶ πάνυ ἐφίλησεν ὡς ἴδιον τόκον.

BPS: dominus et omnium factor, quem deum nominare uidemur, quia secundum fecit deum uisibilem atque sensibilem
– sensibilem autem dico non quia ipse sentit, sed quod ad
sensum mentem suggerit – quia igitur hunc fecit primum et
solum et unum, bonus autem ei uisus est et plenissimus omnium bonorum et gauisus est et nimis dilexit uelut suum par-
tum. ‖ DV Sedul.: dominus et omnium creator, quem deum
uocare censemus, quia secundum fecit deum uisibilem et sensibilem – sensibilem autem aio non ideo quia ipse sentit, de
hoc enim non est utrum ipse sentiat sed quia in sensus sub-
mittit et mentem – quod ergo eum fecit primum et solum et
unum, bonus autem ei uisus est et plenissimus omnium bonorum sanctificauitque et ualde amauit quasi suum filium. ‖
R: dominus et omnium rerum fabricator, quem deum uocare
decreuimus, quoniam secundum deum fecit uisibilem et sensibilem – sensibilem uero dico non qui sentit ipse, nam de
hoc utrum ipse sentiat, sed quoniam sensum innotescit mente

1 τουτουνε *Sedul.*   **3** εις νουν | οτι ουν *Sedul. ut* DV
4 αυτου *Sedul.*   **5** αγιασεν *Sedul.; cf.* ηγ- DV

2 ἢ ... ἀλλὰ] *u. adn. crit.*   **7** et *om.* B   **8–9** atque sensibilem
sensibilem *om.* B   **9** non *om.* S   sentit] uidetur *ut uid.* B; s. neque
enim quod utrum ipse sentiat S   quo ad S   ad sensum] ad
utrumque ipse et sensum et intellegentiam B   **10** suggerat PS
qua P   et solum *om.* S   **11** unum] bonum | semum *(sic uid.)* filium
hunc fecit primum ac solum et unum B   autem ei] illi B
12 bono |; *deinde* gauisus *eqs. post* § 5 ... fecit suum *transp.* S
et *ante* gauisus *om.* PS   **13** deus D   **14** deum fecit V
15 ideo *om. Sedul.*   sentit ipse *Sedul.*   **17** quoniam *Sedul.*
18 ei] et DV

APPENDIX: INTERPR. GRAEC. INST. 4   747

– quoniam igitur hunc primum fecit et solum et unum, bonus uero uisus est illi et plenissimus omnium bonorum exultauit et ualde amauit tamquam suum natum.

4, 6, 5 παντοτρόφον κτίστην, ὅστις γλυκὺ πνεῦμα ἅπασιν κάτθετο χἠγητῆρα θεὸν πάντων ἐποίησεν.
B: conditorem et auctorem et conditorem qui dulcem spiritum omnibus imposuit et ductorem deum omnium fecit. ‖ DV Sedul.: omnium nutritorem creatorem qui dulcem spiritum omnibus adposuit et principem deorum omnium fecit. ‖ PS: omnium nutritorem conditoremque qui dulcem spiritum omnibus deposuit et ducem deum omnium fecit ‖ R: omnium altorem fundatorem qui suam uirtutem omnibus inserit et principem deum omnium fecit.

4, 6, 5 ἄλλον ἔδωκε θεὸς πιστοῖς ἄνδρεσσι γεραίρειν.
DVR Sedul.: alterum dedit deus fidelibus uiris honorare. ‖ PS: sed quem dedit deus fidelibus uiris honorare.

4, 6, 5 αὐτόν σου γίνωσκε θεὸν θεοῦ υἱὸν ἐόντα.
B: ipsum tuum cognosce dominum dei filium esse. ‖ DVR Sedul.: ipsum tuum cognosce deum qui dei filius est. ‖ PS: ipsum tuum scito deum qui est filius dei.

4, 6, 9 δημιουργὸν τοῦ θεοῦ
BDVP Sedul.: creatorem dei ‖ KSR: constitutorem dei

4, 6, 9 σύμβουλον
BDVPR Sedul.: consiliarium

---

4 παντων·τροφον *Sedul.*   γλυκυν *Sedul.*   **4–5** απασειν κατεθετο και ηγητοραν *Sedul.*   **14** αλλον *Sedul.; u. adn. crit.* εδοκεν *Sedul.*   ανδραισῑ|ειγεραιρειν *Sedul.*   **17** θεων *Sedul.*   **21** τημιουργον *Sedul.*   **23** cυμβουλων *Sedul.*

6 conditorem *(con inc.)* et autorem B   **11** dulce S   fecit] f. suum S   **12** suam uirtutem *pro* suauitatem.? R   **15** uiri? D V   **16** quem] q. alterum S   **19** tuum ... est] deum c. q. e. dei f. R   **20** ipsum ... dei] ipsum deum tuum cognosce qui est dei filius. ipsum tuum scito ... est dei filius S   **22** dei *euan.* B   constitutorem dei] c. d. creatorem K S

4, 7, 3 αἴτιος δὲ τούτου τοῦ αἰτίου ἡ τοῦ θεοῦ ἅτε τοῦ
ἀγαθοῦ βούλησις, οὗ τὸ ὄνομα οὐ δύναται ἀνθρω-
πίνῳ στόματι λαληθῆναι.

B: causa *** autem huius dei boni *** dicendum illius
boni consilium, cuius nomen nec non potest humano ore dici.
‖ DV: causa autem huius causae diuini boni uoluntas, cuius
nomen non potest humano ore dici. ‖ PKS Sedul.: causa autem huius causae uoluntas boni quae deum prouexit, cuius
nomen non potest ore hominum fari. ‖ R: huius rei causa: dei
filii boni uoluntas cuius nomen non potest humano ore enarrari.

4, 7, 3 ἔστιν γάρ τις, ὦ τέκνον, ἀπόρρητος λόγος σοφίας
ὅσιός τε περὶ τοῦ μόνου κυρίου πάντων καὶ ⟨πάντα⟩
προεννοουμένου θεοῦ, ὃν εἰπεῖν ὑπὲρ ἄνθρωπόν
ἐστιν.

B: est enim quidam o fili secretus sermo sapientiae sanctissimus solo deo omnium *** intellegenti deum quem dicere
super hominem. ‖ DV Sedul.: est enim aliquod o fili secretum
uerbum sapientiae sanctum de solo domino omnium et qui
ante mente capitur deo quem dicere supra hominem est. ‖
PKS: est enim o fili secretus quidam sermo sapientiae de solo
domino omnium praesciente omnia quem dicere supra ho-

---

1 τοῦ *post* τούτου *om. Sedul.*   θεοῦ ... τοῦ] θεαγετο *Sedul.*
2-3 ανθρωπινο cτωματε *Sedul.*   12 πορρετος *Sedul.*
13 οcιος περι *Sedul.*   παντου *Sedul.*   ⟨πάντα⟩] *u. adn. crit.*
14 ειπιν *Sedul.*   α̅ν̅ω̅ν̅ *Sedul. ut saepe*

4 *ob lituram post* causa *10–12, inter* boni *et* dicendum *fere 20 litt. (hae ultra graeca) inc. in* B   7–8 autem *om.,* huius *in ras. Sedul.*
8 uoluntas ... prouexit] q. deum p. diuini b. u. *Sedul.*   9 ore ... fari]
humano ore dici *Sedul.*   16 secretus *sup.* longissimus, *quod non del.,* B   17 solo *ex* so, *antea 2 litt. inc., ft. de* B   *post* omnium *5 litt. inc.* B   18 *post* hominem *6–7 litt. inc.* B   21 est ... quidam] s. q. est enim o f. KS   filius *ex* o fili P   22 omnium] o. et P
omnia] o. deo P   super KS

minem est. ‖ R: ut enim est o fili aliquis secretus sapientiae sermo aut iustus de solo domino omnium et prouidentissimus deus quem dicere ultra hominem est.

4, 7, 7 χρίεσθαι
HMKS: unguentum

4, 7, 7 τοὺς δ' ἐπεὶ οὖν δμῳαὶ λοῦσαν καὶ χρῖσαν ἐλαίῳ.
B: illi * * * dilauerunt et perunxerunt pingui oleo. ‖ PR: quos propitiabant unxerunt oleo.

4, 7, 7 ἠλειμμένος ... ἀπὸ τοῦ ἀλείφεσθαι
VPKS: unctus ... ab unguendo

4, 8, 5 αὐτοπάτορα et αὐτομήτορα
DV: ipsum sibi patrem ex se sine matre natum

4, 13, 2 ἀπάτωρ ... ἀμήτωρ
B: sine patre ... sine matre

4, 13, 11 θνητὸς ἔην κατὰ σάρκα σοφὸς τερατώδεσιν
           ἔργοις,
ἀλλ' ὑπὸ Χαλδαίοισι δικασπολίαισιν ἁλώσας,
γομφωθεὶς σκολόπεσσι πικρὴν ἀνέπλησε τελευτήν.
BPKS Sedul.: mortalis erat corpore sapiens signis operum atque monstris, sub iudicibus chaldeis comprehensus transfixus amarum finem compleuit.

4, 13, 21 ἀνθήσει δ' ἄνθος καθαρόν.
P Sedul.: florescet autem flos purus. ‖ KS: florescet autem flos putrum.

4, 15, 9 πάντα λόγῳ πράσσων πᾶσάν τε νόσον
           θεραπεύων.

17 αλλα *Sedul.* δικασπολιετιν α | αοεας *Sedul.* **18** σκολιπεσι *Sedul.* **22** ανθησι δε *Sedul.* **25** πρασεων *Sedul.* **26** τεραπευων *Sedul.*

2 iustus | [??]tis de R   **5** ungentum HM   **7** *post* illi *3 litt. inc.* B   **8** propitiabant] propitia bonitate R   **12** ex semine matre D   **19** mortali P *Sedul.*   **20** atque ... chaldeis] et m. sed sub ch. i. *Sedul.* caldeis B   **21** amaram *(ex* -rum*)* recompleuit finem *Sedul.*   **24** putrum] *u. adn. crit.*

B: omnia uerbo agens omnem inualitudinem curans. ‖ DV
Sedul.: omnia uerbo agens omnemque aegritudinem curans. ‖
PKS: omnia uerbo agens omnemque infirmitatem curans.

4, 15, 15   νεκρῶν δ' ἐπανάστασις ἔσται
καὶ χωλῶν δρόμος ὠκύτατος καὶ κωφὸς ἀκούσει
καὶ τυφλοὶ βλέψουσι λαλήσουσ' οὐ λαλέοντες.

B: mortuorum semper resurrectio erit et claudorum cursus
uelocissimus et surdus audiet et caeci uidebunt et muti loquentur. ‖ DV Sedul.: mortuorum autem resurrectio erit et
claudorum cursus uelox et surdus audiet et caeci uidebunt et
muti loquentur. ‖ PKS: mortuorum uero resurrectio erit et
claudorum cursus uelocissimus et surdus audiet et caeci uidebunt loquentur non loquentes.

4, 15, 18 ἔκ τ' ἄρτων ἅμα πέντε καὶ ἰχθύος εἰναλίοιο
ἀνδρῶν χιλιάδας ἐν ἐρήμῳ πέντε κορέσσει
καὶ τὰ περισσεύοντα λαβὼν μετὰ κλάσματα πάντα
δώδεκα πληρώσει κοφίνους εἰς ἐλπίδα λαῶν.

B: ex illorum simul quinque panes et pisce marino uirorum
milia in deserto quinque saturauit et quae supererant collegit
fragmenta omnia duodecim conpleuit cofinos in fidem populorum. ‖ DV Sedul. *(cf.* P*)*: ex panibus autem quinque et
piscibus marinis uirorum milia quinque in loco deserto satiabit et quae superfuerint frusta tollens duodecim qualos
implebit in spem multorum. ‖ PKS: et de panibus quinque
simul et piscibus marinis hominum milia in heremo quinque

4 δε αναστασις *Sedul.*   5 χωλον δρωμος οκυτατος *Sedul.*
6 βλεψουσιν αλαλεσσου λαλεοντες *Sedul.*   14 εξ αρτων *Sedul.*
ιχθιεσιν αλιοις *Sedul.*   15 ερημο *Sedul.*   κορεσσι *Sedul.*
16 λαβωμετα *Sedul.*   πάντα *om. Sedul. ut* DVP   17 πληροσι
κοφυνους ις *Sedul.*

3 curans *om.* KS *(*mitigans *s.l.)*   10 clodorum D *Sedul.*
11 et | & P   12 uidebunt *ex* -dent S   22 milia ... deserto] m. in d. q.
Sedul.   23–24 frustra V   frusta ... implebit] t. f. d. i. q. *Sedul.*
24 populorum *Sedul.*   et *om.* P¹, *add.* P³   *post* panibus *exp.* autem P
25 et] *ex* P   25–p. 751, 1 quinque in heremo saciauit P

saturabit et collectis reliquiis fragminum omnium duodecim
repleuit cophinos in spe populorum.
4, 15, 24 τοὺς ἀνέμους παύσειε λόγῳ, στρώσει δὲ
θάλασσαν
μαινομένην ποσὶν εἰρήνης πίστει τε πατήσας.
B: uentos sedauit uerbo, strauit mare tranquillum pedibus pa-
cem fidei calcans. ‖ V Sedul.: uentos statuit uerbo, sternet
autem maria furentia pedibus pacis et fidei calcans. ‖ PKS:
uentos compescet, sternet uero insanum mare pedibus pacis-
que fide calcatum. ‖ R: uentos compescet uerbo, sistet mare
furens pedibus et fide calcans ac pacificans.
4, 15, 25 κύματα πεζεύσει, νόσον ἀνθρώπων ἀπολύσει,
στήσει τεθνηῶτας, ἀπώσεται ἄλγεα πολλά,
ἐκ δὲ μιῆς πήρης ἄρτου κόρος ἔσσεται ἀνδρῶν.
B: fluctus pedibus transit, inualitudines hominum absoluet, de
una pera panis satietas erit uirorum. ‖ DV Sedul.: fluctus
perambulabit, languorem hominum curabit, uiuificabit mortuos, arcebit dolores multos, ex uno autem fonte panis satietas
erit uiris. ‖ PKS: super undas ambulabit, infirmitatem hominum soluet, resurgere faciet mortuos, repellet multos dolores,
et de pane unius perionis saturatio erit uirorum.
4, 15, 29   φήσουσι Σίβυλλαν
μαινομένην, ψεύστειραν· ἐπὰν δὲ γένηται ἅπαντα,
τηνίκα μου μνήμην ποιήσετε, κοὐκέτι μ' οὐδεὶς

3 παυσι εκ λογω *Sedul.*   στρωσι *Sedul.*   **5** μενομενη εν ποσιν
Sedul.   **12** παυζευσι *Sedul.*   **13** ζησει *Sedul. ut* DV
14 πηγης *Sedul. ut* DV   κοροσες·εσται *Sedul.*   **23** ψειστριαν
Sedul.   γενεται *Sedul.*   **24** ηνικα *Sedul.*   ποιησετε ... οὐδεὶς]
ποιεστηται και ουκετι μεου δεισ̄τεν *Sedul.*

1 et ... omnium] et quae superfuerunt frusta tollens P   reliquis S
1–2 duodecim cofinos impleuit P   **2** inin K S   **7** statuit] strabit
Sedul.   **8** pedibus] in p. *Sedul.*   **9** uentos ... in | *fol. abscisso desunt
in* K   uero *s.l.* S   **17** langorem V *Sedul.*   **20–21** | gere ... uirorum
fol. abscisso desunt in K   **21** de *om.* S   perionis P *(ex* super-*)* S; *u.
p. XCII n. 309*

μαινομένην φήσειε, θεοῦ μεγάλοιο προφῆτιν.

B: dicunt sybillam insanientem mendacem, uel ubi fuerint omnia, statim mei mentionem facietis et nemo insanientem me dicit sed dei magni profeten. ‖ DV Sedul.: dicent sibyllam furiosam mendacem. cum autem facta fuerint omnia, tunc mei memoriam facietis et nemo me adhuc furiosam dicet dei magni prophetam. ‖ PKS: dicent sibyllam insanam mendacem. cum uero fuerint omnia, tunc demum reminiscentur mei et nullus postea insanam me dicet sed dei magni propheten.

4, 16, 17 οἰκτρὸς ἄτιμος ἄμορφος, ἵν' οἰκτροῖς ἐλπίδα
δώσει.

B: miserabilis inhonoratus deformis ut miseris spem daret. ‖ DV Sedul.: uilis ignominiosus informis spem uilibus dabit. ‖ PS: miserabilis inhonestus informis ut miseris spem praebeat.

4, 17, 4 ἀλλ' ὅτε δὴ [ταυ]τά⟨δ'⟩ ἅπαντα τελειωθῇ ἅπερ
εἶπον,
εἰς αὐτὸν τότε πᾶς λύεται νόμος.

B: * * * ista omnia perficientur quae dixi in illo per legem. ‖ DV Sedul.: sed cum haec omnia perficientur quae dixi in ipsum tota desinet lex. ‖ PS: sed cum haec omnia fuerint perfecta quae dixi in ipsum omnis resoluetur lex.

4, 18, 15 εἰς ἀνόμους χεῖρας καὶ ἀπίστων ὕστερον ἥξει,
δώσουσιν δὲ θεῷ ῥαπίσματα χερσὶν ἀνάγνοις
καὶ στόμασιν μιαροῖς ἐμπτύσματα φαρμακόεντα,
δώσει δ' εἰς μάστιγας ἁπλῶς ἁγνὸν τότε νῶτον.

B: iniquorum manus infidelium postea ueniet, dabunt deo ala-

---

1 μενομενην φηcειτεν Sedul. ut DV προφητειν Sedul.
10 οκτροιc Sedul. 15 αλλα τοτε δε ταυτα παντα τελιοθε Sedul.
17 ιc αυτον τυπαcα υεται Sedul. 23 αναγνουc Sedul.
24 ινπτουcματα Sedul.

2 uel inc. B 4 profeten inc. B 5 autem om. Sedul.
6–7 dei ... prophetam] sed d. m. profeten Sedul. 7 dicent ... insanam desunt in K 13 uilibus spem Sedul. 14 de P u. adn. crit.
18 ante ista 5 litt. inc. B

pas manibus impuris, ex ore impurato sputus uenenatos, dabit in flagella simpliciter sanctum dorsum. ‖ V Sedul.: in manus iniquas et infidelium postea ueniet, dabunt autem palmas deo manibus incestis et oribus prodigiosis expuent saliuas uenenatas, dabit autem tunc in uerbera simplex et innocens dorsum. ‖ PKS Aug.: et in manus impias infidelium postea ueniet, dabunt autem deo alapas manibus incestis et impurato ore expuent uenenatos sputus, dabit uero ad uerbera simpliciter sanctum dorsum.

4, 18, 17 καὶ κολαφιζόμενος σιγήσει, μή τις ἐπιγνῷ, τίς λόγος ἢ πόθεν ἦλθεν, ἵνα φθιμένοισι λαλήσει· καὶ στέφανον φορέσει τὸν ἀκάνθινον.
B: colafizatus tacebit ne qui cognoscat quod uerbum aut unde uenit, ut defunctis loquatur, et coronam gestabit spineam. ‖ PKS Aug. Sedul.: et colaphos accipiens tacebit ne quis agnoscat, quod uerbum uel unde uenit, ut inferis loquatur et corona spinea coronetur.

4, 18, 19 εἰς δὲ τὸ βρῶμα χολὴν κεἰς δίψαν ὄξος ἔδωκαν, τῆς ἀφιλοξενίης ταύτην δείξουσι τράπεζαν.
V Sedul.: in esca autem fel et in siti acetum dederunt, inhumanitatis hanc mensam ostendunt. ‖ PKS Aug.: ad cibum autem fel et ad sitim acetum dederunt, inhospitalitatis hanc monstrabunt mensam.

11 φθυμενοιcιν λαλειcει *Sedul.*   **18** χολεν και ειc *Sedul.*
19 αφιλοξενῑ|ητην·ην διξοιcι *Sedul.*

1 impurato] impu|r *inc.* B   **3** et *om.* V   deo palmas *Sedul.*
5 simplex et *om.* V   **6** *4, 18, 15–20. 19, 5. 10 ex Lact. Latine reddita (a quo?) collegit Aug. ciu. 18, 23 p. 287, 20 – 288, 1*   et *om. Aug.*
impias *om. codd. Aug.*; ⟨iniquas⟩ *ex Orac. Sib. edd.*   **8** sputos K S
16 quod *om. Sedul.*   uel *s.l. Sedul.*   feris P *Sedul. (et* uel o *sup.* e, *i. e.* foris*)*   **16–17** corona spinea coronetur] *sup. utramque* a *add.* uel m, *sup.* coronetur *add.* uel feret, *i. e.* coronam spineam feret *Sedul.*
20 aescam *Sedul.*   autem *om.* V   **21** *ante* hanc *del. cum Sedul.*
in cibum K S   **22** fel . . . sitim *s.l.* K   a sitim K S

4, 18, 20 αὐτὴ γὰρ δύσφρων τὸν σὸν θεὸν οὐκ ἐνόησας
παίζοντα θνητοῖσι νοήμασιν, ἀλλ' ἀπ' ἀκάνθης
ἔστεψας στεφάνῳ φοβερήν τε χολὴν ἐκέρασσας.

B: ipsa insipiens tuum deum non cognouisti ludentem mortali sensu, sed spinea nexisti corona et horrendum fel miscuisti. ‖
V Sedul.: tu enim stulta deum tuum non cognouisti ludentem humanis sensibus, sed spinis coronasti coronae horrendae fel miscuisti. ‖ PKS Aug.: ipsa enim insipiens tuum deum non intellexisti ludentem mortalium mentibus, sed spinis coronasti et horridum fel miscuisti.

4, 19, 5 ναοῦ δὲ σχισθῇ τὸ πέτασμα καὶ ἤματι μέσσῳ
νὺξ ἔσται σκοτόεσσα πελώριος ἐν τρισὶν ὥραις.

B: templi conscissum est uelum et dies media nox erit tenebrosa et horrida tribus oris. ‖ V Sedul.: templi autem scindetur uelum et die medio nox erit obscura magna in tribus horis. ‖ PKS Aug.: templi uero uelum scindetur et medio die nox erit tenebrosa nimis in tribus horis.

4, 19, 10 καὶ θανάτου μοῖραν τελέσει τρίτον ἦμαρ
ὑπνώσας·
καὶ τότ' ἀπὸ φθιμένων ἀναλύσας εἰς φάος ἥξει
πρῶτος ἀναστάσεως κλητοῖς ἀρχὴν ὑποδείξας.

B: et mortis opem transegit tertia die ueniet tum primus resurrectionis quibus principium ostendens. ‖ V Sedul.: et mors fatum finiet tertium diem dormiens et tunc a mortuis rediens in lucem ueniet, primus resurrectionis uocatis initium ostendet. ‖ PKS Aug.: et morte morietur tribus diebus somno

---

1 σινφρων των cον *Sedul.*   2 πεξοντα θνητουc *Sedul.*
ἀλλ' ἀπ'] αλλα *Sedul.*   3 φοβερεν *Sedul.*   12 cκοτοεcα *Sedul.*
18 θανατοc *(ut* DV*)* μουραν *Sedul.*   20 τοτε απειφθιμενων
Sedul.   πλοοc *Sedul.*   21 κλητουc *Sedul.*

6 ludentem] illud autem V   7 sensibus] mentibus V   spinis] uel na *sup.* nis, *i. e.* spina *Sedul.*   horrendaeque, que *s.l.*, *Sedul.*
8 ipse P   9 sed ⟨et⟩ *pars edd.* Aug. *cum uno rec.*   10 orridum P
25 initium uocatis V   ostendit V

susceptо et tunc ab inferis regressus ad lucem ueniet primus
resurrectionis principio uocatis ostenso.

4, 20, 11 Ἰουδαίων μακάρων θεῖον γένος οὐρανιώνων.
B: iudeorum beatum et sanctum genus caeleste. ‖ Sedul.:
iudeorum beatorum diuinum genus caelestium. ‖ PKS: iudaeorum beatum diuinum genus caelestium.

4, 26, 40 pascha ... ἀπὸ τοῦ πάσχειν
DV: ab eo quod patitur

5, 2, 22 φιλαληθεῖς
DV: amantes ueritatis

7, 9, 11 θεοπτίαν
B: dei inspectionem

7, 13, 3 καὶ τὸ αὐτὸ ἐξ ἑκατέρων φύσεων, τῆς τε ἀθανάτου καὶ τῆς θνητῆς, μίαν ἐποίει φύσιν τὴν τοῦ ἀνθρώπου, τὸν αὐτὸν πῆ μὲν ἀθάνατον, πῆ δὲ θνητὸν ποιήσας, καὶ τοῦτον φέρων ἐν μέσῳ τῆς θείας καὶ ἀθανάτου φύσεως καὶ τῆς θνητῆς καὶ μεταβλητῆς ἵδρυσεν, ἵνα πάντα μὲν ὁρῶν πάντα θαυμάζῃ.

BP: et hoc idem ex utraque natura tam immortalis quam
etiam mortalis unam efficiebat naturam hominis eodem tam
immortali quam mortali facto et hunc ferens in medio diuinae
atque immortalis naturae mortalis etiam atque mutabilis conlocauit, ut omnia quidem uidens omnia mirificet. ‖ D Sedul.:
et hoc idem ex utraque natura immortalique et mortali unam
faciebat naturam hominis eundem in aliquo quidem immortalem, in aliquo autem mortalem faciens et istum ferens in

---

3 ιωιδαιων μακαριων θειων *Sedul.*   οιρανιῶνῶ *Sedul.*
13 εισατερων *Sedul.*   **14** εποιε *Sedul.*   **15** αυτων *Sedul.*
αθανατων *Sedul.*   **16** θείας] θαις *Sedul.*

2 reuocatis *Aug.*   **11** θεοπτίαν] *u. adn. crit.*   **19** hoc quidem P
19–20 tam mortalis quam etiam immortalis P   **19** immortales B
20 mortales B   efficiet P   **21** inmortale quam mortale B
22 conlocabit P   **24** hoc *om.* D   **26** autem *om. Sedul.*

medio diuinae immortalisque naturae et mortalis mutabilisque
constituit, ut omnia uidens omnia miretur.

7, 13, 6 ψυχὴ μὲν μέχρις οὗ δεσμοῖς πρὸς σῶμα κρατεῖται,
φθαρτὰ νοοῦσα πάθη θνηταῖς ἀλγηδόσιν εἴκει·
ἡνίκα δ' ἀνάλυσιν βροτέην μετὰ σῶμα μαρανθὲν
ὠκίστην εὕρηται, ἐς αἰθέρα πᾶσα φορεῖται
αἰὲν ἀγήραος οὖσα, μένει δ' εἰς πάμπαν ἀτειρής.
πρωτόγονος γὰρ τοῦτο θεία διέταξε πρόνοια.
BP Sedul.: anima quidem quamdiu uinculis in corpore tenetur, corruptibiles passiones sentiens mortalibus cedit doloribus; cum uero humanam solutionem uelocissimam post corruptum corpus inuenerit, omnis ad aethera fertur numquam
senescens et manet in aeternum sine poena; primogenita etenim hoc diuina disposuit prouidentia ‖ D: anima quidem
donum uinculis ad corpus tenetur corruptibiles intellegens
passus mortalis doloribus subiacet; cum autem absolutionem
humana magnum corpus carptum habitationem inuenerit, in
aethere tota fertur qui est semper sine senectute, manet autem
super infessa, hoc enim priminitia dea ordinauit prudentia.

7, 16, 11 σάλπιγξ οὐρανόθεν φωνὴν πολύθρηνον
ἀφήσει.
B: tuba e caelo uocem multis ululatibus dabit. ‖ D Sedul.:
tuba de caelo uocem luctuosam emittet. ‖ P: tuba de caelo
lamentabit et ululatum dabit.

3 προ σωμα *Sedul.* 4 νοουρα *Sedul.* 5 δ' ἀνάλυσιν] *u. adn. crit.* 6 εις, ι *s.l., Sedul.* 6–7 φορεῖται αἰὲν] *u. adn. crit.* 7 μενει εις πᾱτανα | τιρηο *Sedul.* 8 θεα *Sedul. ut* D 20 cαλπι·εξ *Sedul.*

1 diuinae et immortalis *Sedul.* 2 *post* omnia *s.l.* quidem *Sedul.; cf.* BP 11–12 humanam ... corpus] s. h. p. corpus corruptum u. *Sedul.* 12 ad aethera] e terra P *Sedul.* (e terra omnis) 14 prudentia P *(ex* -am) *Sedul.* 15 donum *ex errore pro* donec *uel* dum? D INT | gens D 16 mortalis *pro* mortalib;? D 18 aehere D 19 super *pro* semper? D primi | nitia *pro* primigenita *an* per initia? D

7, 16, 13 ἔσται κόσμος ἄκοσμος ἀπολλυμένων
ἀνθρώπων.
BDP Sedul.: erit mundus non mundus pereuntibus hominibus.
7, 18, 4 ἐπὰν δὴ ταῦτα γένηται, ὦ Ἀσκληπιέ, τότε ὁ κύριος καὶ πατὴρ καὶ θεὸς καὶ τοῦ πρώτου καὶ ἑνὸς
θεοῦ δημιουργὸς ἐπιβλέψας τοῖς γενομένοις καὶ τὴν
ἑαυτοῦ βούλησιν τοῦτ' ἔστιν τὸ ἀγαθὸν ἀντερείσας
τῇ ἀταξίᾳ καὶ ἀνακαλεσάμενος τὴν πλάνην καὶ τὴν
κακίαν ἐκκαθάρας πῇ μὲν ὕδατι πολλῷ κατακλύσας,
πῇ δὲ πυρὶ ὀξυτάτῳ διακαύσας, ἐνίοτε δὲ πολέμοις
καὶ λοιμοῖς ἐκπαίσας ἤγαγεν ἐπὶ τὸ ἀρχαῖον καὶ ἀποκατέστησεν τὸν ἑαυτοῦ κόσμον.

BP: cum igitur haec fuerint, o asclepi, tunc dominus et pater
et deus et primi et unius dei creator inspectis his quae fient et
sua uoluntate id est bono opposito temeritati et reuocato er-
rore et malitia expurgata et tam aqua nimia deluta quam igni
rapido exusta, plerumque autem bellis et pestibus percussa
adduxit ad pristinum et restituit suum mundum. ‖ D Sedul.:
cum autem haec facta fuerint, o aesculapi, tunc dominus et
pater et deus primique atque solius dei creator respiciens facta et suam uoluntatem id est bonitatem opponens disturbationi
et reuocans errorem atque malitiam purgans alicubi quidem
aqua multa diluens, alicubi autem igni uelocissimo exurens,
interdum autem bellis ac pestibus excutiens reduxerit ad an-
tiquum et restituet suum mundum.

1 εσται *ex* εστε *Sedul.*   **4** δε *Sedul.*   **6** τοισι γινομενοις *Sedul.*
ut D   **7** τον αγαθων *Sedul.*   **9** κατακλισας *Sedul.*
11 εκπησας *Sedul.*   απεκατεστησεν *Sedul.*

3 non mundus] inmundus D *Sedul.*; et non m. P   pereunti, *sed in*
ανθρωπων *ante* π *eras.* tib; *i. e.* tibus P   hominibus *ex* homib- B
13 o ... tunc *om.* P   **15** uolumptate B   **16–18** et tam ... mundum
om. (sed habet graec.) P   **19** oesculapi D, aesculapii *Sedul.*
20 soli D   **23** deluens *Sedul.*   **24** atque pesti D

7, 18, 6 ἥξει καὶ μακάρων ἐθέλων πόλιν ἐξαλαπάξαι.
καί κέν τις θεόθεν βασιλεὺς πεμφθεὶς ἐπὶ τοῦτον
πάντας ὀλεῖ βασιλεῖς μεγάλους καὶ φῶτας ἀρίστους,
εἶθ' οὕτως κρίσις ἔσται ὑπ' ἀφθίτου ἀνθρώποισιν.
BP Sedul. *(et D)*: ueniet et beatorum expugnare urbem uolens
et tunc rex aliquis a deo missus ad istum omnes perdet reges
magnos et uiros potentes et postea iudicium erit ab incorruptibili hominibus.

7, 18, 7 καὶ τότ' ἀπ' ἠελίοιο θεὸς πέμψει βασιλῆα,
ὃς πᾶσαν γαῖαν παύσει πολέμοιο κακοῖο.
BP Sedul.: et tunc a solis ortu deus mittet regem qui omnem
terram compescat a malo bello. ‖ D: et tunc a sole misit
regem qui omnem terram liberauit ex bello malo.

7, 18, 8 †οπρασε πραυς ιδου ντιξιουτ†, ἵνα τὸ ζυγὸν ἡμῶν
δοῦλον δυσβάστακτον ἐπ' αὐχένι κείμενον ἄρῃ,
καὶ θεσμοὺς ἀθέους λύσει δεσμούς τε βιαίους.
D Sedul.: iugum nostrae seruitutis intolerabile super colla positum tollet et leges impias soluet uinculaque uiolenta. ‖ P: ut
praesentia eius iugum nostrorum seruitutis qui non fertur pondere super colla positum tollat et fanda soluet et uincula uiolenta.

---

1 μακαριων, ι *s.l.,* Sedul.   εξαλαπαι Sedul.   **2** πεμφοις Sedul.
3 βασιλευς Sedul.   **4** ευθουτως Sedul.   **9** τοτε απο ελοιο Sedul.
10 γεαν Sedul.   **14** *primam partem uers. usque ad* ἵνα *om.* Sedul.
ζυγιν Sedul.   **15** δυσβαστακνον Sedul.   αυχεν|ικιμενον Sedul.
16 και ο εσμους Sedul.   λισει Sedul.

5–8 ueniet ... hominibus] ueniet etiā | beat urbem | expugnare | lens et
quidem | ali a dō rex | missus suis | tā oms p̱des *(an* p̱dṣ *i. e.* perdens*?)* |
reges magnos | et optimos et sic | iud *(deinde spatium 5–6 litt.)* ab
in|mortalis | hominib; *sic inter columnas, ex alia recensione?,* D
6 aliquis a deo rex Sedul.   **7** et *ante* postea *om.* Sedul.
12 compescit B   bello malo Sedul.   **14** *de prima parte uers.
corrupto u. adn. crit.*   **17** collo D   positum *ex* -ta D
20 fanda *pro* nefanda *(quod respondeat* θεσμοὺς ἀθέους*)?* P

7, 19, 2   ὁππόταν ἔλθῃ,
πῦρ ἔσται σκοτόεντι μέσῃ ἐνὶ νυκτὶ μελαίνῃ.
BP: cum uenerit ignis erit tenebrosa media in nocte. ‖ D Sedul.: cum uenerit ignis erunt tenebrae in media nocte obscura.

7, 19, 9 ῥίψωσιν δ' εἴδωλα βροτοὶ καὶ πλοῦτον ἅπαντα.
BP: conterent idola homines et opes uniuersas. ‖ D Sedul.: conterent autem simulacra homines et omnes diuitias.

7, 19, 9 ἔργα δὲ χειροποίητα θεῶν κατακαυθήσονται.
BP: opera uero manufacta deorum comburentur. ‖ D Sedul.: opera autem deorum humanis manibus facta exurentur.

7, 20, 2 ὁππότε δὴ καὶ τοῦτο λάβῃ τέλος αἴσιμον ἦμαρ,
εἰς δὲ βροτοὺς ἥξει κρίσις ἀθανάτοιο θεοῖο,
ἥξει ἐπ' ἀνθρώπους μεγάλη κρίσις ἠδὲ καὶ ἀρχή.
BP: cum uero et hic dies acceperit fatalem finem, in homines autem ueniet iudicium immortalis dei, ueniet super homines magnum iudicium atque imperium. ‖ D: cum autem et iste dies fatalem finem acceperit, et in homines ueniet iudicium immortalis, ueniet super homines magnum iudicium et initium.

7, 20, 3 ταρταρόεν δὲ χάος δείξει τότε γαῖα χανοῦσα,
ἥξουσιν δ' ἐπὶ βῆμα θεοῦ βασιλῆος ἅπαντες.
BP: tartareum autem chaos ostendet tunc terra dehiscens, uenient uero ad tribunal dei regis uniuersi. ‖ D: tartareum autem chaos tunc ostendet inhians terra. uenient autem ad tribunal dei regis omnes.

7, 20, 4 οὐρανὸν εἰλίξω, γαίης κευθμῶνας ἀνοίξω,
καὶ τότ' ἀναστήσω νεκροὺς μοῖραν ἀναλύσας
καὶ θανάτου κέντρον. καὶ ὕστερον εἰς κρίσιν ἄξω

---

1 οποταν ελθε *Sedul.*   **2** εστε σκοτος ενι μεσε νυκτι μελένη *Sedul.; cf. adn. crit.*   **5** τριψοσειν δε·ιδολα *Sedul.*   **8** εχιρωνποιντα *Sedul.*   *post* κατακαυθησονται *desinunt Sedulii excerpta*

3 in *om.* P   **7** terrent D   simulacra ... diuitias] h. s. et d. o. *Sedul.*   **10** duorum *ut uid.* D   **15** super] et s. P   **21** ostendit P   dehiscens *om.* P   **22** ueniet P   uniuersi *om.* P   **23** caos D^ac   ter. D

κρίνων εὐσεβέων καὶ δυσσεβέων βίον ἀνδρῶν.
BP: caelum uoluam, terrae infima aperiam et tunc resurgere faciam mortuos fatum resoluens et stimulos mortis. ac postea ad iudicium ducam iudicans piorum et impiorum uitam uirorum. ‖ D: caelum uoluens terra latebras aperiam et tunc leuabo mortuos fatum soluens et stimulum mortis. posteaque in iudicium ducam iudicans piorum atque impiorum uitam uiuorum.

7, 23, 3 τούτου δὲ οὕτως ἔχοντος δῆλον, ὡς οὐδὲν ἀδύνατον καὶ ἡμᾶς μετὰ τὸ τελευτῆσαι πάλιν περιόδῳ τινὶ χρόνου εἰς τοῦτο ⟨ἐν⟩ ᾧ νῦν ἐσμεν ἀποκαταστῆναι σχῆμα.
BP: quod cum ita sit apparet nihil esse impossibile, etiam nos post excessum nostrum rursus spatiis quibusdam temporum reuolutis in hunc restitui statum in quo nunc esse uidemur.

7, 23, 4 δύσπιστον γὰρ ἅπαν μερόπων γένος. ἀλλ' ὅταν
ἤδη
κόσμου καὶ θνητῶν ἔλθῃ κρίσις, ἣν θεὸς αὐτὸς
ποιήσει κρίνων ἀσεβεῖς θ' ἅμα εὐσεβέας τε,
καὶ τότε δυσσεβέας μὲν ἐπὶ ζόφον ἐν πυρὶ πέμψει·
ὅσσοι δ' εὐσεβέουσι, πάλιν ζήσοντ' ἐπὶ γαίης,
πνεῦμα θεοῦ δόντος τιμήν θ' ἅμα καὶ βίον αὐτοῖς.
BP: est enim difficile credens omne hominum genus, sed cum iam mundi et mortalium uenerit iudicium quod deus ipse faciet iudicans impios simul atque pios, tunc demum impios quidem in ignem ac tenebras mittet, qui autem pietatem tenent, iterum uiuent in terra spiritum deo dante honoremque simul et uitam eis.

7, 24, 1 πάσης γὰρ γαίης τότε θνητῶν σύγχυσις ἔσται,
αὐτὸς ὁ παντοκράτωρ ὅταν ἔλθῃ βήματι κρῖναι
ζώντων καὶ νεκύων ψυχὰς καὶ κόσμον ἅπαντα.
BP: in omni enim terra tunc mortalium confusio erit, ipse

2 terrae infima *om.* P   5 terra *pro* terrae? D   6 & estimulum D
8 uiuorum *pro* uirorum? D   14 rursum B   15 restituit P^{ar}
uidetur P   24 iam *om.* B   faciens P

omnipotens cum uenerit pro tribunali iudicare uiuentium
mortuorumque animas et mundum omnem. ‖ D: nam totius
terrae mortalium tunc confusio erit, ipse omnitenens cum
uenerit in tribunali iudicare uiuorum mortuorumque animas et
mundum omnem.
7, 24, 2 κλῦτε δέ μου, μέροπες, βασιλεὺς αἰώνιος ἄρχει.
BP: audite autem me, homines, rex imperat aeternus. ‖ D:
audite me autem, homines, rex est saeculi princeps.
7, 24, 6 καὶ πόλιν, ἣν ἐπόθησε θεός, ταύτην ἐποίησεν
λαμπροτέραν ἄστρων ἠδ᾽ ἠλίου ἠδὲ σελήνης.
BP: et urbem quam desiderauit deus, hanc fecit clariorem
astris et sole atque luna. ‖ D: et urbem quam fecit deus, eam
fecit clariorem astris atque sole lunaque.
7, 24, 12 ἠδὲ λύκοι τε καὶ ἄρνες ἐν οὔρεσιν ἄμμιγ᾽
ἔδονται
χόρτον παρδάλιές τ᾽ ἐρίφοις ἅμα βοσκήσονται·
ἄρκτοι σὺν μόσχοισιν ὁμοῦ καὶ πᾶσι βοτοῖσιν
σαρκοβόρος τε λέων φάγεται ἄχυρον παρὰ φάτνῃ
σὺν βρέφεσίν τε δράκοντες ἅμ᾽ ἀσπίσι κοιμήσονται.
BP: lupi uero et agni in montibus simul pascentur faenum,
pardi una cum haedis, ursi cum uitulis simul et omnibus pecudibus leoque carniuorax in praesepibus comedet paleas,
cum infantibus quoque dracones dormient. ‖ D: nec lupi cum
agnis in montibus dimicabunt herbamque lynces cum haedis
pascentur, ursi cum uitulis simul omnibusque hominibus et
carniborus leo edet paleas apud praesepia cum infantibusque
dracones sine matribus dormient.
7, 24, 13 καὶ τότε δὴ χάρμην μεγάλην θεὸς ἀνδράσι
δώσει.
καὶ γὰρ γῆ καὶ δένδρα καὶ ἄσπετα θρέμματα γαίης
δώσουσιν καρπὸν τὸν ἀληθινὸν ἀνθρώποισιν

---

7 audiente P   **12** atris P^ac   adque B P^ac   **20** fenum P
21 haedis] hyrcis P   ursi *om.* P   **22** carniuorax, ca *et* uo *euan.*, B,
om. P   **23** infantibus] scīs *i. e.* sanctis P   *ad* D *u. adn. crit.*
26 carniborus *pro* carniuorus? D

οἴνου καὶ μέλιτος γλυκεροῦ λευκοῦ τε γάλακτος
καὶ σίτου, ὅπερ ἐστὶ βροτοῖς κάλλιστον ἁπάντων.
BP: et tunc itaque gaudium magnum dabit deus uiris, siquidem tellus et arbores et innumerabilia pecora terrae dabunt fructum uerum hominibus uini dulcisque mellis et candidi lactis atque frumenti quod est hominibus praeter omnia optimum. ‖ D: et tunc gaudium magnum deus hominibus dabit; nam et terra et arbores et innumerabilia terrae pecora dabunt fructum uerum hominibus uini dulcisque mellis et candidi lactis atque tritici quod est hominibus optimum omnium.

7, 24, 14 εὐσεβέων δὲ μόνων ἁγία χϑὼν πάντα τάδ'
οἴσει,
νᾶμα μελισταγέης ἀπὸ πέτρης ἠδ' ἀπὸ πηγῆς
καὶ γάλα τ' ἀμβροσίης ῥεύσει πάντεσσι δικαίοις.
BP: piorum autem tantummodo sancta tellus omnia haec feret aquam de petra mellifera de quo fonte et lac diuinum manabit omnibus iustis. ‖ D: piorum autem solum sancta terra omnia haec feret fluentum mellis de petra atque de fonte et lac immortalitatis manabit omnibus iustis.

---

3 uiris] iri *euan.* B; ueris P   **4** innumera P   **5** candida P
15 priorum P   feret haec P   **16** lac *(ac inc.)* diuinum B; uinum P
17 omnibus *om.* P   priorum D^ac   **18** petra *ex* peta D

INDEX LOCORVM

Exhibentur loci in apparatus sectionibus fontium et testimoniorum (notis 'Auct.:' et 'Test.:' inscriptis) rectis litteris indicati. Institutionum indicantur libri et capita et paragraphi. De editionibus adhibitis u. p. XLVII n. 153 (cf. p. LXXXII nn. 271–272).

Aglaosthenes,
  FGrHist 499 F 2 : 1, 11, 64
Anaxagoras,
  VS 59 A 1 : 3, 9, 4. 12, 20. 23, 11. 5, 3, 23. 6, 1, 2
  VS 59 A 48 : 1, 5, 18
  VS 59 A 95 : 3, 28, 12–13
Anaximenes,
  VS 13 A 10 : 1, 5, 19
Anonymi (non Porphyrii)
  libri in Christianos : 5, 2, 4–11
Antisthenes,
  frg. 39 Decleva–Caizzi : 1, 5, 18
Apollodorus,
  FGrHist 422 F 1 : 1, 6, 9
Aristippus,
  frg. 9 Mannebach : 3, 15, 16
  frg. 81 M. : 3, 6, 6
  frg. 183 A M. : 3, 7, 7
  frg. 183 B M. : 3, 15, 19
  frg. 184 M. : 3, 8, 9
  frg. 221 B M. : 3, 8, 9
Aristoteles,
  frg. 22 Rose (cf. cael. 1, 10) : 2, 10, 17
  frg. 26 R. : 1, 5, 22
  frg. 53, 1 R. : 3, 28, 20

Arnobius maior: u. Sextus Clodius
Asclepiades (amicus Lactanti),
  de prouidentia frg. : 7, 4, 17–18
Augustinus,
  ciu. 1, 17 p. 28, 24–27 : 3, 18, 6
  ciu. 1, 22 p. 36, 26–30 : 3, 18, 9–10
  ciu. 1, 23–24 passim : 3, 18, 8–12
  ciu. 4, 30 p. 184, 19 – 185, 13 : 4, 28, 4–13
  ciu. 10, 3 p. 406, 15–16 : 4, 28, 3
  ciu. 10, 9 p. 415, 13 : 2, 16, 4
  ciu. 10, 16 p. 427, 27–32 : 2, 16, 11–12
  ciu. 16, 9 : 3, 24, 1–11
  ciu. 17, 18 p. 245, 13–14 : 4, 12, 6
  ciu. 18, 12 p. 271, 11–16 : 1, 17, 13
  ciu. 18, 13 p. 272, 31 – 273, 4 : 1, 11, 18–19
  ciu. 18, 21 p. 283, 21–22 : 1, 20, 2
  ciu. 18, 23 p. 285, 4–6 : 1, 6, 7
  ciu. 18, 23 p. 287, 16 – 288, 6 : 4, 18, 15–20. 19, 5. 10
  retract. 1, 12, 13 : 4, 28, 3
  uera relig. 307 : 4, 28, 3
  uera relig. 310 : 4, 28, 12
Callimachus,
  epigr. 23 : 3, 18, 9–10
Calpurnius Piso,
  hist. frg. 41 Peter : 1, 6, 9
Carminis incerti fragmentum
  82 Blänsdorf (p. 159 Morel) : 1, 11, 1–3
Cassius Hemina,
  hist. frg. 1 Peter : 1, 13, 8
Censorinus
  19, 4 : 2, 12, 21
Chrysippus (u. et Diog. Laërt.),
  SVF II 623 : 7, 23, 3
  SVF II 1077 : 1, 5, 20
  SVF II 1216 : 1, 6, 9

INDEX LOCORVM 765

Cicero,
 ac. 1, 29 : 3, 29, 3. 18
 ac. 1, 44 : 3, 28, 12–13
 ac. 1, 45 : 3, 6, 7. 28, 17. 29, 7
 ac. 2, 61 : 5, 3, 23
 ac. 2, 72 : 3, 23, 11
 ac. 2, 75 : 7, 23, 3
 ac. 2, 82 : 3, 23, 12
 ac. 2, 118 : 7, 1, 6. 3, 16
 ac. 2, 119 : 2, 10, 17. 7, 1, 7
 ac. 2, 120 : 7, 4, 11
 ac. 2, 121 : 3, 18, 6
 ac. 2, 123 : 3, 23, 12. 24, 1
 ac. 2, 129 : 3, 12, 9
 ac. 2, 129–131 : 3, 7, 7–8
 ac. 2, 135 : 6, 19, 1–2
 ac. frg. 16 Müller (Plasberg p. 24, 12–14) : 6, 24, 2
 ac. frg. 18 M. (Pl. p. 25, 5–7) : 3, 14, 14–15
 Arat. frg. 17 Soubiran : 5, 5, 5
 Arat. frg. 19 S. : 5, 5, 9. 6, 11
 carm. frg. 6, 36–38 Blänsdorf : 3, 17, 14
 Cato 21 : 7, 12, 13
 Cato 40–41 : 6, 20, 4–5
 Cato 78 : 7, 8, 5–6. 7. 12, 2. 22, 19
 consol. frg. 1. 2 a. 7 Vitelli = phil. IX 8 Müller : 3, 18, 18 (cf. 14)
 consol. frg. 2 V. = phil. IX 8 M. : 3, 14, 20
 consol. frg. 3 + 3 a V. = phil. IX 13 M. : 3, 28, 9
 consol. frg. 9 V. = phil. IX 9 M. : 3, 19, 14
 consol. frg. 21 V. = phil. IX 10 M. : 1, 5, 25. 7, 3, 4. 7, 8, 5–6
 consol. frg. 22 V. = phil. IX 12 M. : 3, 19, 6
 consol. frg. 23 V. = phil. IX 11 M. : 1, 15, 19–20
 Deiot. 26 : 5, 6, 12
 de orat. 1, 1 : 4, 1, 1
 de orat. 1, 188 : 5, 14, 15
 de orat. 3, 139 : 3, 19, 25

Cicero, diu. 1, 19 : 3, 17, 14
  diu. 1, 34 : 4, 15, 27
  diu. 1, 36 : 7, 14, 4
  diu. 2, 1 : 3, 14, 13
  diu. 2, 45 : 3, 17, 14
  diu. 2, 110–112 : 4, 15, 27
  diu. in Caec. 3 : 2, 4, 31
  dom. 92 : 1, 10, 14
  epist. frg. 8, 4 Watt : 3, 14, 17
  fin. 2, 19 : 3, 7, 7–8
  fin. 3, 43 : 3, 7, 7
  fin. 4, 77 : 3, 23, 8
  fin. 5, 21 : 3, 7, 7 (cf. 3, 8, 15)
  fin. 5, 23 : 3, 7, 8
  fin. 5, 77–79 : 3, 8, 32
  fin. 5, 87 : 3, 23, 4
  frg. inc. (uix ex leg. 2, 28 uel nat. deor. 2, 61) : 1, 20, 14
  frg. inc. I 7 Müller = 23 Garbarino : 7, 8, 9
  Hortens. frg. 18 Straume-Zimmermann = 55 Grilli = phil. V 42 Müller (u. et rep. 1 frg. 1 e) : 3, 16, 5
  Hortens. frg. 34 St.-Z. = 21 G. = phil. V 14 M. : 6, 2, 15
  Hortens. frg. 49 St.-Z. = 54 G. = phil. V 12 M. : 3, 16, 9
  Hortens. frg. 52 St.-Z. = 52 G. = phil. V 32 M. : 3, 16, 12–13
  Hortens. frg. 62 St.-Z. = 47 G. = phil. V 40 M. : 1, 7, 4
  leg. 1, 22 : 1, 5, 24. 2, 11, 16. 3, 10, 5–6. 4, 4, 6
  leg. 1, 24 : 2, 11, 1. 3, 10, 7–8. 7, 9, 10
  leg. 1, 24–27 : 2, 1, 14–15
  leg. 1, 26 : 3, 10, 10
  leg. 1, 26–27 : 2, 10, 15
  leg. 1, 28 : 6, 25, 9
  leg. 1, 48 : 6, 11, 14. 16
  leg. 1, 49 : 6, 12, 10
  leg. 2, 19 : 1, 15, 23. 20, 19. 5, 20, 3
  leg. 2, 28 : 1, 20, 16 (cf. 14)
  leg. 2, 45 : 6, 25, 1

Cicero, leg. frg. 1 Ziegler–Görler = 4 Powell : 3, 19, 2
  leg. frg. 2 Z.–G. = 3 P. : 5, 8, 10
  Lig. 35 : 6, 18, 34
  Marcell. 8 : 1, 9, 3–4
  Marcell. 11 : 6, 11, 25. 7, 11, 5
  Mil. 96 : 6, 11, 14
  Mur. 14 : 7, 1, 1
  Mur. 30 : 5, 1, 5
  nat. deor. 1, 1 : 3, 29, 7
  nat. deor. 1, 6 : 3, 14, 13
  nat. deor. 1, 19 : 2, 8, 60
  nat. deor. 1, 25 : 1, 5, 16
  nat. deor. 1, 25–42 : 1, 5, 15–23
  nat. deor. 1, 26 : 1, 5, 18. 19
  nat. deor. 1, 27 : 1, 5, 17
  nat. deor. 1, 32 : 1, 5, 18
  nat. deor. 1, 33 : 1, 5, 22
  nat. deor. 1, 36 : 1, 5, 20
  nat. deor. 1, 37 : 1, 5, 19
  nat. deor. 1, 39 : 1, 5, 20
  nat. deor. 1, 42 : 1, 19, 6
  nat. deor. 1, 45 : 5, 10, 12
  nat. deor. 1, 60 : 1, 17, 4
  nat. deor. 1, 62–66 : 1, 2, 2–3
  nat. deor. 1, 91 : 2, 3, 24
  nat. deor. 1, 93 : 3, 20, 15
  nat. deor. 1, 117–123 : 1, 2, 2–3
  nat. deor. 1, 119 : 1, 11, 34
  nat. deor. 2, 6 : 2, 7, 9–10; cf. 16, 11
  nat. deor. 2, 42–44 : 2, 5, 15–16
  nat. deor. 2, 44 : 2, 5, 9
  nat. deor. 2, 54 : 2, 5, 8
  nat. deor. 2, 61 : cf. 1, 20, 14, supra frg. inc.
  nat. deor. 2, 62 : 1, 15, 5
  nat. deor. 2, 64 : 1, 11, 40. 12, 4. 9

Cicero, nat. deor. 2, 66 : 1, 11, 40
nat. deor. 2, 68 : 2, 9, 12
nat. deor. 2, 70 : 1, 17, 2
nat. deor. 2, 71–72 : 4, 28, 4–5
nat. deor. 2, 73–153 : 1, 2, 3
nat. deor. 2, 77 : 1, 5, 24
nat. deor. 2, 88 : 2, 5, 18
nat. deor. 2, 133–150 : 2, 10, 15
nat. deor. 2, 140 : 3, 10, 10
nat. deor. 3, 6 : 2, 6, 8
nat. deor. 3, 11 : 1, 10, 6
nat. deor. 3, 35 : 2, 9, 18
nat. deor. 3, 50 : 1, 15, 6
nat. deor. 3, 53 : 1, 11, 48
nat. deor. 3, 56 : 1, 6, 2–3
nat. deor. 3, 57 : 1, 10, 2
nat. deor. post 3, 65 periit : 2, 3, 2. 8, 10–11. 14. 20. 25. 45. 46
nat. deor. 3, 83 : 2, 4, 25–26
nat. deor. 3, 83–84 : 2, 4, 16–20
off. 1, 52 : 6, 11, 9
off. 1, 70 : 5, 8, 6. 22, 8
off. 1, 88 : 5, 14, 15
off. 1, 109 : 6, 12, 11
off. 1, 153 : 3, 13, 10
off. 2, 5–6 : 3, 13, 10–11
off. 2, 19 : 3, 29, 4
off. 2, 38 : 6, 17, 27
off. 2, 54 : 6, 11, 10–11. 12, 6
off. 2, 60 : 6, 5, 4
off. 2, 63 : 6, 12, 15
off. 2, 64 : 6, 12, 5. 9
off. 3, 5 : 6, 2, 15
off. 3, 7 : 6, 5, 4. 5
off. 3, 11 : 6, 5, 5
off. 3, 16 : 6, 6, 26–27

Cicero, off. 3, 24 : 6, 12, 36
off. 3, 25 : 6, 11, 2. 18, 21
off. 3, 28 : 6, 6, 21
off. 3, 44 : 6, 24, 18
off. 3, 69 : 6, 6, 25. 7, 1. 11, 13. 18. 12, 13–14
off. 3, 76 : 6, 18, 15
off. 3, 77 : 6, 24, 19
orat. 18 : 3, 14, 11
Phil. 3, 16 : 3, 23, 7
phil. frg. VIII 14 Müller (glor.) = 7 Garb. : 1, 15, 23 (cf. 29–33)
rep. 1 frg. 1 e Ziegler = frg. dub. 2 Powell : 3, 16, 5
rep. 1, 2–3. 11–12 : 3, 16, 2
rep. 1, 3 : 6, 9, 6
rep. 1, 39 : 6, 10, 18
rep. 1, 56 : 1, 11, 5
rep. 1, 64 : 1, 15, 31
rep. 2, 17–20 : 1, 15, 23
rep. 2, 20 : 1, 15, 32–33
rep. 3, 9 Ziegler = 3, 7 adn. Powell : 5, 14, 3–5
rep. 3, 20 Z. = 3, 12 adn. Powell : 6, 9, 2–4
rep. 3, 21 Z. = 3, 8. 12 adn. Powell : 5, 16, 2–4
rep. 3, 22 Z. = 3, 12 adn. Powell : 6, 6, 19–23
rep. 3, 26 Z. = 3, 12 P. : 6, 12, 11
rep. 3, 27 Z. = 3, 13 P. : 5, 12, 5–6. 18, 9
rep. 3, 29–30 Z. = 3, 15–16 P. : 5, 16, 5–11
rep. 3 (non ex 3, 30 Z.; u. Powell ad 3 frg. inc. 4) : 5, 17, 10. 22
rep. 3, 31 Z. = 3, 18 adn. Powell : 5, 16, 12–13
rep. 3, 33 Z. = 3, 27 P. : 6, 8, 6–9. 24, 29
rep. 3, 40 Z. = 3, 28. 29. 31 P. : 5, 18, 4–8. 22, 7. 6, 11, 14
rep. 4 (noniam extans; cf. 4, 1 Z. = 4, 25 adn. P.) : 2, 10, 15
rep. 4, 1 Z. = frg. dub. 4 P. : 5, 11, 2
rep. 6, 13 Z. = 6, 17 P. : 1, 15, 23
rep. 6, 14 Z. = 6, 18 P. : 3, 19, 13
rep. 6, 27 Z. = 6, 31 P. : 7, 8, 4
rep. frg. inc. 6 Z. = frg. inc. 2–3 P. : 1, 18, 11–13

Cicero, Scaur. 4 : 3, 18, 9–10
  Tusc. 1, 1 : 3, 2, 3
  Tusc. 1, 19 : 7, 13, 9
  Tusc. 1, 23 : 7, 8, 9
  Tusc. 1, 29 : 1, 15, 24–25
  Tusc. 1, 38 : 7, 8, 7
  Tusc. 1, 51 : 7, 13, 9
  Tusc. 1, 53 : 7, 8, 4
  Tusc. 1, 64 : 3, 14, 7
  Tusc. 1, 66 : 1, 5, 25. 7, 8, 5–6. 12, 2
  Tusc. 1, 72 : 7, 10, 10
  Tusc. 1, 84 : 3, 18, 9–10
  Tusc. 1, 99 : 7, 2, 10
  Tusc. 1, 110 : 7, 10, 9
  Tusc. 1, 114 : 3, 19, 13
  Tusc. 1, 116 : 3, 12, 22
  Tusc. 2, 4 : 3, 25, 2. 12
  Tusc. 2, 11–12 : 3, 15, 9
  Tusc. 2, 17–18 : 3, 27, 5
  Tusc. 2, 51 : 3, 14, 11
  Tusc. 3, 23–24 : 6, 14, 7–8
  Tusc. 3, 25 : 6, 19, 4
  Tusc. 3, 69 : 3, 28, 20
  Tusc. 4, 11 : 6, 14, 7–8
  Tusc. 4, 12–14 : 6, 15, 10
  Tusc. 4, 18 : 3, 23, 8
  Tusc. 4, 37 : 3, 27, 7
  Tusc. 4, 43 : 6, 19, 1–2
  Tusc. 4, 43–46 : 6, 15, 2
  Tusc. 5, 1. 18. 21 : 3, 8, 32
  Tusc. 5, 5 : 3, 13, 15. 14, 11
  Tusc. 5, 6 : 3, 14, 8
  Tusc. 5, 8–9 : 3, 2, 3. 6
  Tusc. 5, 10 : 3, 13, 6
  Tusc. 5, 84–85 : 3, 7, 7–8

Cicero, Verr. II 1, 62–69 : 1, 10, 14
  Verr. II 2, 8 : 1, 11, 32
  Verr. II 2, 28 : 6, 24, 20
  Verr. II 4, 69 : 3, 17, 13
  Verr. II 4, 75. 95 : 2, 4, 37
  Verr. II 4, 99–112 : 2, 4, 28–30
  Verr. II 4, 106 : 1, 21, 24
  Verr. II 5, 35 : 6, 24, 20
  Verr. II 5, 145 : 2, 4, 27
  Verr. II 5, 158–172 : 4, 18, 10
Pseudo-Cicero,
  in Sall. 13–21 : 2, 12, 13
Cleanthes (u. et Diog. Laërt.),
  SVF I 530. 534 : 1, 5, 19
Clemens Alexandrinus,
  strom. 5, 92, 5 : 2, 14, 6
Commodianus,
  instr. 1, 5, 7 : 1, 11, 16
Cornelius Nepos,
  frg. 3 Marshall : 1, 13, 8
  frg. 39 M. : 3, 15, 10
Corpus Hermeticum (edd. Nock–Festugière)
  I 9, 17 (serm. 1, 9) : 4, 6, 9. 7, 4, 3
  I 10, 15–17 (serm. 1, 12) : 2, 10, 14
  I 62, 15 – 63, 18 (serm. 5, 6–8) : 2, 10, 14
  I 97, 17 (serm. 9, 4) : 2, 15, 6
  I 115, 5–8 (serm. 10, 5) : 1, 11, 61
  I 120, 8–10 (serm. 10, 15) : 3, 30, 3
  I 183, 15–17 (serm. 12, 23) : 6, 25, 10
  II 304, 20 – 305, 9 (Ascl. 8) : 4, 6, 4
  II 306, 1–7 (Ascl. 8) : 7, 13, 3
  II 308, 20 (Ascl. 10) : 2, 10, 14
  II 320, 11–12. 321. 4 (Ascl. 20) : 1, 6, 4
  II 329, 15 (Ascl. 25) : 2, 15, 8

Corpus Hermeticum II 329, 24 (Ascl. 26) : 7, 14, 16
 II 330, 1. 328. 10 – 331, 14 (Ascl. 25–26) : 2, 15, 7–8
 II 330, 1 – 331, 4 (Ascl. 26) : 7, 18, 4
 II 334, 5 (Ascl. 28) : 2, 14, 6
 II 336, 1–2 (Ascl. 29) : 2, 15, 6
 II 352, 12–17 (Ascl. 41) : 6, 25, 11
 III 2–3 (ad Tat frg. 1, 1) : 2, 8, 68
 III 2–3 (ad Tat frg. 2 a, 2) : 2, 12, 4–5
 III 61 (frg. 12). 65 (frg. 14) : 2, 8, 48
 IV 105 (frg. 3 a) : 1, 6, 4
 IV 106 (frg. 4 a) : 1, 7, 2. 4, 13, 2
 IV 107 (frg. 5 a) : 1, 11, 61
 IV 108 (frg. 6) : 2, 8, 48
 IV 108 (frg. 7) : 2, 8, 68
 IV 109 (frg. 8 a) : 2, 10, 14
 IV 110 (frg. 10) : 2, 15, 6. 5, 14, 11
 IV 110 (frg. 11 a) : 4, 7, 3
 IV 111 (frg. 12 a/b) : 4, 7, 3. 9, 3. 27, 20
 IV 112 (frg. 13) : 4, 8, 5
 IV 113 (frg. 14) : 7, 9, 11
 IV 114 (frg. 15) : 7, 13, 3
 IV 132–133 (frg. 27–28) : 4, 6, 9. 11, 7
Crates Thebanus,
 dictum ap. Hier. adu. Iouin. 2, 9 : 3, 23, 5
Cyprianus,
 Demetr. 1, 1 : 5, 4, 3. 7, 26, 8
 Demetr. 14, 1–2 : 2, 4, 6. 5, 20, 4
 Demetr. 15, 1–3 : 5, 21, 3–5
 Demetr. 16, 1–2 : 2, 1, 14–15
 Demetr. 17, 1 : 5, 20, 10
 epist. 69, 16 : 3, 8, 10
 testim. (ed. Weber) 1, 2 l. 3–10 : 4, 11, 4
 testim. 1, 2 l. 11–14 : 4, 11, 6
 testim. 1, 2 l. 15–17 : 4, 11, 5
 testim. 1, 3 l. 3–7 : 4, 11, 12

INDEX LOCORVM 773

Cyprianus, testim. 1, 3 l. 18–24 : 4, 11, 13
  testim. 1, 3 l. 26–28 : 4, 13, 18
  testim. 1, 8 l. 1–11 : 4, 17, 8–10
  testim. 1, 10 l. 1 : 4, 20, 10
  testim. 1, 10 l. 1–4 : 4, 17, 3
  testim. 1, 11 l. 1–2 : 4, 20, 10
  testim. 1, 11 l. 3–8 : 4, 20, 6
  testim. 1, 16 l. 13–16 : 4, 11, 8
  testim. 1, 17 l. 1–2 : 4, 14, 3
  testim. 1, 17 l. 3–4 : 4, 14, 4
  testim. 1, 17 l. 6–8 : 4, 14, 5
  testim. 1, 18 l. 4–8 : 4, 17, 6
  testim. 1, 21 l. 35–36 : 4, 11, 9
  testim. 1, 21 l. 37–38 : 4, 8, 1
  testim. 1, 21 l. 52–56 : 4, 11, 10
  testim. 2, 1 : 4, 6, 2. 11, 7
  testim. 2, 1 l. 3–14 : 4, 6, 6–8
  testim. 2, 1 l. 15–17 : 4, 8, 15
  testim. 2, 3 l. 2–3 : 4, 8, 14
  testim. 2, 3 l. 3–4 : 4, 8, 14
  testim. 2, 3 l. 8–10 : 4, 8, 16
  testim. 2, 4 l. 1 : 4, 29, 6
  testim. 2, 6 l. 5–11 : 4, 13, 7
  testim. 2, 6 l. 17–20 : 4, 13, 8
  testim. 2, 6 l. 29–31 : 4, 13, 9
  testim. 2, 7 l. 3–8 : 4, 15, 13–14
  testim. 2, 7 l. 10–14 : 4, 20, 12
  testim. 2, 9 l. 1–2 : 4, 13, 5–6
  testim. 2, 9 l. 8–9 : 4, 12, 4
  testim. 2, 10 l. 1–2 : 4, 13, 5–6. 25, 8
  testim. 2, 10 l. 3 : 4, 13, 10
  testim. 2, 10 l. 4–5 : 4, 13, 10
  testim. 2, 11 l. 1–2 : 4, 13, 18
  testim. 2, 11 l. 3–11 : 4, 13, 22–23
  testim. 2, 11 l. 11–15 : 4, 13, 20

Cyprianus, testim. 2, 13 l. 1 : 4, 16, 13
   testim. 2, 13 l. 2–14 : 4, 16, 15–16
   testim. 2, 13 l. 15–18 : 4, 18, 13
   testim. 2, 14 l. 2–15 : 4, 16, 7–10
   testim. 2, 15 l. 3–4 : 4, 18, 16
   testim. 2, 15 l. 4–12 : 4, 18, 24–25
   testim. 2, 15 l. 12–17 : 4, 18, 27
   testim. 2, 20 l. 6–7 : 4, 18, 29
   testim. 2, 20 l. 8–11 : 4, 18, 30
   testim. 2, 20 l. 20–21 : 4, 18, 29
   testim. 2, 20 l. 23–24 : 4, 18, 29
   testim. 2, 21 l. 1–2 : 4, 26, 1–3
   testim. 2, 21 l. 8–10 : 4, 12, 10
   testim. 2, 23 l. 3–5 : 4, 19, 3
   testim. 2, 23 l. 6–9 : 4, 19, 4
   testim. 2, 24 l. 1–2 : 4, 19, 8
   testim. 2, 24 l. 3–4 : 4, 19, 8
   testim. 2, 24 l. 6–7 : 4, 19, 8
   testim. 2, 25 l. 2 : 4, 19, 9
   testim. 2, 26 l. 12–14 : 4, 12, 17
   testim. 2, 29 l. 22–23 : 4, 8, 14
   testim. 3, 20 l. 17–22 : 4, 20, 6
Pseudo-Cyprianus,
   idol. 2 p. 19, 9 : 1, 21, 32
   idol. 4 p. 22, 3–4 : 1, 20, 32
   idol. 6 p. 23, 15–16 : 2, 14, 9
   idol. 6 p. 24, 5 : 2, 15, 6
   idol. 11 p. 28, 10–11 : 4, 25, 5. 8
   idol. 19 p. 29, 13–14 : 4, 15, 23
Cyrillus Alexandrinus,
   c. Iulian. 4 p. 130 Aubert = PG 76, 701 b : 2, 15, 6
Democritus,
   VS 68 A 15 : 3, 23, 4
   VS 68 A 70 : 1, 2, 2
   VS 68 A 80 : 3, 18, 6

Democritus, VS 68 A 169 : 3, 23, 4
Diagoras,
  VS 80 A 12 : 1, 2, 2
Didymus grammaticus,
  frg. II 5, 14 p. 220 Schmidt : 1, 22, 19–20
Diodorus Peripateticus,
  frg. 3–5 Wehrli : 3, 7, 7
Diodorus Siculus
  5, 66, 4–6 : 1, 13, 8
Diogenes Laërtius
  1, 28–35 : 1, 5, 16
  2, 10 : 3, 9, 4
  7, 28 : 3, 18, 5
  7, 176 : 3, 18, 5
  7, 184–185 : 3, 18, 5
  8, 69 : 3, 18, 5
  10, 125 : 3, 17, 30
Ennius (ed. Vahlen; u. et Euhemerus),
  ann. 111–114 V. = 106–109 Skutsch : 1, 15, 31
  ann. 268 V. = 248 Sk. : 5, 1, 5
  ann. 284 V. = 266 Sk. : 1, 11, 18
  uar. frg. 23–24 : 1, 18, 11
  uar. frg. 60–61 : 1, 13, 14
  uar. frg. 62–63 : 1, 11, 65
  uar. frg. 64–86 : 1, 14, 2
  uar. frg. 87–97 : 1, 14, 10–12
  uar. frg. 98 : 1, 11, 65
  uar. frg. 99–106 : 1, 11, 63
  uar. frg. 107–108 : 1, 11, 34
  uar. frg. 109–112 : 1, 11, 35
  uar. frg. 113–115 : 1, 13, 2
  uar. frg. 116–123 : 1, 22, 21–23
  uar. frg. 132–141 : 1, 11, 45–46
  uar. frg. 142–145 : 1, 17, 10

Epicurus (ed. Usener; u. et Diog. Laërt. 10),
  frg. 227[a] : 3, 25, 4–8. 12–15
  frg. 287 : 3, 17, 22–27
  frg. 304 : 2, 10, 25. 7, 1, 10
  frg. 336 : 3, 17, 34
  frg. 341 : 3, 17, 42
  frg. 360 : 3, 12, 15
  frg. 368 : 1, 2, 2. 2, 8, 49
  frg. 370 : 3, 17, 8–9. 16–21
  frg. 371 : 7, 5, 4. 7
  frg. 382 : 7, 3, 23–24
  frg. 401 : 3, 17, 5. 33
  frg. 419 : 3, 8, 10–11
  frg. 452 : 3, 7, 7. 8, 5
  frg. 467 : 3, 17, 5
  frg. 491 : 3, 17, 38
  frg. 523 : 3, 17, 42
  frg. 526 : 3, 17, 5
  frg. 529 : 3, 17, 5
  frg. 540 : 3, 17, 42
  frg. 553 : 3, 17, 2–3
  frg. 557 : 3, 17, 6
  frg. 571 : 3, 17, 5
  frg. 581 : 3, 17, 4. 39
  frg. 601 : 3, 17, 42. 27, 5
  rat. sent. 1 : 5, 10, 12
Eratosthenes,
  FGrHist 241 F 26 : 1, 6, 9
Etymologicum Magnum (ed. Gaisford)
  p. 109, 16–18 : 2, 1, 16
  p. 251, 10 : 2, 14, 6
  p. 408, 56–57. 409, 4–5 : 1, 11, 16
Euhemerus (ed. Winiarczyk),
  test. 51 a : 1, 13, 14
  test. 52 : 1, 11, 65

Euhemerus test. 54 : 1, 14, 2
  test. 56. 58 : 1, 14, 10–12
  test. 57 : 1, 11, 65
  test. 62 : 1, 11, 63
  test. 64 a : 1, 22, 21–23
  test. 65 : 1, 11, 33–34
  test. 66 : 1, 13, 2
  test. 67 : 1, 11, 35
  test. 69 : 1, 11, 45–46
  test. 70 : 1, 11, 32. 34
Euripides,
  TrGF F 472 m (olim frg. 922 Nauck^2) : 1, 6, 8
  TrGF F 638 : 3, 19, 13
  TrGF F 1118 : 5, 15, 11
Eusebius Caesariensis,
  ecl. proph. 3, 23, PG 22, 1148 c : 4, 14, 12
Fenestella,
  frg. 18 Peter : 1, 6, 14
Gauius Bassus,
  frg. 10 Funaioli : 1, 22, 9
Germanicus
  112. 113 : 5, 5, 4
  137 : 5, 5, 9. 6, 11
  165–168 : 1, 21, 38
Gregorius Nazianzenus,
  or. 45, 10, PG 36, 636 c : 4, 26, 40
Heraclides Ponticus,
  frg. 131 Wehrli : 1, 6, 12
Heraclitus,
  VS 22 A 5. B 30 : 2, 9, 18
Herillus (Pyrrhonius),
  SVF I 411. 421 : 3, 7, 8. 8, 24
Hesiodus,
  op. 122–123 : 2, 14, 7
  theog. 22–35 : 1, 5, 10

Hesiodus, theog. 116 : 1, 5, 8
Hieronymus Peripateticus,
  frg. 8 Wehrli : 3, 7, 7. 8, 13
Hieronymus (Stridonensis; u. et Crates),
  adu. Iouin. 1, 41 : 1, 6, 7
  epist. 70, 5, 1 : 5, 4, 4–6
  in eccles. 10, 2 l. 37–39 Adriaen : 6, 3, 6–17
  in Zach. 3, 2 l. 41 Adriaen : 4, 14, 14
  uir. ill. 58, 3 : 5, 1, 22
Homerus,
  Il. 1, 222 : 4, 27, 15
  Il. 3, 243 : 1, 10, 6
  Od. 4, 49. 17, 88 : 4, 7, 7
Horatius,
  carm. 1, 22, 1–8 : 5, 17, 18
  carm. 3, 3, 1–4 : 5, 13, 16
  carm. 3, 5, 1–2 : 1, 11, 5
  epist. 1, 1, 41 : 6, 5, 12
  epist. 1, 2, 26 : 3, 8, 9
  epist. 1, 12, 19 : 2, 9, 17
  sat. 1, 8, 1–4. : 2, 4, 1
Hyginus,
  astr. 2, 13, 3 : 1, 21, 39
  astr. 2, 23, 3 : 1, 21, 28
Hystaspis apocalypsis (cf. Freund, 2009, 53–69)
  primum laudata : 7, 15, 19
  iterum laudata : 7, 18, 2
Irenaeus Lugdunensis,
  adu. haer. 4, 10, 1 : 4, 26, 40
Isidorus Hispalensis,
  diff. 1, 486 : 4, 28, 3. 12
  diff. 2, 47 : 2, 10, 3
  diff. 2, 48 : 2, 12, 5
  nat. 24, 1 : 2, 9, 12
  orig. 2, 24, 1 : 3, 3, 1

Isidorus, orig. 2, 24, 2 : 3, 3, 4
  orig. 3, 71, 1 : 2, 9, 12
  orig. 6, 8, 6 : 5, 4, 3
  orig. 6, 8, 7 : 1, 15, 13–14
  orig. 6, 17, 12 : 7, 19, 3
  orig. 7, 2, 2 : 4, 7, 6
  orig. 7, 2, 4 : 4, 7, 4
  orig. 7, 2, 7 : 4, 12, 6
  orig. 7, 2, 10 : 4, 12, 7
  orig. 7, 2, 12 : 4, 13, 2–4
  orig. 7, 2, 29 : 4, 25, 5. 8
  orig. 8, 1, 15 : 2, 14, 6
  orig. 8, 2, 2 : 4, 28, 3
  orig. 8, 6, 14 : 3, 15, 20
  orig. 8, 6, 19 : 1, 5, 11. 17
  orig. 8, 7, 10 : 1, 11, 24
  orig. 8, 8 : 1, 6, 7
  orig. 8, 9, 3 : 2, 16, 1
  orig. 8, 9, 9 : 2, 16, 4
  orig. 8, 11, 1–8 : 1, 15, 1–13
  orig. 8, 11, 8 : 2, 10, 12
  orig. 8, 11, 20–21 : 7, 19, 6
  orig. 8, 11, 29. 32 : 1, 12, 2–3
  orig. 8, 11, 30–31 : 1, 12, 9
  orig. 8, 11, 35 : 1, 11, 18–19
  orig. 8, 11, 42 : 1, 14, 5
  orig. 8, 11, 67–68 : 1, 12, 5–6
  orig. 8, 11, 86 : 4, 10, 12
  orig. 8, 11, 93 : 2, 10, 20
  orig. 8, 11, 94 : 3, 28, 6
  orig. 8, 11, 95 : 6, 19, 4
  orig. 9, 2, 133 : 3, 24, 1–11
  orig. 9, 2, 134 : 5, 6, 7
  orig. 11, 1, 1 : 2, 8, 21. 23
  orig. 11, 1, 4 : 2, 10, 3

Isidorus, orig. 11, 1, 5 : 2, 1, 15–16
  orig. 11, 1, 16 : 2, 12, 5
  orig. 11, 2, 19 : 6, 23, 26
  orig. 12, 1, 7 : 2, 10, 1
  orig. 12, 8, 1 : 3, 10, 4
  orig. 13, 1, 4 : 2, 9, 5
  orig. 13, 4, 1 : 2, 9, 3
  orig. 13, 21, 12 : 7, 15, 19
  orig. 17, 1, 3 : 1, 20, 36
  orig. 18, 42, 2 : 1, 20, 2. 6, 23, 7
Iustinus Martyr,
  dial. 72, 1 : 4, 18, 22
Iuuenalis
  10, 365–366 : 3, 29, 17
Liuius
  1, 4, 7 : 1, 20, 2
  1, 7, 10 : 6, 24, 29
  1, 8, 5–7 : 2, 6, 13–14
  1, 19–21 : 1, 22, 1–4
  1, 36, 3–4 : 2, 7, 8; cf. 16, 11
  29, 10, 4–5 : 2, 7, 12; cf. 16, 11
Lucanus
  1, 444–445 : 1, 21, 3
  8, 831–834 : 1, 21, 20
  9, 158–159 : 1, 21, 21
Lucifer Calaritanus (ed. Diercks),
  moriend. 2 l. 21–26 : 5, 1, 6–7
  moriend. 2 l. 56–58 : 5, 7, 9
  moriend. 3 l. 11–14 : 5, 9, 3–4
  moriend. 3 l. 58–62 : 5, 9, 10–12
  moriend. 5 l. 27–28 : 5, 11, 1
  moriend. 5 l. 30–31 : 5, 11, 3
  moriend. 6 l. 22. 31 : 5, 11, 11
  moriend. 6 l. 32–34 : 5, 11, 16
  moriend. 6 l. 48–52 : 5, 12, 1

Lucifer, moriend. 7 l. 5–7 : 5, 12, 10
  moriend. 7 l. 10 : 5, 12, 11
  moriend. 8 l. 9–13 : 5, 13, 14–15
  moriend. 8 l. 33–35 : 5, 13, 17
  moriend. 8 l. 63–71 : 5, 18, 2–3
  moriend. 9 l. 25–27 : 5, 18, 7–9
  moriend. 9 l. 30–32 : 5, 18, 11
  moriend. 10 l. 1–5 : 5, 19, 2
  moriend. 10 l. 6–8 : 5, 19, 4
  moriend. 10 l. 36–37 : 7, 1, 6
  moriend. 11 l. 9–16 : 5, 19, 16
  moriend. 11 l. 38–48 : 5, 19, 20–22
  moriend. 11 l. 45–50 : 5, 19, 25
  moriend. 12 l. 2–3 : 5, 21, 2–3
  moriend. 12 l. 17–19 : 6, 2, 13
  moriend. 13 l. 22–24 : 7, 4, 15
  moriend. 14 l. 27–30 : 5, 23, 1–2
  moriend. 14 l. 45–48 : 6, 3, 17
  moriend. 14 l. 50–54 : 6, 4, 1
  moriend. 14 l. 62–63 : 6, 4, 4
  moriend. 15 l. 2–6 : 6, 4, 10–11
  moriend. 15 l. 22–23. 30–40 : 6, 4, 12–14
Lucilius (ed. Marx)
  19–22 : 4, 3, 12
  31 : 5, 14, 3
  484–489 : 1, 22, 13
  953 : 6, 18, 6
  1228–1234 : 5, 9, 20
  1326–1338 : 6, 5, 3
  1331 : 6, 6, 7
  1332 : 6, 6, 10
  1334–1335 : 6, 6, 12
  1337 : 6, 6, 19
Lucretius
  1, 64 : 3, 27, 10

Lucretius 1, 83 : 1, 21, 14
  1, 101 : 1, 21, 14
  1, 483–634 : 3, 17, 21
  1, 528–535 : 3, 17, 22
  1, 599–618 : 3, 17, 22
  1, 932 = 4, 7 : 1, 16, 3. 4, 28, 13
  1, 936–942 = 4, 11–17 : 5, 1, 14
  2, 14–16 : 1, 21, 48. 3, 18, 14
  2, 62–166 : 3, 17, 21
  2, 333–477 : 3, 17, 25
  2, 478–480 : 3, 17, 24
  2, 646–651 : 5, 10, 12
  2, 686–699 : 3, 17, 24
  2, 737–738 : 3, 17, 22
  2, 842–864 : 3, 17, 22
  2, 991–992 : 6, 10, 7
  2, 992 : 5, 6, 12. 14, 17
  2, 999–1001 : 7, 12, 5
  2, 1048–1066 : 3, 17, 21
  2, 1101–1104 : 3, 17, 10
  3, 1 : 6, 2 6
  3, 417–418 : 7, 12, 1
  3, 417–829 : 7, 12, 1
  3, 434–439 : 7, 12, 7
  3, 445–446 : 7, 12, 9
  3, 459–486 : 7, 12, 14
  3, 472 : 7, 12, 15
  3, 487–522 : 7, 12, 17
  3, 526–547 : 7, 12, 22
  3, 548–579 : 7, 12, 20
  3, 612–614 : 7, 12, 26. 29
  3, 978–979 : 7, 7, 13
  3, 1041 : 3, 18, 6
  3, 1043–1044 : 3, 17, 28
  4, 822–657 : 3, 17, 19

Lucretius 5, 6–8 : 3, 14, 2
  5, 50–51 : 3, 14, 4
  5, 156–157 : 7, 3, 13. 5, 4. 7
  5, 156–194 : 3, 17, 20
  5, 165–167 : 7, 3, 13. 5, 4. 7
  5, 195–234 : 3, 17, 17
  5, 281 : 6, 2, 6
  5, 335–337 : 3, 16, 14
  5, 783–836 : 2, 11, 1–3
  5, 793–796. 826–836 : 2, 11, 3
  5, 805–1160 : 6, 10, 13–15
  5, 808 : 2, 11, 1
  5, 818–820 : 2, 11, 2. 5
  5, 986 : 3, 18, 5
  5, 1198–1202 : 2, 3, 11
  6, 24–28 : 7, 27, 6
  6, 52–53 : 2, 3, 10
  6, 1149 : 6, 18, 6
Minucius Felix
  1, 1 : 4, 1, 1
  3, 1 : 2, 3, 3
  7, 3–5 : 2, 7, 7–23; cf. 16, 11
  8, 2–3 : 1, 2, 2
  13, 1 : 3, 20, 10
  18, 10 : 1, 6, 5
  19, 2 : 1, 5, 11
  19, 3–14 : 1, 5, 15–23
  19, 4 : 1, 5, 16
  19, 5 : 1, 5, 19
  19, 6 : 1, 5, 17. 18
  19, 7 : 1, 5, 18
  19, 9 : 1, 5, 22
  19, 10 : 1, 5, 19. 20
  19, 10–11 : 1, 5, 20
  19, 14 : 1, 8, 1

Minucius Felix 23, 5 : 1, 10, 3
  23, 9 : 1, 13, 8
  23, 10–12 : 1, 11, 55
  25, 2 : 2, 6, 13–14
  26, 7 – 27, 8 : 2, 14, 1 – 15, 5
  26, 9–12 : 2, 14, 9–10
  27, 4 : 2, 7, 12; cf. 16, 11
  27, 5–7 : 4, 27, 1–20
  33, 1 : 4, 29, 8
  34, 6–7 : 7, 12, 30–31
  37, 3–5 : 5, 13, 12–14
  38, 5 : 3, 20, 15
Musaeus,
  VS 2 B 8 : 1, 21, 39
Naeuius,
  carm. frg. 18 Morel : 1, 6, 9
Nicanor,
  FGrHist 146 F 1 : 1, 6, 8
Odae Salomonis
  19, 6–7 : 4, 12, 3
Oracula Apollinis (numerata sec. S. Freund, VChr 60, 2006, 269–284; cf. J. Fontenrose, Didyma, 1988, 222–224),
  nr. 1 (cf. Fontenrose nr. 51) : 1, 7, 1. 13
  nr. 2 : 1, 7, 9–10
  nr. 3 (Fontenrose nr. 49) : 4, 13, 11. 15, 6
  nr. 4 (Fontenrose nr. 50) : 7, 13, 6
Oracula Sibyllina (ed. Geffcken)
  2, 253–255. : 7, 21, 6–7
  3, 110–153. 199–201 : 1, 14, 8
  3, 159–161 : 7, 15, 13
  3, 228–229 : 2, 16, 1
  3, 350–355 : 7, 15, 11–13
  3, 364 : 7, 25, 7
  3, 544 : 7, 16, 14
  3, 545. 547–549 : 1, 15, 15

Oracula Sibyllina 3, 618 : 7, 19, 9
  3, 619–623 : 7, 24, 7. 13
  3, 652–653 : 7, 18, 7
  3, 741–743 : 7, 20, 2
  3, 775 : 4, 6, 5
  3, 788–791 : 7, 24, 12
  3, 808–813 : 1, 6, 13
  3, 815–818 : 4, 15, 29
  4, 40–43. 187. 189 : 7, 23, 4
  5, 54–60 : 7, 15, 10
  5, 107–110 : 7, 18, 6
  5, 155–161 : 7, 15, 18
  5, 249 : 4, 20, 11
  5, 281–283 : 7, 24, 14
  5, 421–422 : 7, 24, 6
  6, 7 : 4, 15, 3
  6, 8 : 4, 13, 21
  6, 13–15 : 4, 15, 25
  6, 22–24 : 4, 18, 20
  7, 123 : 7, 16, 13
  8, 6–11 : 7, 15, 13
  8, 47–48 : 1, 11, 47
  8, 81–83 : 7, 24, 1
  8, 165 : 7, 25, 7
  8, 180–181 : 7, 16, 6
  8, 190–194 : 7, 16, 8
  8, 205–207 : 4, 15, 15
  8, 224 : 7, 19, 9
  8, 234–237 : 7, 16, 11
  8, 239 : 7, 16, 11
  8, 241–242 : 7, 20, 3
  8, 257 : 4, 16, 17. 26, 30
  8, 260–262 : 2, 12, 20
  8, 264 : 4, 6, 9. 11, 7
  8, 272 : 4, 15, 9

Oracula Sibyllina 8, 273–274 : 4, 15, 24
   8, 275–278 : 4, 15, 18
   8, 287–290 : 4, 18, 15
   8, 292–294 : 4, 18, 17
   8, 294–295 : 4, 26, 21–22
   8, 299–300 : 4, 17, 4
   8, 302 : 4, 26, 36
   8, 303–304 : 4, 18, 19
   8, 305–306 : 4, 19, 5
   8, 312–314 : 4, 19, 10
   8, 326–328 : 7, 18, 8
   8, 329 : 4, 6, 5
   8, 341 : 7, 16, 10
   8, 342–344 : 7, 16, 8
   8, 377 : 1, 6, 16
   8, 397 : 5, 13, 21
   8, 402 : 2, 10, 4
   8, 411 : 7, 21, 6–7
   8, 413–416 : 7, 20, 4
   8, 481–498 : 6, 24, 25–29
   8, 724–731 : 7, 26, 4
   frg. 1, 5–6 G. : 4, 6, 5
   frg. 1, 7 : 1, 6, 15. 7, 13
   frg. 1, 15–16 : 1, 6, 16
   frg. 3, 1–2 : 1, 8, 3
   frg. 3, 3–5 : 1, 6, 15. 2, 8, 48
   frg. 3, 46–48 : 2, 12, 19
   frg. 4 : 7, 24, 2
   frg. 5 : 2, 11, 18
   frg. 6 : 7, 19, 2
Orientius,
   comm. 1, 43–58 : 7, 5, 16–19
   comm. 1, 59–64 : 7, 6, 1
   comm. 1, 65–70 : 6, 1, 5–6
   comm. 1, 197 : 6, 23, 32

Orphica (ed. Kern),
   frg. 56 : 4, 8, 4
   frg. 73 : 1, 5, 4–5
   frg. 81 : 4, 8, 4
   frg. 89 : 1, 5, 6
   frg. 139 : 1, 13, 11
   frg. 167 : 1, 5, 4–5
   frg. 168 uers. 3 : 4, 8, 4
Ouidius,
   carm. frg. 2 Blänsdorf (p. 113 Morel) : 2, 5, 24
   fast. 1, 233–234 : 1, 13, 6
   fast. 1, 239–240 : 1, 13, 7
   fast. 1, 385–386 : 1, 21, 30
   fast. 2, 523–532. 583–616 : 1, 20, 35
   fast. 4, 207–214 : 1, 21, 40
   fast. 4, 290–328 : 2, 7, 12; cf. 16, 11
   fast. 4, 787–792 : 2, 9, 19–23
   fast. 5, 195–212 : 1, 20, 8
   fast. 5, 621–622 : 1, 21, 9
   fast. 5, 629–632 : 1, 21, 8
   fast. 6, 291–294 : 1, 12, 6
   fast. 6, 309–346 : 1, 21, 25
   fast. 6, 349–394 : 1, 20, 33
   fast. 6, 701–704 : 3, 14, 1
   met. 1, 7–9. 21–25 : 2, 8, 8
   met. 1, 43–44 : 2, 5, 1
   met. 1, 57 : 1, 5, 14
   met. 1, 76–78 : 2, 8, 64
   met. 1, 79 : 1, 5, 14. 2, 5, 2
   met. 1, 84–86 : 2, 1, 15
   met. 1, 111 : 5, 5, 7
   met. 1, 138–140 : 7, 3, 9
   met. 1, 173–174 : 1, 16, 12
   met. 1, 430–433 : 2, 9, 20
   met. 1, 433 : 2, 9, 17

Ouidius, met. 3, 101–110 : 6, 10, 19
  met. 3, 101–130 : 3, 4, 9
  met. 3, 266 : 1, 10, 14
  met. 9, 693 : 1, 21, 20
  met. 14, 614–616. 620–621 : 1, 11, 59
  met. 15, 160–164 : 3, 18, 15
  met. 15, 171–175 : 3, 19, 19
  Pont. 3, 1, 35 : 6, 17, 11
Pacianus,
  paraen. 11, 5 : 7, 21, 5
Persius
  2, 29–30 : 6, 2, 11
  2, 61 : 2, 2, 18
  2, 69–70 : 2, 4, 12
  2, 73–74 : 2, 4, 11. 6, 2, 12
  6, 38–39 : 3, 16, 15
Pescennius Festus,
  frg. inc. (cf. HRR II 159) : 1, 21, 13
Plato (u. et Plut. Marius),
  apol. 21 d : 3, 6, 7
  apol. 42 a : 7, 2, 10
  conu. 202 e : 2, 14, 9
  epist. 13, 363 b : 2, 4, 26
  leg. 12, 956 a : 6, 25, 1
  Men. 82 b – 86 c : 7, 22, 19
  Phaed. 72 e – 73 a : 7, 22, 19
  Phaed. 80 c : 7, 1, 9
  Phaed. 80 d : 7, 12, 2
  Phaed. 118 a : 3, 20, 16
  Phaedr. 245 c : 7, 8, 4
  resp. 3, 416 d : 3, 21, 2
  resp. 4, 420 b : 3, 21, 2
  resp. 5, 457 c : 3, 21, 4
  resp. 5, 463 c – 464 a : 3, 21, 7
  resp. 5, 473 c : 3, 21, 6

Plato, resp. 6, 501 b : 2, 10, 4
  Tim. 28 c : 1, 5, 23. 8, 1. 4, 4, 6
Plautus,
  Curc. 178 : 5, 12, 11
  Trin. 339–340 : 6, 11, 8
Plinius Maior,
  nat. 7, 155 : 2, 12, 21–22
  nat. 7, 156–159 : 2, 12, 23
  nat. 8, 166 : 4, 12, 2
  nat. 34, 6 : 2, 4, 36
Plutarchus,
  Cato min. 68, 2 : 3, 18, 8
  Marius 46, 1 : 3, 19, 17
'Praedicatio Petri et Pauli' q. d. : 4, 21, 2–4
Propertius
  4, 1, 11–14 : 2, 6, 14
Publilius Syrus,
  sent. A 2 : 1, 16, 10. 6, 23, 32
Protagoras,
  VS 80 A 12 : 1, 2, 2
Quintilianus,
  decl. frg. 5 Lehnert = inc. 1 Winterbottom : 1, 21, 17
  decl. frg. 6 L. = inc. 2 W. : 5, 7, 7
  decl. frg. 7 L. = inc. 3 W. : 6, 23, 30
  inst. 1, 4, 4 : 2, 12, 4
  inst. 8, 5, 5 : 3, 17, 32
  inst. 10, 1, 123 : 1, 15, 16
  inst. 10, 1, 128 : 5, 1, 25
  inst. 10, 1, 129 : 5, 9, 19
Quoduultdeus,
  haer. 3, 4–5. 7. 16 : 4, 6, 4
  haer. 3, 6 : 4, 6, 8
  haer. 3, 7 : 4, 7, 3
  haer. 3, 10–12. 20 : 4, 6, 5
  haer. 3, 13 : 4, 6, 9

Quoduultdeus, haer. 6, 48 : 4, 9, 1
Sacra scriptura (i. e. Vetus Latina):
  gen. 1, 26–27 : 2, 10, 3
  gen. 1, 26–31 : 2, 8, 63
  gen. 2, 2–3 : 7, 14, 7
  gen. 2, 7 : 2, 10, 3. 12, 3
  gen. 2, 8 – 3, 24 : 2, 12, 15–19
  gen. 6, 1 – 10, 32 : 2, 13, 1–9
  exod. 19, 5 : 4, 20, 2
  leu. 26, 6 : 5, 23, 3
  num. 13, 16 LXX : 4, 17, 12
  num. 23, 19 : 4, 18, 29
  num. 24, 17 : 4, 13, 10
  deut. 5, 2 : 4, 17, 4. 20, 2
  deut. 18, 17–19 : 4, 17, 6
  deut. 28, 66 : 4, 18, 29
  deut. 30, 6 : 4, 17, 9
  Ios. 5, 2 : 4, 17, 9
  I reg. 2, 35 : 4, 7, 7 (Aquila). 14, 5
  II reg. 7, 4–5. 12–14. 16 : 4, 13, 22–23
  III reg. 9, 6–9 : 4, 18, 32–33
  III reg. 19, 10 : 4, 11, 6
  II Esdr. 19, 26 LXX (9, 26 Vulg.) : 4, 11, 5
  Esdr. loc. apocr. : 4, 18, 22
  psalm. 1, 1 : 4, 16, 6
  psalm. 1, 5 : 7, 20, 5
  psalm. 2, 7 : 4, 15, 3
  psalm. 3, 6 : 4, 19, 8
  psalm. 15, 10 : 4, 19, 8
  psalm. 17, 44–45 : 4, 11, 9
  psalm. 21, 17–19 : 4, 18, 30
  psalm. 27, 4–5 : 4, 13, 18
  psalm. 32, 6 : 4, 8, 14
  psalm. 34, 15–16 : 4, 18, 14
  psalm. 44, 2 : 4, 8, 14

Sacra scriptura: psalm. 44, 7–8 : 4, 13, 9
  psalm. 68, 22 : 4, 18, 18
  psalm. 71, 6–7 : 4, 16, 14
  psalm. 84, 12 : 4, 12, 7
  psalm. 89, 4 : 7, 14, 9
  psalm. 93, 21–22 : 4, 18, 26
  psalm. 109, 1 : 4, 12, 17
  psalm. 109, 3–4 : 4, 14, 4
  psalm. 126, 1 : 4, 13, 27
  prou. 8, 22–31 : 4, 6, 6–8
  prou. 23, 13–14 : 6, 19, 8
  sap. 2, 12–22 : 4, 16, 7–10
  Sirach 24, 5–7 Vulg. : 4, 8, 15
  Sirach 30, 8–12 : 6, 19, 8
  Is. 1, 2–3 : 4, 11, 12
  Is. 7, 14 : 4, 12, 4
  Is. 9, 5 LXX (9, 6 Vulg.) : 4, 12, 10
  Is. 11, 1–3 : 4, 13, 20
  Is. 11, 6–8 : 7, 24, 8
  Is. 11, 10 : 4, 13, 19
  Is. 19, 20 : 4, 13, 10
  Is. 30, 26 : 7, 24, 7
  Is. 35, 3–6 : 4, 15, 13–14
  Is. 42, 6–7 : 4, 20, 12
  Is. 44, 6 : 4, 29, 10
  Is. 45, 1–3 : 4, 12, 18
  Is. 45, 8 : 4, 12, 9
  Is. 45, 14 : 4, 29, 10
  Is. 45, 14–16 : 4, 13, 7
  Is. 50, 5–6 : 4, 18, 13
  Is. 53, 1–6 : 4, 16, 15–16
  Is. 53, 7 : 4, 18, 16
  Is. 53, 8–9. 12 : 4, 18, 24–25
  Is. 63, 10 : 4, 12, 8
  Is. 66, 18–19 : 4, 11, 10

Sacra scriptura: Ier. 1, 5 : 4, 8, 1
  Ier. 2, 13 : 4, 30, 1
  Ier. 4, 3–4 : 4, 17, 8
  Ier. 8, 7–9 : 4, 11, 13
  Ier. 11, 18–19 : 4, 18, 27
  Ier. 12, 7–8 : 4, 20, 7
  Ier. 15, 9 : 4, 19, 4
  Ier. 17, 9 : 4, 13, 10
  Ier. 25, 4–6 : 4, 11, 4
  Ier. 31 (38 LXX), 31–32 : 4, 20, 4
  (Ier.) loc. apocr. : 4, 8, 1
  Bar. 3, 36–38 : 4, 13, 8
  Ezech. 34, 25. 28 : 5, 11, 1. 23, 3
  Ezech. 38, 18–22 : 7, 26, 2
  Ezech. 39, 9–10 : 7, 26, 4
  Dan. 7, 7–8. 23–26 : 7, 16, 1–4
  Dan. 7, 13–14 : 4, 12, 12. 19. 21, 1
  Os. 6, 3 : 4, 19, 9
  Os. 13, 13 : 4, 29, 11
  Os. 13, 13–14 : 4, 19, 9
  Am. 5, 3 : 7, 16, 14
  Am. 6, 9–10 : 4, 19, 3
  Mich.4, 2–3 : 4, 17, 3
  Zach. 1, 1 : 4, 5, 8
  Zach. 3, 1–8 : 4, 14, 6–9
  Zach. 3, 7 : 4, 14, 16
  Zach. 12, 10 : 4, 18, 29
  Mal. 1, 10–11 : 4, 11, 8
  II Macc. 7, 19 : 5, 23, 1–2
  Matth. 5, 11 : 6, 24, 21
  Matth. 5, 28 : 6, 23, 34
  Matth. 5, 32 : 6, 23, 33
  Matth. 5, 44 : 6, 19, 8
  Matth. 6, 19–20 : 6, 12, 35
  Matth. 7, 12 : 6, 23, 32

Sacra scriptura: Matth. 7, 15 : 5, 3, 23
  Matth. 8, 23–26 : 4, 15, 22
  Matth. 14, 13–21 : 4, 15, 16–17
  Matth. 14, 22–25 : 4, 15, 20–21
  Matth. 19, 11–12 : 6, 23, 38
  Matth. 23, 12 : 5, 15, 9
  Marc. 14, 58 : 4, 18, 4
  Luc. 3, 21–22 : 3, 15, 2–3
  Luc. 3, 22 : 3, 15, 3
  Luc. 5, 27–28 : 6, 19, 8
  Luc. 12, 33 : 6, 12, 35
  Luc. 14, 12 : 6, 12, 3
  Luc. 18, 8 : 5, 23, 3
  Ioh. 1, 1 : 6, 25, 12
  Ioh. 1, 1–3 : 4, 8, 16
  Ioh. 2, 19–20 : 4, 18, 4
  Ioh. 4, 13–15 : 4, 30, 1
  Ioh. 10, 18 : 4, 26, 31
  Rom. 11, 36 : 2, 8, 29
  I Cor. 3, 2 : 5, 4, 6
  I Cor. 3, 19 : 3, 3, 16. 4, 2, 3. 5, 15, 8
  I Cor. 3, 20 : 3, 1, 10
  I Cor. 6, 16 : 6, 23, 15
  Eph. 4, 22–24 : 3, 26, 13
  Eph. 4, 26 : 6, 18, 33
  II Thess. 2, 7 : 7, 25, 8
  I Tim. 6, 15 : 4, 12, 17
  I Petr. 4, 14–15 : 5, 23, 5
  Hebr. 5, 12–13 : 5, 4, 6
  Hebr. 9, 16–17 : 4, 20, 2
  apoc. 2, 17 : 4, 7, 2
  apoc. 11, 3–12 : 7, 17, 1–8
  apoc. 13, 5–15 : 7, 17, 1–8
  apoc. 19, 11–21 : 7, 19, 1–9
  apoc. 20, 1–6 : 7, 24, 1–6

Sacra scriptura: apoc. 20, 6. 14 : 7, 10, 10
   apoc. 20, 10–15 : 7, 26, 1–7
   locus ignotus (ex pluribus conflatus?) : 6, 12, 41
   locus ignotus (ex pluribus conflatus?) : 6, 23, 38
Sallustius,
   Catil. 1, 2 : 2, 12, 12–13. 6, 1, 7
   Catil. 8, 1 : 3, 29, 9. 10
   Catil. 12, 2 : 6, 1, 8
   Catil. 20, 11 : 7, 3, 9
   hist. frg. 1, 49 Maurenbrecher : 7, 1, 13
   hist. frg. 3, 14 M. : 1, 21, 41
   hist. frg. 4, 54 M. : 6, 18, 26
Saluianus,
   gub. 1, 1, 2 : 1, 5, 17
   gub. 1, 1, 3 : 1, 5, 23
   gub. 1, 1, 4 : 1, 5, 12. 24–25
   gub. 3, 1 : 7, 1, 1
   gub. 5, 20 : 5, 1, 1–4
   gub. 7, 100 : 6, 16, 9
   gub. 7, 101–105 : 3, 21, 1–2. 4–12. 22, 6–8
Scholia in Germanicum
   Bas. p. 70, 12 – 71, 3 Breysig : 1, 21, 28
   Bas. p. 91, 19–23 B. : 1, 11, 64
Seneca maior,
   hist. frg. 1 Peter = 4 Håkanson : 7, 15, 14–16
   suas. 6, 3 : 2, 4, 36. 37
   suas. 6, 24 : 2, 4, 36
Seneca minor,
   benef. 1, 6, 3 : 6, 1, 5
   benef. 7, 1, 7 : 6, 10, 10
   dial. 1? : 5, 22, 12
   dial. 1, 2, 4 : 3, 29, 16
   dial. 7, 10, 3 : 3, 11, 6
   epist. 94, 43 : 1, 16, 10
   frg. 14 Haase : 6, 24, 16–17

INDEX LOCORVM 795

Seneca, frg. 15 Haase : 1, 7, 13
  frg. 16 H. : 1, 5, 27
  frg. 17 H. : 3, 15, 1
  frg. 18–20 H. : 3, 15, 11–14
  frg. 21 H. : 3, 16, 15
  frg. 22 H. : 3, 23, 14
  frg. 23 H. : 3, 25, 16
  frg. 24 H. : 6, 24, 12
  frg. 26 H. : 1, 5, 26
  frg. 27 H. : 3, 12, 11
  frg. 29 H. : 5, 13, 20
  frg. 119 H. : 1, 16, 10
  frg. 120 H. : 2, 2, 14–15
  frg. 121 H. : 2, 4, 14
  frg. 122 H. : 2, 8, 23
  frg. 123 H. : 6, 25, 3
  frg. 124 H. : 6, 17, 28
Pseudo-Seneca,
  mor. 3 : 3, 15, 14
  mor. 4 : 6, 23, 28
  mor. 44 : 6, 12, 36
  mor. 81 = mon. 65 : 1, 9, 5
  mor. 99 : 6, 17, 5
  prouerb. 66 : 6, 11, 19
Seruius auctus in Vergilium,
  Aen. 3, 167 : 1, 23, 3
Sextus Clodius,
  frg. inc. (cf. Arnob. nat. 5, 18 et Brzoska, RE IV 67) : 1, 22, 11
Sinnius Capito,
  test. 5 Funaioli (cf. Klotz, RE III A 246) : 6, 20, 35
Sossianus Hierocles,
  libri in Christianos : 5, 2, 12 – 3, 26
Stoici,
  SVF III 47 : 3, 12, 12
Sulpicius Seuerus,
  chron. 1, 15, 6 : 4, 10, 8

Tarquitius Priscus,
  frg. inc. (cf. Kroll, RE IV A 2392) : 1, 10, 2
Terentius,
  Ad. 534 : 3, 26, 4
  Andr. 68 : 5, 9, 6. 21, 1
  Haut. 503–505 : 3, 4, 7
  Haut. 971–972 : 3, 18, 13
  Haut. 1058–1059 : 6, 23, 40
  Phorm. 249 : 7, 27, 3
  Phorm. 780–781 : 2, 8, 24. 7, 2, 3
Tertullianus,
  adu. Prax. 5, 3 : 4, 9, 1
  adu. Prax. 7, 6 : 4, 8, 6
  apol. 1, 2–6 : 5, 1, 2–6
  apol. 3, 5 : 4, 7, 6
  apol. 14, 4 : 1, 10, 3
  apol. 14, 7 : 3, 20, 15
  apol. 19 frg. Fuld. 2 : 1, 23, 2. 4, 5, 6
  apol. 21, 10 : 4, 9, 1
  apol. 21, 11–12 : 4, 29, 4–5
  apol. 21, 18–19 : 4, 18, 1–9
  apol. 21, 20–21 : 4, 19, 6–7
  apol. 21, 22–23 : 4, 20, 1
  apol. 21, 23 : 4, 21, 1
  apol. 23, 1–19 : 4, 27, 1–20
  apol. 24, 6 : 5, 13, 18. 19, 11
  apol. 24, 10 : 5, 20, 9
  apol. 25, 8 : 1, 11, 14
  apol. 28, 1 : 5, 19, 11
  apol. 32, 1 : 7, 25, 8
  apol. 46, 5 : 3, 20, 16
  apol. 48, 13–15 : 7, 21, 3–5
  Scap. 2, 2 : 5, 19, 11. 20, 5
  Scap. 2, 11 : 5, 20, 10
  Scap. 3, 6 : 5, 23, 1–2

Thales,
  VS 11 A 23 : 1, 5, 16. 2, 9, 18
Thallus,
  FGrHist 256 F 2–3 : 1, 23, 2
  FGrHist 256 F 4 : 1, 13, 9
Theophilus Antiochenus (ed. Marcovich),
  Autol. 2, 12, 5 : 7, 14, 8
  Autol. 2, 26, 2 : 2, 12, 19
  Autol. 2, 36, 1 : 4, 6, 5
  Autol. 2, 36, 2. 3. 7 : 1, 6, 15–16
  Autol. 2, 36, 7 : 1, 8, 3
  Autol. 2, 36, 15 : 2, 12, 19
  Autol. 3, 2, 2 : 1, 7, 7
  Autol. 3, 2, 4 : 3, 20, 15
  Autol. 3, 21, 6 : 4, 5, 6
  Autol. 3, 29, 2–3 : 1, 23, 2. 4, 5, 6
Theosophorum fragmenta (ed. Erbse[2])
  Theosoph. Sib. 1–3 l. 1–84 : 1, 6, 7–13
  Theosoph. Sib. 1 l. 15–40 : 1, 6, 8–12
  Theosoph. Sib. 2 l. 41–70 : 1, 6, 10–11
  Theosoph. Sib. 4 l. 81–83 : 1, 6, 13
  Theosoph. Sib. 4 l. 101–110 : 1, 6, 15
  Theosoph. Sib. 4 l. 111–113 : 2, 11, 18
  Theosoph. Sib. 5 l. 119–125 : 2, 12, 20
  Theosoph. Sib. 9 l. 251–257 : 4, 13, 19–21
  Theosoph. Sib. 9 l. 261 : 4, 15, 9
  Theosoph. Sib. 9 l. 262–263 : 4, 15, 24
  Theosoph. Sib. 10 l. 264–267 : 4, 16, 17
  Theosoph. Sib. 10 l. 268–286 : 4, 18, 13
  Theosoph. Sib. 10 l. 289–300 : 4, 19, 5. 10
  Theosoph. Sib. 11 l. 303–306 : 7, 18, 5
  Theosoph. Sib. 11 l. 307–308 : 7, 18, 7
  Theosoph. Sib. 12 l. 326 : 7, 19, 2
  Theosoph. Sib. 12 l. 334–337 : 7, 18, 6
  Theosoph. Sib. 13 l. 346–348 : 7, 18, 8

Theosoph. Sib. 13 l. 349–360 Erbse : 7, 20, 3–4
Theosoph. Sib. 14 l. 386 : 7, 24, 2
Theosoph. Sib. 15 l. 406–408 : 7, 24, 13
Theosoph. Tub. 37 l. 314–319 : 7, 13, 6

Tragici incerti fragmentum
   203 Ribbeck : 3, 17, 32

Valerius Maximus
   1, 1, 9 : 1, 21, 47
   1, 1, 12 : 1, 22, 5–6
   1, 1, 16 : 2, 16, 16
   1, 1, 17–20 : 2, 7, 15–17; cf. 16, 11
   1, 1 ext. 1 : 2, 7, 18; cf. 16, 11
   1, 1 ext. 3 : 2, 4, 16–20. 25–26
   1, 1 ext. 5 : 2, 7, 19; cf. 16, 11
   1, 4, 1 : 2, 7, 8; cf. 16, 11
   1, 7, 1 : 2, 7, 22; cf. 16, 11
   1, 7, 4 : 2, 7, 20–21; cf. 16, 11
   1, 8, 1 : 2, 7, 9–10; cf. 16, 11
   1, 8, 2 : 2, 7, 13. 16, 11. 12
   1, 8, 3–4 : 2, 7, 11; cf. 16, 11
   4, 7 ext. 1. : 5, 17, 22–23
   5, 6, 2. 5–6 : 3, 12, 22

Varro,
   ant. rer. diu. frg. 56 a Cardauns : 1, 6, 7–12. 4, 15, 27
   ant. rer. diu. frg. 214 C. : 1, 22, 10
   ant. rer. diu. frg. 239–247 C. (= inc. 48 Salvadore) : 1, 13, 9
   frg. inc. (ant. rer. hum.?) : 2, 12, 21–22
   frg. inc. : 1, 17, 8
   frg. inc. (cf. Macr. Sat. 1, 7, 28–31) : 1, 21, 7
   frg. Gell. 3, 10, 1–2 : 7, 14, 8
   ling. 5, 61 : 2, 9, 21
   rust. 2, 1, 19 : 4, 12, 2

Vergilius,
   Aen. 1, 10 : 5, 10, 5
   Aen. 1, 16–17 : 2, 16, 18

Vergilius, Aen. 1, 19–20 : 2, 16, 18
Aen. 1, 47 : 1, 10, 14
Aen. 1, 91 : 4, 24, 7
Aen. 1, 220. 305 : 5, 10, 5
Aen. 1, 544–545 : 5, 10, 3
Aen. 1, 672 : 2, 8, 55. 7, 5, 2
Aen. 2, 355–357 : 5, 9, 4
Aen. 2, 368 : 5, 11, 5
Aen. 3, 112 : 5, 19, 19
Aen. 3, 587 : 3, 18, 5
Aen. 4, 215 : 1, 10, 9
Aen. 4, 336 : 7, 27, 16
Aen. 4, 366–367 : 5, 11, 4
Aen. 4, 464–465 : 2, 17, 3
Aen. 5, 59–60 : 1, 15, 12
Aen. 5, 711–718 : 1, 22, 25
Aen. 6, 128–129 : 6, 24, 10
Aen. 6, 266 : 7, 22, 3
Aen. 6, 296 : 7, 7, 13
Aen. 6, 540 : 6, 3, 6. 9
Aen. 6, 542–543 : 6, 3, 9. 4, 1
Aen. 6, 595–600 : 7, 21, 5
Aen. 6, 663 : 1, 19, 3
Aen. 6, 702 : 7, 20, 11
Aen. 6, 719–721 : 7, 22, 17
Aen. 6, 724–727 : 1, 5, 11. 7, 3, 5
Aen. 6, 735–740 : 7, 20, 10
Aen. 6, 748–751 : 7, 22, 7
Aen. 6, 792–794 : 1, 13, 13. 4, 12, 21
Aen. 7, 133–134 : 1, 15, 12
Aen. 7, 767 : 1, 17, 15
Aen. 7, 770 : 1, 19, 3
Aen. 7, 772–773 : 1, 19, 3
Aen. 7, 774–777 : 1, 17, 15
Aen. 7, 790 : 1, 11, 20

Vergilius, Aen. 8, 187 : 4, 28, 15
  Aen. 8, 271–272 : 6, 24, 29
  Aen. 8, 292 : 2, 16, 17
  Aen. 8, 320 : 5, 5, 9. 6, 11
  Aen. 8, 321–323 : 1, 13, 9
  Aen. 8, 324–325 : 1, 13, 12. 4, 12, 21
  Aen. 8, 327 : 5, 5, 12
  Aen. 8, 330–332 : 1, 11, 59
  Aen. 8, 334 : 3, 29, 8
  Aen. 9, 448 : 1, 20, 38
  Aen. 10, 517–520 : 5, 10, 5
  Aen. 10, 524 : 5, 10, 8
  Aen. 10, 528 : 2, 8, 55
  Aen. 10, 765 : 4, 15, 21
  Aen. 11, 81–82 : 5, 10, 3
  Aen. 11, 106 : 5, 10, 8
  Aen. 11, 111 : 5, 10, 6
  Aen. 11, 361 : 2, 8, 2
  Aen. 11, 646 : 5, 11, 5
  Aen. 12, 284 : 1, 11, 18
  Aen. 12, 817 : 1, 11, 12
  Aen. 12, 829 : 1, 11, 6
  Aen. 12, 946 : 5, 10, 8
  ecl. 4, 21–22. 28–30. 38–45 : 7, 24, 11
  ecl. 10, 8 : 5, 1, 13
  georg. 1, 126–127 : 5, 5, 5
  georg. 1, 129–130 : 5, 5, 10
  georg. 2, 325–327 : 1, 5, 19
  georg. 2, 340–341 : 2, 10, 16
  georg. 2, 538 : 1, 13, 12
  georg. 3, 102 : 3, 8, 27
  georg. 3, 112 : 3, 8, 27
  georg. 3, 244 : 7, 1, 14
  georg. 3, 274–275 : 4, 12, 2
  georg. 3, 491 : 4, 27, 3

Vergilius, georg. 4, 8–219 passim : 3, 10, 4
  georg. 4, 110–111 : 2, 4, 4
  georg. 4, 200–201 : 1, 8, 8
  georg. 4, 205 : 3, 10, 4
  georg. 4, 221–224 : 1, 5, 12
  georg. 4, 361 : 4, 10, 7
Verrius Flaccus
  frg. inc. (cf. Dihle, RE VIII A 1637) : 1, 20, 5
Versus incertus? : 2, 8, 55
Vlpianus,
  dig. 50, 16, 195, 2 : 4, 3, 15
  de officio proconsulis lib. 7 : 5, 11, 19
Zeno Stoicus,
  SVF I 54 : 3, 4, 1
  SVF I 160 (85. 102. 493) : 4, 9, 2
  SVF I 162 : 1, 5, 20
  SVF I 179 : 3, 7, 8. 8, 20
  SVF I 213 : 3, 23, 8
  SVF III 553 : 3, 4, 1
Zeno Veronensis
  1, 1, 3–4 : 7, 7, 12–13
  1, 1, 6 : 6, 23, 8
  1, 1, 13 : 6, 16, 9
  1, 2, 4 : 6, 3, 9. 4, 1
  1, 4, 12 : 5, 22, 4
  1, 7, 1 : 2, 8, 8
  2, 1, 2 : 5, 16, 12
  2, 1, 8 : 5, 17, 25
  2, 1, 11 : 5, 5, 1
  2, 1, 12 : 6, 12, 16. 25–27
  2, 4, 4 : 2, 10, 3. 11, 19. 12, 3
  2, 4, 7 : 4, 10, 1
  2, 4, 8 : 2, 12, 7
  2, 8, 2 : 4, 13, 2–4
  2, 12, 4 : 4, 25, 5

INDEX NOMINVM

Ad locos uncis [ ] inclusos uel asterisco * signatos u. adn. crit.

Academia : 3, 4, 11. 6, 8. 14, 14. 15, 3. 28, 17. 7, 5, 2
  Academici *(subst.)* : 1, 6, 2. 2, 8, 14. 3, 3, 7. 6, 5. 20. 7, 10. 7, 7, 2 – -cus *(adi.)* : 1, 2, 3. 5, 14, 3
Acestes : 1, 22, 25
  Acesta *urbs* : 1, 22, 25
Achilles : 1, 23, 3
Adonius : 1, 17, 9
Aeacus : 7, 22, 5
Aegaeum *mare* : 1, 11, 59
Aegiochus : 1, 21, 39*
Aegyptus : 1, 6, 2. 11, 20. 15, 8. 2, 13, 10. 4, 10, 5. 13, 7. 20, 6. 7, 15, 1. 2 *bis*. 5. 10
  Aegyptii : 1, 6, 2. 3. 20, 36. 2, 5, 36. 12, 22. 3, 20, 16. 4, 2, 4. 10, 6. 8. 11. 26, 37. 38. 5, 20, 12. 6, 6, 17. 7, 13, 4. 15, 3. 6. 13 – Isis Aegyptia : 1, 21, 20
Sex. Aelius *iurisconsultus* : 6, 8, 8*
Aeneas : 1, 15, 12. 17, 9. 22, 25. 5, 10, 5. 8
Aeolicum *genus sermonis* : 1, 6, 7
Aesculapius : 1, 10, 1. 15, 5. 23. 26. 18, 1. 21. 2, 4, 18. 7, 13. 17. 3, 20, 16. 4, 27, 12; *u. et* Asclepius
Aethiopes : 4, 13, 7
Aetna : 1, 21, 24. 3, 18, 5
Africanus *Hercules* : 1, 9, 1 – *Scipio* A. *maior* 1, 18, 11. 12. 13
Agamemnon : 1, 23, 3
Agathocles : 1, 21, 13. 15
Agesilaus : 1, 11, 31
Aglaosthenes : 1, 11, 64

INDEX NOMINVM 803

Aiax : 1, 23, 3
Albinus *ap. Lucil.* : 6, 5, 3
Albunea *Sibylla* : 1, 6, 12
Alcibiades : 3, 19, 25
Alcimena : 1, 9, 1*
Alexander : 1, 6, 8. 2, 7, 19. 4, 14, 11*
Alexicacus : *u.* Hercules
Amalech : 4, 17, 12
Amalthea : 1, 6, 10. 21, 38. 22, 19
Ambraciotes : *u.* Theombrotus
Amores : 1, 20, 14
Amos : 4, 19, 3
Amphitryo : 1, 10, 11. 15, 20*
Anacharsis Scytha : 3, 25, 18
Anaxagoras : 1, 5, 18. 3, 9, 4. 18. 12, 20. 28, 12. 30, 6. 5, 3, 23. 6, 1, 2
Anaximenes : 1, 5, 19
Anchises : 1, 15, 12. 17, 9
Ancyra : 1, 6, 12
Anio : 1, 6, 12
Anniceris : 3, 25, 16
Anthropiani *haeretici* : 4, 30, 10
Antichristus : 7, 19, 6
Antisthenes : 1, 5, 18
M. Antonius *'Creticus'* : 1, 11, 32 – A. *triumuir* : 1, 15, 29. 30. 2, 7, 17
Apis : 4, 10, 12
Apollo : 1, 7, 1. 2. 8. 13. 8, 4. 10, 1. 3. 15, 9. 13. 26. 2, 4, 18. 4, 4, 8. 13, 11. 13. 17. 15, 6. 27, 12. 14. 18. 5, 3, 5. 10, 16. 7, 13, 5. 22, 5 – A. Delphicus : 4, 27, 14 – A. Sminthius : 1, 7, 9; *u. et* Milesius
Apollodorus Erythraeus : 1, 6, 9
Apollonius : 5, 3, 7. 8. 9. 14. 16. 21
Appius Claudius censor : 2, 7, 15. 16, 11. 6, 18, 26

Apriles *Kalendae* : 4, 10, 18*
Apuleius : 5, 3, 7. 21
Arabia : 2, 13, 6
Arateum carmen : 1, 21, 38. 5, 5, 4 – *idem* Aratus : 1, 11, 64
Arcesilas : 3, 4, 11. 14. 5, 3. 8. 6, 7. 9. 10. 30, 6
Archimedes : 2, 5, 18
Argonautae : 1, 5, 4. 9, 10. 22, 17
Argus : 1, 6, 2
Aricinum *nemus* : 1, 22, 2
Ariopagitae : 5, 3, 6
Aristarchus *Samothracenus grammaticus* : 5, 2, 17
Aristides : 3, 19, 8. 6, 6, 26
Aristippus : 3, 7, 7. 8, 6. 15, 15. 7, 7, 11
Ariston : 7, 7, 11*
Aristophanes *Byzantinus* : 5, 2, 17
Aristoteles : 1, 5, 22. 2, 10, 17. 25 *ter*. 3, 7, 8. 8, 38. 28, 20.
   5, 3, 1. 14, 5. 17, 4. 7, 1, 7
Aristoxenus : 7, 13, 9
Artorius *medicus Augusti* : 2, 7, 22
Asclepiades *amicus Lactantii* : 7, 4, 17
Asclepius *deus* : 1, 17, 15. 3, 20, 17; *u. et* Aesculapius
   A. *auditor Trismegisti* : 2, 15, 7. 6, 25, 11 *bis*
Asia : 1, 7, 1. 7, 15, 11. 16, 3
Assyrii : 1, 23, 2. 7, 15, 13
Ataburus : 1, 22, 23* – Ataburius : *u.* Iuppiter
Athenae : 1, 15, 9. 3, 12, 22. 19, 22. 23. 20, 16. 6, 8, 9. 9, 8
   Atheniensis *Plato* : 3, 19, 17 – -ses : 1, 10, 4. 20, 3. 3, 19, 22.
   5, 14, 3
Ti. Atinius : 2, 7, 20. 16, 11
Atlas : 1, 11, 58
Atticus *Ciceronis amicus* : 1, 15, 26. 20, 14
Attus Nauius : 2, 7, 8 *bis*
Auentinus : 1, 11, 59
Augustus : *u.* Caesar A.
Aulacia : 1, 11, 65

Auses : 4, 17, 12
Autolycus : 1, 23, 2
Autronius Maximus : 2, 7, 20
Babylon : 1, 6, 13. 4, 10, 17
 Babylonii : 1, 23, 2 – -ius *rex* : 4, 5, 7
Baebius : 1, 22, 5
Balbus : *u.* Lucilius B.
Bellona : 1, 21, 16. 5, 10, 15
Belus : 1, 23, 2 *bis*
Bibaculus : *u.* Furius
Bithynia : 5, 2, 2. 11, 15
Boeotia : 1, 22, 15
Bona Dea : 1, 22, 11. 3, 20, 4
Brutus *minor* : 2, 7, 22 – B. *maior* : 7, 15, 16
 Brutianum bellum : 2, 7, 22
Butes : 1, 17, 9
Cabirus : 1, 15, 8
Caca : 1, 20, 36
Cadmus : 1, 15, 20
Caelus : 1, 5, 7. 11, 55. 63 *bis*. 65. 12, 8. 10. 13, 14. 18, 18. 4, 4, 8; *u. et* Vranus
C. *Iulius* Caesar : 1, 6, 7. 15, 30. 3, 18, 11. 12. 6, 18, 34 – L. *Iulius* C. : 1, 15, 30 – Caesar Augustus : 2, 7, 17. 22* *bis*. 16, 11 – Caesares : 1, 15, 6 – *u. et* Germanicus C.; Tiberius C.
Callipho : 3, 7, 7
Cancer : 1, 21, 28
Cannae : 2, 16, 16
Capito : *u.* Sinnius
Capitolium : 1, 6, 11. 12*. 14. 11, 49. 20, 27. 38 *bis*. 40. 3, 14, 10. 17, 12
 Capitolinae *aedes* : 3, 17, 14
Carneades : 3, 30, 6. 5, 14, 3 *bis*. 5. 16, 2. 17, 9. 14. 32
Carthago : 2, 16, 18. 7, 15, 15; *u. et* Tyriae arces
 Carthaginienses : 1, 21, 13
Casius : *u.* Iuppiter

Cassius *Hemina* : 1, 13, 8
Castor : 1, 10, 5. 15, 5. 23. 26. 2, 7, 9; *u. et* Tyndaridae
Catamitus : 1, 11, 19. 29; *u. et* Ganymedes
Catilina : 3, 19, 8
Catinensis : *u.* Ceres
Cato *minor* : 3, 18, 5. 8. 10. 11. 12. 19, 8 – C. Censorius : 5, 14, 3. 6, 6, 27
Catulus *ap. Cic.* : 6, 2, 15 *bis*
Caucasus : 2, 10, 7. 5, 11, 4. 17, 18
Cecropides *uirgines (abl.* -is*)* : 1, 17, 14
Ceres : 1, 14, 2. 17, 6. 18, 1. 18. 21, 24. 2, 4, 29. 30. 3, 20, 4 – C. Catinensis : 2, 4, 28 – C. Eleusina : 1, 21, 24 – C. Hennensis : 2, 4, 28 – C. Milesia : 2, 7, 19. 16, 11
Chaldaei : 7, 14, 4
Cham : 2, 13, 5
Chanaan : 2, 13, 6 – Chananaei : 2, 13, 6
Chiro : 1, 10, 2
Chloris : 1, 20, 8
Choreb : 4, 17, 4
Christus : 4, 7, 4. 7. 8, 1. 10, 2. 18. 19. 12, 13. 14. 17 *bis*. 18. 13, 9. 18. 14, 1. 3. 15, 27. 30 *bis*. 16, 4. 12. 14. 17, 2. 10. 11. 12. 13. 18, 1. 31. 20, 3. 4. 5. 10. 23, 10. 26, 2. 26, 39. 27, 1. 14. 19. 29, 11. 30, 10. 5, 3, 4. 9. 10. 7, 19, 4. 6 – Chrestus : 4, 7, 5 – *u. et* Iesus
Christiani : 4, 30, 10. 13. 5, 2, 4*. 13 *bis*. 7, 26, 8 – -nus : 5, 13, 8
Chrysippus : 1, 5, 20. 6, 9. 3, 18, 5. 7, 23, 3
Cicero : 1, 5, 24. 6, 2. 7, 4. 11, 40. 48. 12, 3. 10. 15, 5. 21. 17, 1. 4. 18, 13. 20, 14. 2, 3, 2. 4. 24. 4, 34. 5, 7. 6, 8. 8, 10. 13 *bis*. 53. 9, 12. 11, 15. 3, 10, 7. 13, 13. 15, 1. 10. 16, 5. 9. 17, 13. 18, 12. 18. 19, 2. 14. 28, 20. 29, 3. 18. 4, 15, 27. 28, 3. 5, 5, 5. 9. 8, 10. 12, 5. 14, 3. 5. 15. 18, 4. 20, 3. 6, 2, 15 *bis*. 5, 5. 6, 21. 24. 11, 2. 12. 12, 5. 10. 13. 17, 27. 18, 15. 20, 4. 24, 2. 29. 25, 9. 7, 4, 11. 8, 7. 10, 9. 14, 4. 23, 3; *u. et* Tullius

Cimmeria *Sibylla* : 1, 6, 9 – Cimmeriae tenebrae : 5, 3, 23
Cimon : 6, 9, 8
Circe : 1, 21, 23
Cithaeron : 1, 22, 15
Claudia *Quinta* : 2, 7, 12 *bis*. 16, 11 – -ius : *u.* Appius
Cleanthes : 1, 5, 19. 3, 18, 5
Cloaca Maxima : 1, 20, 11 – Cloacina : 1, 20, 11
P. Clodius *Pulcher* : 1, 10, 14
Sex. Clodius *scriptor* : 1, 22, 11
Codrus : 3, 12, 22
Colophon : 1, 7, 1
Constantinus : 1, 1, 13. 2, 1, 2. 3, 1, 1. 4, 1, 1. 5, 1, 1. 6, 3, 1
Coi *incolae insulae* : 2, 7, 17
Cornelius *cos. a. 181 a. Chr.* : 1, 22, 5 – C. *a Cic. defensus* : 6, 2, 15 – *u. et* Nepos C.
Corybantes : 1, 13, 5. 21, 40
Corythus : 1, 23, 3
C. Cotta *ap. Cic.* : 1, 6, 2. 2, 6, 8 *bis*. 8, 55
Crassus : 6, 13, 11
Creta : 1, 10, 9. 11, 46 *bis*. 13, 3. 14, 10
 Cretaeus : 1, 21, 38 – Cretensis : 1, 11, 48; -ses : 1, 14, 10. 22, 19 – Creticus : *u.* Iuppiter
Critias : 3, 19, 25*
Croesus : 6, 13, 11
Cumana *Sibylla* : 1, 6, 10 – Cymaea : 1, 6, 13. 7, 24, 12
Cunina : 1, 20, 36
Cupido : 1, 11, 1 *bis*. 2. 3. 17, 9 – -dines : 1, 20, 14
Curetes : 1, 11, 46. 1, 21, 40. 41. 42
C. Curio : 1, 6, 14
Curtius : 3, 12, 22
Cymaea *Sibylla* : *u.* Cumana
Cynici : 3, 15, 20
Cynosura *(u. Heck, Hyperboreus 8, 2002, 326–328)* : 1, 10, 2
Cyprianus : 5, 1, 24. 4, 3 – Coprianus : 5, 1, 27

Cyprus : 1, 17, 10
  Cyprius : 1, 21, 1
Cyrenaici : 3, 8, 9. 15, 15
Cyrus : 1, 6, 12. 4, 5, 7. 10, 17. 11, 5
Danae : 1, 11, 18
Daniel : 4, 12, 12. 21, 1
Dardanus : 1, 23, 3
Darius : 4, 5, 8. 14, 11*
Dauid : 4, 8, 13. 11, 9. 12, 7. 17. 13, 9. 18 *bis.* 21. 22 *bis.* 24. 25. 26. 14, 1. 4. 15, 3. 16, 6. 14. 18, 14. 18. 26. 30. 31. 19, 8
Delos : 1, 15, 9
Delphi : 1, 7, 1
  Delphicus : *u.* Apollo – Delphis *Sibylla* : 1, 6, 7. 9*
Demetrianus *auditor Lactantii* : 2, 10, 15
  Demetrianus *aduersarius Cypriani* : 5, 4, 3
Democritus : 1, 2, 2. 3, 17, 23. 34. 18, 6. 23, 4. 28, 13. 30, 6. 7, 1, 10. 3, 23. 7, 9. 12. 8, 8. 13, 7
Demophile : 1, 6, 10
Demosthenes : 5, 2, 15
Deucalion : 2, 10, 10. 23
Deum Mater : 1, 17, 7; *u. et* Mater Magna
Diagoras : 1, 2, 2
Diana : 1, 21, 2
Dicaearchus : 3, 17, 34. 7, 7, 12. 8, 8. 13, 7
Didymus *grammaticus* : 1, 22, 19. 27
Dinomachus : 3, 7, 7
Diodorus *Siculus* : 1, 13, 8
  D. *Peripateticus* : 3, 7, 7
Diogenes : 3, 25, 16
Dionysius : 2, 4, 16. 25. 27. 35
Dis pater : 1, 14, 5*
Dolabella : 1, 15, 30
Domitianus : 5, 3, 9
Domitius *Vlpianus* : 5, 11, 19

Egeria : 1, 17, 15. 22, 1
Eleusinus : *u.* Ceres
Elysii campi : 6, 4, 1
Emmanuel : 4, 12, 4. 6. 7
Empedocles : 2, 12, 4. 3, 18, 5. 28, 12. 30, 6
Ennius : 1, 11, 34. 45. 63. 13, 14. 14, 2. 15, 31. 18, 11. 5, 1, 5
Ephesii : 5, 3, 14
Epicurus : 1, 2, 2. 2, 8, 49. 10, 25 *bis.* 3, 7, 7. 12, 15. 17, 2. 8. 16. 23. 34. 41. 25, 7. 13. 27, 5. 6. 5, 3, 1. 10, 12. 7, 1, 10. 3, 13. 23. 5, 4. 7, 13. 8, 8. 13, 7
  Epicureus : 2, 8, 60. 3, 20, 15. 5, 20, 14. 6, 24, 13. 7, 12, 27. 30 *(adi.)*
Epidaurus : 1, 10, 2. 2, 7, 13. 16, 11
Equestris : *u.* Fortuna
Eratosthenes : 1, 6, 9
Ericthonius : 1, 17, 11*. 13*
Erythrae : 1, 6, 11*. 14
Erythraea *Sibylla* : 1, 6, 9. 13 *bis.* 14. 8, 3. 14, 8. 2, 12, 19. 16, 1. 4, 6, 5. 4, 15, 27. 29. 5, 13, 21. 7, 19, 9. 20, 1. 24, 12 – Erythraeus : 1, 6, 9
Eryx : 1, 17, 9
Esaias : 4, 11, 10. 12. 12, 4. 8. 18. 13, 7. 10. 19. 15, 13. 16, 15. 17, 8*. 18, 13. 16. 24. 20, 12. 29, 10
Esus : 1, 21, 3
Euclides : 3, 12, 9
Euhemerus : 1, 11, 33. 65. 13, 14. 22, 27
Euphorbus : 3, 18, 15. 7, 23, 2
Euphranor : 2, 4, 13
Euripides : 1, 6, 8. 5, 15, 11
Europa : 1, 11, 19. 21
Eurystheus : 1, 9, 7
Fabricius : 6, 6, 26
Fatua : 1, 22, 9
Faula : 1, 20, 5

Faunus : 1, 15, 8. 22, 9 *bis*. 11. 12. 13. 17 *bis*
Faustulus : 1, 20, 2
Fenestella : 1, 6, 14
Fenta Fauna : 1, 22, 9
Festus : *u.* Pescennius F.
Fides *consecrata* : 1, 20, 19
Flaccus : 2, 4, 3. 5, 13, 16. 17, 18*; u. et* Horatius
Flora : 1, 20, 6 – Floralia : 1, 20, 6
Fornax : 1, 20, 35 – Fornacalia : 1, 20, 35
Fortuna Equestris : 2, 7, 16 – F. Muliebris : 2, 7, 11. 16, 11
Fuluius *censor* : 2, 7, 16
Furiae : 6, 19, 4
Furius Bibaculus : 1, 21, 47. 48
L. Furius *Philus ap. Cic.* : 5, 12, 5. 14, 5. 16, 13 *bis*. 17, 2. 14. 18, 9
Fuscus *ap. Hor.* : 5, 17, 18
P. Gabinius : 1, 6, 14
Galba *a. 155 audiuit Carneadem* : 5, 14, 3
Galilaea : 4, 19, 7. 20, 1
Galli *sacerdotes Matris Magnae* : 1, 17, 7
Galli *i. q. Celtae* : 1, 20, 27. 33. 21, 3
Ganymedes : 1, 23, 3. 2, 16, 17*; u. et* Catamitus
  Ganymedea fabula : 1, 11, 22
Gauiana *crux* : 4, 18, 10
Gauius Bassus : 1, 22, 9
Gemini *consules* : 4, 10, 18
Gergithium : 1, 6, 12
Germanicus Caesar : 1, 11, 64. 21, 38. 5, 5, 4
Geta *persona Terentii* : 2, 8, 24
Glauca : 1, 14, 5 *ter*
Gnossus : 1, 11, 46*
Gracchana *tempora* : 2, 4, 29
Graecia : 1, 10, 6. 15, 24. 25. 20, 14. 17. 22, 15. 2, 4, 16. 4, 1, 12

Graeci *(subst.)*: 1, 1, 9. 6, 7. 11, 59. 13, 8. 15, 14. 18, 7. 20, 16. 21, 28. 31. 2, 1, 16. 8, 6. 6 add. 7. 3, 14, 7. 16, 16. 4, 7, 7. 9, 1. 25, 5. 5, 14, 19. 6, 24, 6. 7, 15, 13; -cus *(subst.)*: 3, 19, 17 – Graecus *(adi.)* 1, 6, 11. 11, 46. 22, 5. 4, 5, 8 *bis*. 7, 7. 5, 4, 2 – Graece *(adu.)*: 1, 6, 3. 12, 9. 22, 11 – Grai: 1, 6, 9

Hadrianus: 1, 21, 1

Hannibal: 2, 16, 17

Harmonia: 1, 17, 9

Hebraei: 2, 13, 8. 4, 10, 5. 8. 14. 26, 37. 38. 7, 14, 8. 15, 1
 Hebraeice: 4, 7, 7 – -cae *scripturae*: 4, 7, 7

Hector: 3, 25, 17

Helena: 1, 10, 6

Helias: 4, 11, 6

Helicon: 1, 5, 10

Hellespontus: 1, 11, 59
 Hellespontia *Sibylla*: 1, 6, 12 – Hellespontiacus: 2, 4, 4

Henna: 2, 4, 28. 29
 Hennensis: *u.* Ceres

Heraclides Ponticus: 1, 6, 12

Heraclitus: 2, 9, 18

Hercules: 1, 5, 4. 8, 4. 9, 1. 7. 15, 5. 23. 26. 18, 1. 3. 13. 20, 5. 36. 21, 8 *bis*. 31. 33. 34. 36. 2, 7, 15. 16, 11. 5, 10, 16 – H. Alexicacus: 5, 3, 14; *u. et* Tirynthius

Herillus: 3, 7, 8

Hermaphroditus: 1, 17, 9

Hermes *Trismegistus*: 2, 8, 68. 10, 14. 15, 6. 4, 6, 4. 7, 3. 8, 5. 6, 25, 10. 7, 4, 3. 13, 3. 18, 3; *u. et* Trismegistus

Herodes *Antipas*: 4, 10, 18. 18, 6

Herophile: 1, 6, 10

Hesdras: 4, 11, 5. 18, 22 *bis*

Hesiodus: 1, 5, 8. 2, 14, 7

Hieremias: 4, 8, 1. 11, 4. 13. 13, 8. 10. 18, 27. 19, 4. 20, 5

Hieronymus *Peripateticus*: 3, 7, 7

Hierosolyma : 4, 13, 24. 18, 32 – Hierusalem : 4, 14, 7. 17, 3. 8
Hippolytus : 1, 10, 1
Hispania : 1, 21, 8
Homerus : 1, 3, 17. 5, 8. 6, 9. 10, 6. 3, 18, 5. 4, 7, 7. 27, 15
Honor *consecratus* : 1, 20, 12
Horatius : 2, 4, 1. 6, 5, 12*; u. et* Flaccus
Hortensius *ap. Cic.* : 1, 7, 4. 3, 16, 9. 12
Hydaspes : 5, 17, 18. 7, 15, 19
Hyperion : 1, 21, 30
Hyrcania : 5, 11, 4
Hystaspes : 7, 15, 19. 18, 2
Iacob : 4, 13, 8. 10
Ianiculum : 1, 22, 5
Ianus : 1, 13, 7 *bis*. 4, 3, 12 *bis*
Iapetus : 2, 10, 7. 8
Iasius : 1, 23, 3
Icarium *mare* : 1, 11, 59
Idaea Mater : 2, 7, 12
Idas : 1, 10, 5
Ide : 1, 21, 40
Iesse : 4, 13, 19. 20. 21
Iesus filius Naue *successor Moyse* : 4, 5, 6. 14, 9. 12. 17, 9. 11. 12
 bis; u. et Auses
Iesus *i. e. Christus* : 4, 7, 4. 12, 6. 9. 14, 6. 7. 8. 9. 11. 14. 16, 13.
 17, 9. 10. 11. 13*; u. et* Christus
Iesus filius Iosedech : 4, 14, 12
Ilium : 1, 6, 9*; u. et* Troia
 Ilienses : 1, 22, 17
Illyricum : 2, 7, 16
Inachus : 1, 11, 20. 58
India : 5, 11, 4
 Indi : 1, 10, 8 – Indicus : 1, 10, 8. 9
Ino : 1, 21, 23
Io : 1, 11, 20. 21

Iohannes *euangelista* : 4, 8, 16
Iohannes *baptista* : 4, 15, 2
Iordanes : 4, 15, 2
Iosedech : 4, 14, 12; *u. et* Iesus
Isis : 1, 11, 20. 21. 15, 8. 17, 6. 21, 20. 21
Israhel : 4, 11, 6*. 12. 13, 7. 8. 10. 17, 9. 12. 18, 32 *bis*. 20, 6. 11. 29, 10
Italia : 1, 6, 9. 11, 55. 13, 6. 8. 9. 14, 12
   Italicae *ciuitates* : 1, 6, 11 – Italae *siluae* : 1, 17, 15
Iuba : 1, 15, 8
Iuda : 4, 17, 8. 20, 6. 10. 11
Iudaea : 4, 10, 14. 18, 20
Iudaei : 4, 2, 4. 5, 7 *bis*. 7, 4. 6. 10, 14. 17. 18. 11, 1. 5. 12. 12, 5. 13. 13, 17. 24. 14, 10. 17. 15, 1. 2. 12. 30. 16, 5. 12. 17, 10. 18, 3. 4 *bis*. 6. 21. 23. 19, 1. 20, 1. 2. 5 *bis*. 11 *bis*. 21, 2. 5. 26, 37. 39. 5, 3, 4. 17. 19. 22, 14. 7, 1, 24. 26 – Iudaicus : 4, 5, 8. 17, 2. 21
Iudas *princeps Hebraeorum* : 4, 10, 14
Iudas *discipulus Iesu* : 4, 18, 3
Iulius *diuus* : 1, 15, 29 – I. Proculus : 1, 15, 32
Iulus : 5, 10, 8
Iuno : 1, 11, 20. 39. 40. 14, 4 *bis*. 15, 9. 17, 7. 8. 2, 16, 11. 16. 17 *bis*. 18 – I. Lacinia : 2, 7, 16 – I. Moneta : 2, 7, 11 – I. Veiens : 2, 16, 11
Iuppiter : 1, 5, 7. 7, 2. 8. 8, 4. 10, 8. 14. 11, 2. 5. 6. 7. 8. 13. 27. 28. 29. 30. 31. 33 *bis*. 34. 35 *quater*. 37. 38 *bis*. 39 *ter*. 40 *bis*. 43. 44. 45. 46. 62. 63 *ter*. 64. 65. 12, 10 *bis*. 13, 1. 2. 3. 14, 4 *bis*. 6. 9. 10. 11 *bis*. 12. 15, 12. 13. 26. 27. 16, 5. 10. 17, 8. 9. 12. 20, 37. 38. 39. 21, 1. 9. 38 *bis*. 39. 41 *bis*. 42. 22, 3 *bis*. 19. 21. 26. 27. 28 *ter*. 23, 3 *bis*. 2, 1, 7. 5, 2. 7, 20. 10, 12. 16, 5. 11. 16. 3, 17, 13. 4, 3, 12. 4, 8. 10. 9, 2 *bis*. 3. 27, 12. 14. 15. 18. 5, 3, 25. 5, 9 *bis*. 12. 6, 11 *bis*. 13. 10, 15. 16. 7, 18, 2 *ter*. 22, 5 *bis* – I. Ataburius : 1, 22, 23 – I. Casius : 1, 22, 23 – Creticus I. : 1, 21, 38 – I. Labryandius : 1, 22, 23* – I. Laprius : 1, 22, 23 – I. Latiaris : 1, 21, 3 – I. Molion : 1, 22, 23 –

Iuppiter Olympius : 2, 4, 17 – I. Optimus Maximus : 1, 10, 10. 13. 14. 11, 14. 17, 13. 4, 27, 12 – I. Pistor : 1, 20, 33 – I. Triphylius : 1, 11, 33 – Ioues *(plur.)* : 1, 11, 37. 48

Iuturnae *lacus* : 2, 7, 9

Iuuenalis : 3, 29, 17

Labryandus : 1, 22, 23* – Labryandius : *u.* Iuppiter

Lacedaemon : 1, 20, 29

   Lacedaemonii : 1, 20, 29. 30

Lacinia : *u.* Iuno

Laelius *ap. Cic.* : 5, 16, 13 *bis.* 17, 2. 18, 4 *bis.* 5. 22, 7 – C. L. *Sapiens ipse* : 6, 6, 27

Lais *meretrix* : 3, 15, 15 *quater*

Lamia *fabula Euripidis* : 1, 6, 8

   Lamiae *portenta* : 1, 22, 13

Lampsacum : 1, 21, 25*

   Lampsaceni : 1, 21, 26

Laomedon : 1, 9, 10. 10, 3. 22, 17

Laprius : *u.* Iuppiter

Lara : 1, 20, 35

Larentina : 1, 20, 2 – Larentinalia : 1, 20, 4

Lares : 1, 20, 35

Larunda : 1, 20, 35

Latiaris : *u.* Iuppiter

Latium : 1, 11, 59. 13, 9. 13. 21, 6. 22, 9. 5, 5, 9

Latini *(subst.)* : 1, 13, 8. 15, 8. 21, 3 – -nus *(adi.)* : 1, 22, 5. 2, 7, 9. 14, 12. 3, 14, 13. 5, 4, 2 – -ne *(adu.)* : 1, 11, 46. 13, 2. 14, 5. 3, 6, 10. 4, 12, 6. 6, 24, 6

Latinus *rex* : 1, 22, 17

Latona : 1, 17, 6

Leaena : 1, 20, 3

Leda : 1, 21, 23

Lemnos : 1, 15, 9

Lethaeus *fluuius* : 3, 18, 16. 7, 22, 7

Leucadius *modus* : 1, 21, 8

INDEX NOMINVM 815

Leucippus : 3, 17, 23
Leucothea : 1, 21, 23
Liber : 1, 8, 4. 10, 8. 15, 5. 9. 13. 23. 26. 18, 1. 18. 21, 28. 22, 15 *bis*. 2, 13, 4 *bis*. 4, 3, 12 *bis*. 4, 8. 5, 10, 16. 6, 20, 35. 7, 22, 5
Libera : 1, 10, 9
Libyssa *Sibylla* : 1, 6, 8
Lindos : 1, 21, 31
Liuius *rerum scriptor* : 1, 20, 2
Locrensis : *u.* Proserpina
Lucanus : 1, 21, 20
Lucianus : 1, 9, 8
Lucilius *poeta* : 1, 9, 8. 22, 13. 4, 3, 12. 5, 9, 20. 14, 3. 6, 5, 2
  Lucilianum : 6, 18, 6
Lucilius Balbus *ap. Cic.* : 2, 5, 7. 6, 8 *bis*. 8, 54
Lucretius : 1, 16, 3. 21, 48. 2, 11, 1. 12, 4. 3, 14, 1. 16, 14. 17, 10. 14. 4, 28, 13. 6, 10, 7. 7, 3, 13. 12, 1. 5. 27, 6
Luna : 1, 21, 30
Lupa : 1, 20, 1
Macedo : 1, 6, 8 – -nes : 1, 15, 8
  Macedonicum *bellum* : 2, 7, 10
Malachiel : 4, 11, 8
M. Marcellus *Syracusis a. 212 captis templum uouit* : 1, 20, 12
Marcionitae *haeretici* : 4, 30, 10
Marica : 1, 21, 23
Marmessus : 1, 6, 12*
Maro : 1, 5, 11. 13, 12. 15, 12. 5, 10, 3. 7, 22, 3. 7; *u. et* Vergilius
Mars : 1, 10, 4. 15, 26. 17, 9. 4, 3, 12. 5, 3, 6. 10, 15
Mater Magna : 1, 21, 16. 25. 22, 20; *u. et* Deum M.; Idaea M.
Mater Matuta : 1, 21, 23
Mauri : 1, 15, 6. 8 – -rus *(adi.)* : 5, 17, 18
Medi : 7, 15, 19
Megarici : 3, 12, 9

Melicertes : 1, 21, 23
Melissa : 1, 22, 19. 20 *bis*
Melisseus : 1, 22, 19. 27. 28
Memmius : 3, 14, 2
Menoeceus : 3, 12, 22
Mens *consecrata* : 1, 20, 13. 19
Mercurius : 1, 6, 3. 7, 2. 8, 4. 10, 7. 11, 61. 15, 13. 26. 17, 9. 4, 27, 18. 5, 10, 16. 7, 13, 4. 22, 5 – Mercurii *(plur.)* : 1, 6, 2
Messena : 1, 11, 33*
  Messenius : 1, 10, 2 – -nii : 1, 20, 29. 30
Messias : 4, 7, 7
Micheas : 4, 17, 3
Milesius : 1, 5, 16. 2, 7, 19. 16, 11. 3, 14, 5. 4, 13, 11. 7, 13, 5
Minerua : 1, 11, 39. 15, 9. 17, 12. 13. 18, 1. 23 *bis*. 2, 7, 22. 16, 11
Minos : 1, 22, 3. 7, 22, 5*
Minucius Felix : 1, 11, 55. 5, 1, 22
Molion : *u.* Iuppiter
Moneta : *u.* Iuno
Moyses : 4, 5, 6. 10, 6. 12. 13. 13, 10. 14, 12. 17, 1. 4. 5. 9. 12. 13 *bis*. 18, 29. 20, 2. 10. 26, 40
Mucius *Scaeuola* : 5, 13, 13
Muliebris : *u.* Fortuna
Muluius pons : 1, 21, 6*
Decii Mures : 3, 12, 22
Musae : 1, 5, 10
Musaeus : 1, 21, 39
Muta dea : 1, 20, 35
Naeuius : 1, 6, 9
Naso : 1, 16, 12. 2, 5, 24*; u. et* Ouidius
Nathan : 4, 13, 22 *bis*
Naue : 4, 14, 12. 17, 9*; u. et* Iesus filius N.
Nauius : *u.* Attus N.
Naxos : 1, 11, 64. 15, 9

Nemesis : 1, 21, 23
Nepos Cornelius *(sic)* : 1, 13, 8. 3, 15, 10
Neptunus : 1, 10, 3*. 11, 30. 32 *bis*. 34. 14, 5. 15, 26. 2, 6, 2. 4, 3, 12. 27, 18. 5, 14, 3. 6, 20, 35
Nero : 4, 21, 5
Nicanor *rerum Alexandri scriptor* : 1, 6, 8
Nilus : 3, 8, 29
Nouatiani *haeretici* : 4, 30, 10
Numa : 1, 22, 5. 13*; u. et* Pompilius*; Sabinus rex*
Oceania : 1, 11, 65
Oedipus : 6, 20, 23
Oetaeus : 1, 9, 11
Olympus : 1, 11, 35 *quater*. 3, 17, 14
   Olympius : *u.* Iuppiter
Omphale : 1, 9, 7
Ops : 1, 11, 27. 38. 13, 2 *bis*. 3. 14, 2 *bis*. 5 *bis*. 7. [22, 28]*; u. et* Rhea
Orcus : 1, 14, 5. 5, 14, 3
Orion : 4, 15, 21
Orpheus : 1, 5, 4. 14. 7, 7. 13, 11. 22, 15. 17. 4, 8, 4
   Orphica sacra : 1, 22, 16
Osee : 4, 19, 9. 29, 11
Osiris : 1, 21, 20. 21. 22. 24
M. Otacilius : 1, 6, 14
Ouidius : 1, 5, 13. 12, 6. 13, 6. 21, 8. 40. 2, 8, 64. 9, 20*; u. et* Naso
Palaemon : 1, 21, 23
Pallor *consecratus* : 1, 20, 11
Pan : 1, 11, 63. 15, 13
Panaetius : 6, 5, 4
Paphos : 1, 15, 9
Papia lex : 1, 16, 10
Parcae : 1, 11, 14. 2, 10, 20
Parthenia *i. q. Samos* : 1, 17, 8 – Partheniae *Lacedaemoniorum* : 1, 20, 32

Paulus *i. e. L. Aemilius P. Macedonicus* : 2, 7, 10 – *eius pater* P. *ad Cannas uictus* : 2, 16, 17.
Paulus *apostolus* : 4, 21, 2. 5, 2, 17
Pauor *consecratus* : 1, 20, 11
Perillus : 3, 26, 6*
Peripatetici : 2, 8, 48. 3, 7, 7. 8, 10. 16. 6, 15, 2. 17. 16, 1. 17, 9. 19, 1
Persae : 1, 6, 8 *(Sibylla* de P.*)*. 4, 2, 4. 5, 7. 7, 15, 13
   Persis *terra* : 1, 21, 30
Perses *rex Macedonum* : 2, 7, 10
Persius : 2, 4, 10. 3, 16, 15. 6, 2, 11
   Persianum : 2, 2, 18
Pescennius Festus : 1, 21, 13
Petilius *scriba* : 1, 22, 5 – Q. P. praetor : 1, 22, 6
Petrus *apostolus* : 4, 21, 2. 5, 2, 17
Phaedon : [3, 25, 15]
Phaethon : 2, 10, 23 *(aliter* φαέθων *1, 5, 5)*
Phalaris : 2, 4, 27. 3, 19, 8. 27, 5
Pheneatae : 1, 6, 3
Pherecydes : 7, 7, 12. 8, 7
Phidias : 2, 4, 13
Philippei *nummi* : 1, 6, 10 – Philippicae *orationes Cic.* : 2, 3, 5
Philocteta : 1, 9, 11
Phrygia *Sibylla* : 1, 6, 12 – P. *prouincia* 5, 11, 10 – Phrygii *modi* : 1, 21, 40 – Phryges *haeretici* : 4, 30, 10
Picus : 1, 22, 9
Pietas *consecrata* : 1, 20, 19
Pilatus : *u.* Pontius P.
Piso *scriptor annalium* : 1, 6, 9 – P. *socer Caesaris* : 1, 15, 30
Pistor : *u.* Iuppiter
Plato : 1, 5, 23. 8, 1. 15, 16. 23. 2, 4, 26. 8, 49. 10, 4. 25 *bis*. 14, 9. 3, 14, 13. 17, 29. 18, 8. 9. 10. 19, 17. 18. 20. 25. 21, 2. 5. 12. 22, 6. 25, 1. 7. 16 *ter*. 4, 2, 4. 4, 6. 5, 3, 1. 14, 5. 13. 17, 4. 6, 17, 4. 25, 1. 7, 1, 6. 9. 2, 10. 3, 12 *bis*. 16. 7, 8. 12. 8, 2. 4. 7. 9, 1. 12, 2. 13, 4. 14, 4. 22, 19

Plautus : 5, 12, 11. 6, 11, 8
Pluto : 1, 11, 30. 31. 1, 14, 5 *ter*.
Poeni : 1, 15, 8
Polites : 7, 13, 5
Pollux : 1, 10, 5. 15, 5. 23. 26. 2, 7, 9; *u. et* Tyndaridae
Polycletus : 2, 4, 13
Cn. Pompeius : 6, 6, 17 – P. adulescens : 1, 21, 21
Pompilius : 1, 22, 9 *bis*. 13. 2, 6, 15; *u. et* Numa
Pontius Pilatus : 4, 18, 4. 5. 6
Portunus : 1, 21, 23
Potitiorum gens : 2, 7, 15
Priamus : 1, 10, 6. 22, 17. 23, 3
Priapus : 1, 21, 25 *bis*. 26. 28 *bis*. 29. 2, 4, 1 *bis*. 2. 4
Proculus : *u.* Iulius
Prometheus : 2, 10, 5. 7. 10. 11. 12
Propertius : 2, 6, 14
Proserpina : 1, 21, 24. – P. Locrensis : 2, 7, 18. 16, 11
Protagoras : 1, 2, 2
Punicum *bellum* : 1, 6, 9. 7, 15, 14
Pyrrhus : 2, 7, 18
Pythagoras : 1, 5, 17. 3, 2, 6. 14, 5. 18, 16. 19, 19. 25, 15*.
   4, 2, 4. 7, 8, 7. 12, 30. 13, 4. 23, 2
   Pythagorei : 2, 8, 48. 3, 18, 1. 5, 17, 22
Quintilianus : 1, 21, 17. 5, 7, 6. 6, 23, 30
Quirinus : 1, 15, 8. 23. 29. 32. 21, 23. 4, 3, 12
Quirites : 1, 21, 8. 2, 6, 14
Regulus : 5, 13, 13
Rhadamanthus : 3, 20, 17. 7, 22, 5
Rhea : 1, 11, 6. 13, 2; *u. et* Ops
Rhodos : 1, 21, 31
Roma : 1, 6, 11. 14 *bis*. 15. 2, 7, 10. 11. 13. 16. 16, 11 *bis*. 3, 12,
   22. 20, 3. 4, 5, 7. 21, 2. 5, 14, 3. 6, 8, 9. 7, 15, 14. 18. 25, 6
   Romanus *(adi.)* : 1, 1, 13. 14. 17, 3. 2, 4, 30. 16, 16. 17 *bis*.
   3, 13, 10. 17, 12. 18, 8. 4, 5, 8. 18, 10. 6, 9, 4. 7, 15, 11. 14.
   26, 11 –

Romani *(subst.)* : 1, 5, 26. 6, 13. 11, 49. 15, 6. 8. 29. 20, 1. 3. 5. 17. 27. 33. 21, 26. 22, 1. 9. 2, 12, 4. 16, 17. 18. 3, 18, 5. 4, 7, 6. 10, 15. 5, 13, 13. 14, 10. 19. 16, 4. 7, 15, 13. 19

Romulus: 1, 15, 31 *ter*. 33. 20, 1. 21, 23. 2, 6, 13. 7, 15, 14

Sabain *populus* : 4, 13, 7

Sabini : 1, 15, 8 – -nus *rex* : 1, 22, 1

Salii flamines : 1, 22, 4

Sallustius : 1, 21, 41 2, 12, 12. 6, 18, 26

Samos : 1, 15, 9. 17, 8 *bis; u. et* Parthenia

    Samia *Sibylla* : 1, 6, 9 – Samii : 1, 6, 9 – Samia *uasa* : 1, 18, 21

Sancus : 1, 15, 8

Saturnus : 1, 5, 7 *bis*. 11, 6 *bis*. 7. 16. 17. 27. 38. 46. 48. 53 *bis*. 55. 57. 61. 62. 12, 1. 8. 9 *ter*. 10. 13, 2. 3. 11. 12. 13. 14. 15. 14, 2 *bis*. 3 *ter*. 4 *ter*. 5 *bis*. 7 *bis*. 11 *bis*. 15, 2. 16, 10. 18, 18. 20, 37. 21, 6. 9. 13. 22, 9. 28. 23, 2. 5. 2, 10, 8. 2, 13, 4. 4, 3, 12 *bis*. 4, 8. 10. 27, 18. 5, 5, 2. 3. 9. 10, 15. 6, 20, 35. 7, 24, 9

Scytha : *u.* Anacharsis

Sedecias : 4, 5, 7

Annaeus Seneca: 1, 5, 26. 7, 5. 13. 16, 10. 2, 2, 14. 4, 14. 8, 23. 3, 12, 11. 15, 1. 11. 13. 16, 15. 23, 14. 25, 16. 5, 9, 19. 13, 20. 22, 11. 6, 17, 28. 24, 12. 25, 3 – S. *pater?* : 7, 15, 14

September : 1, 6, 3

Septimius Tertullianus : 5, 1, 23. 4, 3

Serapis : 1, 21, 22* *bis*.

Sibylla : 1, 6, 7 *ter*. 8. 11. 13 *bis*. 14 *ter*. 16. 7, 13. 15, 15. 2, 8, 48. 10, 4. 11, 18. 12, 19. 20. 4, 6, 3. 5. 9. 13, 21. 15, 9. 15. 18. 24. 16, 17. 17, 4. 18, 15. 17. 19. 20. 19, 5. 10. 20, 11. 7, 7, 8. 15, 18. 16, 11. 18, 5. 19, 2. 9. 23, 4. 24, 1. 2. 6. 12. 25, 7*; u. et* Erythraea S.

    Sibyllini *libri uel* -na *carmina* : 1, 6, 7 *bis*. 11, 47. 2, 4, 29. 7, 12. 4, 15, 26. 18, 13. 7, 13, 6. 16, 13

Sicilia : 1, 21, 24. 22, 25. 2, 4, 16. 27

    Siculi : 1, 21, 13. 2, 4, 31. 33 – Archimedes S. : 2, 5, 18

Silenus : 1, 21, 25. 3, 19, 14
Sinnius Capito : 6, 20, 35
Sion : 4, 17, 3. 4
Sminthius : *u.* Apollo
Socrates : 2, 3, 5. 8, 49. 14, 9. 3, 3, 7. 4, 2. 6, 7. 13, 6. 17, 29. 19, 17. 23. 24 *bis*. 25. 20, 1. 9. 10. 16. 21, 1. 2. 28, 17. 30, 6. 5, 14, 14. 6, 17, 4. 7, 2, 10
  Socratica *uanitas* : 3, 18, 5*
Sol : 1, 12, 7
Solomon : 4, 6, 6. 8, 13. 15. 12, 3. 13, 24 *bis*. 25. 16, 7. 10. 18, 32
  Solomonium templum : 4, 13, 26
Solon : 1, 6, 12
Sotion : 6, 24, 14
Spartanae mulieres : 1, 20, 29
Sparti : 3, 4, 9*
Stercutus : 1, 20, 36
Stoici *(subst.)* : 1, 2, 2. 3. 6, 2. 12, 3. 10. 17, 1. 2, 5, 28. 8, 23. 48. 10, 15. 16. 3, 4, 1. 6, 7. 7, 8. 8, 10. 12, 12. 18, 1. 11. 23, 14. 25, 7. 27, 4. 6. 6, 5, 4. 14, 7. 15, 3. 17, 9. 11. 19, 1. 7, 3, 1. 13. 4, 2. 7, 9. 20, 8. 23, 3 – Stoicus *(subst.)* : 1, 5, 26. 2, 5, 7. 19. 7, 7, 13 – *(adi.)* : 2, 5, 7. [3, 18, 5]
Stygia palus : 1, 11, 12 – -as undas : 1, 19, 3
Sulmo : 5, 10, 5
Syria : 4, 10, 14. 18, 4. 7, 17, 2. 26, 2
Syrtes : 5, 17, 18
Tarquinius Priscus : 1, 6, 10 *bis*. 20, 38. 2, 7, 8.
  T. Superbus : 4, 5, 7. 14, 11. 7, 15, 14
Tarquitius : 1, 10, 2
Tartarus (-ra) : 6, 4, 1
Tatius : 1, 20, 11
Tauri : 1, 21, 2
Tellus : 1, 22, 28
Terentianum : 3, 18, 13 – -na : 7, 27, 3

Termaximus : 1, 7, 2; *u. et* Hermes Trismegistus
Terminus : 1, 20, 37. 38. 40
Terra *Saturni genetrix* : 1, 11, 55
Tertullianus : *u.* Septimius T.
Teucrus : 1, 21, 1
Teutates : 1, 21, 3
Thales : 1, 5, 16. 2, 9, 18. 3, 14, 5. 16, 13
Thallus : 1, 13, 8. 23, 2
Thebae : 1, 22, 15. 3, 12, 22
Themis : 1, 11, 10
Themistes : 3, 25, 15
Theombrotus Ambraciotes : 3, 18, 9. 10*
Theophilus *Antiochenus* : 1, 23, 2
Theophrastus : 6, 12, 5
Thetis : 1, 11, 9
Thoyth : 1, 6, 3*
Tiberis : 1, 21, 6 – Thybris : 1, 11, 59
   Tiberinus : 1, 11, 59. 2, 7, 12
Tiberius Caesar : 4, 10, 18. 14, 11
Tibur : 1, 6, 12
   Tiburs *Sibylla* : 1, 6, 12
Tirynthius : 1, 21, 8
Titan : 1, 14, 2. 3. 7. 9. 10. 2, 10, 8 – Titanes : 1, 10, 10. 11, 64.
   21, 39. 5, 6, 7 – Titani : 1, 14, 7
   Titanius : 1, 5, 11
Tityus : 7, 21, 5
Triphylius : *u.* Iuppiter
Trismegistus : 1, 6, 3. 11, 61. 2, 8, 48. 12, 4. 14, 6. 15, 8. 4, 6,
   3. 9. 9, 3. 13, 2. 27, 20. 5, 14, 11. 6, 25, 10. 7, 9, 11; *u. et*
   Hermes; Termaximus
Troia : 1, 3, 17. 6, 9. 9, 10; *u. et* Ilium
   Troianus *(adi.)* : 1, 6, 12. 23, 2. 4. 2, 16, 18. 4, 5, 6. 8, 13.
   7, 15, 19 – Troicum bellum : 1, 23, 3
Tuditanus : 3, 23, 7

- M. Tullius : 1, 2, 3. 10, 2. 14. 15, 16. 20, 17. 2, 4, 27. 33. 36. 10, 15. 3, 1, 1. 8, 32. 14, 9. 15, 9. 16, 2. 19, 5. 25, 12. 28, 9. 4, 4, 6. 18, 10. 5, 6, 12. 11, 2. 16, 13. 6, 5, 4. 8, 6. 11, 9. 12. 12, 15. 18, 34. 24, 18. 7, 2, 10. 4, 15. 8, 9. 9, 10. 11, 5; *u. et* Cicero
- Tullus Hostilius : 1, 20, 11
- Turullius : 2, 7, 17
- Tuscus *amnis* : 1, 13, 6
- Tutinus : 1, 20, 36
- Tyndarus : 1, 10, 11. 15, 20
- Tyndaridae *i. e. Castor et Pollux* : 1, 5, 4
- Tyriae arces : 2, 16, 18
- Valentiniani *haeretici* : 4, 30, 10
- L. Valerius : 1, 6, 14
- M. *Terentius* Varro *scriptor* : 1, 6, 7. 14. 13, 8. 17, 8. 21, 7. 22, 10. 2, 12, 4. 21. 24. 4, 15, 27 – *C. Terentius* V. *ad Cannas uictus* : 2, 16, 16. 17
- P. Vatienus : 2, 7, 10
- Veii : 2, 7, 11
  Veiens : *u.* Iuno
- Venus : 1, 10, 4. 15, 9. 17, 9. 20, 32. 2, 4, 12. 3, 8, 6 – V. Armata : 1, 20, 32 – V. Calua : 1, 20, 27
- Vergilius : 3, 29, 8. 4, 28, 15. 7, 22, 17; *u. et* Maro
  Vergilianum : 2, 10, 16. 7, 3, 5
- C. Verres : 1, 10, 14. 2, 4, 27. 30. 31 *bis*. 33. 34. 35 *bis*
- Verrius *Flaccus* : 1, 20, 5
- Vespasianus : 4, 21, 5
- Vesta : 1, 11, 46. 12, 4. 5. 6. 14, 2. 4. 21, 25. 27. 2, 6, 2. 3, 20, 4
  Vestales uirgines : 1, 21, 9 – -lia sacra : 1, 21, 26
- Vfens : 5, 10, 5
- Virbius : 1, 17, 15
- Virtus *consecrata* : 1, 20, 12. 19 *(cf.* 16*)*. 21, 16
- Vlixes : 1, 23, 3
- Vrania : 1, 15, 8

Vranus : 1, 11, 61 *bis.* 13, 14. 15. 15, 2. 22, 28. 2, 13, 4; *u. et* Caelus
Vulcanus : 1, 12, 7. 15, 9. 26. 17, 12. 13. 18, 21*. 2, 6, 2. 4, 4, 8. 27, 18*
Xenophanes : 3, 23, 12
Zacharias : 4, 5, 8. 14, 6. 11. 18, 29
Zeno Epicureus : 3, 20, 15
Zenon *Stoicus* : 1, 5, 20*. 3, 4, 1. 2. 6, 7. 7, 8. 8, 20. 18, 5. 23, 8. 4, 9, 2. 5, 3, 1. 6, 24, 14. 7, 7, 13*
Zephyrus : 1, 20, 8

Nomina graecis litteris scripta:

Ἀίδης *i. q.* Ἅιδης : 1, 21, 7
Ἀσκληπιός : 7, 18, 4
Ἑλλάς : 1, 15, 15
ΖΑΝ ΚΡΟΝΟΥ : 1, 11, 46
Ζεύς : 1, 11, 16. 13, 11. 2, 14, 7
Ζήν : 1, 11, 16
Ἰουδαῖοι : 4, 20, 11
Κρήτη : 1, 11, 47
Κρόνος : 1, 12, 9. 13, 11 *bis; u. et* ΖΑΝ
Πινδαρικὴ ἐξήγησις : 1, 22, 19
Σίβυλλα : 4, 15, 29
Φάνης : 1, 5, 4
Χαλδαῖοι : 4, 13, 11

INDEX FORMARVM ET SCRIPTVRARVM

De ratione et instructione indicis u. supra p. XCV sq.

a *pro* e *in compositis*: 2, 4, 18 inbarbis G. 16, 3 consacrari B^1, *corr.* B^3. 6, 11, 7 inpartiant R. 20, 28 incasta R

abst-: 2, 7, 16 apstulisset R, abtu- D^1 V, abstu- D^2 *cet.* (3, 21, 6 abstu- *codd.* al.) – 2, 7, 22 apstinere R

adc-: acc- *in* B *cet. nisi* 2, 9, 5 adcensetur BP, acce- DVHMR; cens- G. 5, 2, 2 adcitus R, accidit- V (D *deest*), accit- B *cet.*

adf-: *sic fere* B *cet.; nota:* 6, 5, 13 affectibus *ex* adf- B, aff- KSR, adf- *cet.* 16, 3 affectus *ex* adfectos B^2. 18, 30 aff- *ex* ac def- B^3. 19, 8 affectibus B^{ar}, affectus B^{pr}. 7, 10, 2 affect- BDPKS, adf- HM

adg-: *sic fere* B *cet.; nota:* agnosco: 2, 18, 6 adgnouerit BP^{pc}, agn- $GDVP^{ac}$ HM. 4, 11, 12 adgnouit B^1, agno- B^3 *cet.* 4, 17, 5 adgn- B, agn- *cet.* (5, 9, 1. 7, 6, 1 *bis.* al.). 5, 14, 1 adgnoscant, d *del.*, B (6, 10, 26. 23, 39), agn- *cet.* 6, 9, 13 adgnoscit B, agno- G *cet.* 16 adgn- B^1, agn- B^3 (G *inc.*)

adl-: *sic* B *cet., nisi* 2, 8, 43 alligatum *codd.* (4, 20, 12 -tos). 4, 21, 4 allidi *codd.* (*u. et ad* 6, 20, 18 oblidere)

adqu-: *sic* B *cet., e. g.* 1, 22, 23. 3, 23, 3. 4, 19, 11

adr-: *sic* B *cet., e. g.* 3, 6, 9. 17, 36. 6, 7, 2

ads-: *sic fere* B *cet.; nota:* 4, 1, 13 asciuerunt BS, adsc- *cet.* 6, 9, 5 ascribi B^1, adscr- B^3 *cet.* 6, 3, 2 assignata B^1 KS, ads- B^2 *cet.*

animaduersio: 4, 4, 5 animaaduersio BM, -mad- *cet.*

antichristus: 7, 19, 6 antechr- BP^1, antichr- $D^2 P^3$ HMKS; christus D^1

antist-: 4, 3, 4 antestites DVHM (5, 2, 3 -test– D^{ac} VM^{ac} R. 9, 17 D^{ac} V. 19, 10 H^{ac}). 7, 2, 5 antestet P (15, 13 -test- DHM) app-: adp- *fere* B *et plures cet., e. g.* 1, 4, 5 adpetunt BDVS, app- PKR (17, 10 app- KSR, adp- G *cet.* 5, 22, 9 adp- BDVP, app- *cet.*). 4, 15, 17 adponere BHMR, app- *cet.;   nota:* 3, 25, 17 appendere BP; *aliter cet.* − 5, 17, 1 adpareat B[ac], app- B[pc] *cet.* 6, 4, 8 adparatu BGP[ac], app- P[pc] *cet.*

arcesso / accerso: 1, 5, 12 (Verg.) accersere MKSR, arcess- BPW, arcers- DV. 2, 16, 11 accersitus B (acce *inc.*) DVP, arcess- HM

ascendo: 1, 10, 9 ęscendit K, esc- R[ac], asc- R[pc] *cet.* (11, 63 esc- D[1] VR[1], desc- D[2], asc- R[2] *cet.* 18, 23 esc- DVR[1], asc- R[2] *cet.* 4, 15, 16 desc- R, asen- S, ascen- *cet.*). 18, 6 escendisse B[1] VR[ac], acc- P[ac], asc- B[3] P[pc] HMKSR[pc]. 11 adscendere DV[1], asc- V[1] *cet.* 6, 13, 7 escen- R[ar], scen- R[pr], ascen- *cet.*

at: 1, 3, 6 ad B. 10, 14 ad B[ac] (11, 18). 6, 6, 15 ad BD[ac] VP[ac]. 11, 9 ad B[ac] D[ac]. 7, 11, 6 ad B. al. / 3, 11, 12 *bis* ad P[ac] HM, at P[pc] B *cet.*

atquin: 1, 4, 3 adquin B (11, 8. 3, 3, 15. 7, 3, 22. al.), atq- DVP (*ex* autq-) R. 1, 11, 8 atqui D[2] H[pr] KS, -in D[1] PVH[ar] MR. 3, 19, 3 adq- B[ac] G. 4, 12, 15 adq- B[ac] D[ac] VPH. 6, 17, 9 adq- B. / 3, 15, 14 atquin BDVP (n *exp.*) R, -qui KS, ad HM. 4, 14, 11 atquin BPR, adq- DVHM, KS *aliter.* 5, 3, 23 adquin DHM, atq- B *cet.*

atque: 2, 7, 10 adque B (G *inc.*). 2, 9, 21 adque B, atq- G. 3, 10, 2 adque P[1] (6, 4, 12 DV). 3, 18, 10 adque B (4, 3, 20). at *pro* ad: 3, 15, 3 athuc B (4, 10, 8 athuc B[ac], ad|thuc G. 5, 17, 7 athuc B[ac]). 6, 15, 2 athibito B[ac] R. (6 athib- B[ac] R)

att-: *sic fere* BG *cet.; nota:* 5, 1, 27 adtinet B *interpol.* − 5, 16, 9 adtingere DVH, att- BG *cet.* − 1, 18, 22 attributa GDMKSR, adt- BPVH. (2, 16, 13 attribui DVP, adt- BHM. 6, 2, 8 att- VHMKS, adt- BDPR. 9, 20 adtr- B[3], atr- B[1]. 20, 35 att- B, adt- *cet.* 23, 2 adt- B, att- *cet.*) − 3, 13, 3 adtulerunt BPVH, att- GDMKSR (3, 16, 5 adtu- B, attu- *cet.* [4, 1, 2])

attingo, *perf.*: 3, 13, 12 attingerim DV. 16, 16 -tingerant DV. 5, 1, 1 -tingerit HM (6, 3, 6 -ting- D[ac] V). 9 -tingerunt DVS[ar] b *pro* p: 3, 19, 6 labsu *ex* -ps- B³. 28, 2 prolabsi B (G *inc.*). 4, 1, 3 labsi B (G *non legitur*). 6, 14, 5 labsos BDV. 24, 1 labsus *ex* -ps- B. 7, 15, 13 labsu B

b *pro* u: 1, 11, 41 adiubet B^{ac} (2, 2, 18 iubat HM¹. 10, 1 iubarent HM). 2, 2, 24 adiudicabit B (*sic 'fut. pro perf.' saepe, e. g.* 4, 17, 3 denuntiabit DV. 5, 14, 3 disputabit B¹, -uit B³ *cet.* 6, 4, 24 inluminabit B¹, -uit B² *cet.* 6, 10, 3 generabit B¹, -uit B³ *cet.*). 2, 4, 19 exubias GHM, -uui- B *cet.* 3, 3, 16 conibere HM, cohibere B, coniue- *cet.* 3, 13, 8 fabeant HM. 3, 15, 8 proterbos B (6, 18, 11 -bus B). 4, 11, 3 conserbant B^{ac}. 4, 16, 16 libore B. 4, 26, 1 uis *ex* bis B. 5, 1, 2 beneficis *ex* -ciis B (6, 2, 10 ben- B¹, uen- B² *cet.* – 5, 16, 13 benenata G). 5, 1, 7 coacerbant B³ ([B¹ *aliter*]. 7, 14, 17 coacerb- B¹ HM, -erua- B³ *cet.*). 6, 4, 9 declibis G. 6, 6, 28 erudibit B¹. 6, 9, 11 uibus B¹ (6, 24, 20 uibamus B¹). 6, 15, 17 reuolbuntur *ut uid.* B¹. 6, 17, 21 ebulsis B¹. 6, 21, 7 brebibus R. 6, 23, 16 conlubione B¹ (*corr.* B³). 7, 1, 12 grabant B¹. 7, 12, 23 bene KS^{ac}. 7, 12, 30 nobis BHM. 7, 15, 15 cibilibus D^{ac} HM (16, 1 M). 7, 27, 3 bapulandum B¹, uap- B³ *cet.*

beneficentia: 4, 3, 3 -ficentia B¹ PR^{ac}, -cientia B² R^{pc} DVHMS. 6, 6, 21 -ficentia GR, -cientia BDVHM; -ficia P. 11, 26 -ficentia R, -cientia BD² P² H; -ficia D¹ VP¹ M. 27 -ficentia VR, -cientia BDP² HM, -fitia P¹

brachium: 4, 16, 15 bracchium B, brach- *cet.* (KR *desunt*)

caementum: 2, 8, 66 caementa R, cem- *cet.*

capesso: 3, 16, 1 -pessant *codd.* 6, 9, 22 -pissenda HM. 7, 7, 11 -pessandam B

ch *pro* c: 1, 1, 5 archanum PVM (3, 20, 4 arch- P. 4, 26, 13 arch- DHMKS). 17, 14 drachone HM. 21, 1 teuchrus VP (D *inc.*). 22, 15 chiteron B *(u. adn. crit.).* 2, 8, 14 achademicorum BHMS, aca- *cet.* (3, 14, 14 achad- HMKS, acad- B *cet.*). 3, 4, 11 arcesilas R, -ches- B *cet.* (14. 5, 3. 6, 7 arce- VR. al.). 6, 10, 10 sochiale B. 7, 13, 9 musichi B¹, -sici B³ *cet.*

c *pro* ch: 2, 8, 60 macinis B (G *non legitur, alias* mach- B). 3, 17, 41 arcipirata BG. 18, 5 crysippus BHM (7, 23, 3 B). 4, 5, 8 zaccarias, *pr.* c *in ras. m.3* B, zaccha- VR ([D *inc.*].

14, 6 zacarias B, zaccha- VR. 11 zacca-, *pr.* c *eras.* B. 18, 29 zaccha- BR). 4, 26, 40 pasca BV^{ac} HM. 4, 30, 13 cristianos B (5, 2, 13 chri- *ex* cri- B^2. 13, 8 -nus B^{ac}. 7, 26, 8 -ni B). 5, 2, 17 aristharcus BP, -tarcus HMK^{ac}. 4, 6 stomaci B. 7, 7, 12 dicearcus BKSR

claudo: 4, 12, 18 (Vet. Lat.) cludentur BGPR, claud- DVKS; conclud- HM. 7, 17, 2 cludet PS, claudet BD; claudat HM – 4, 17, 1 inclausam P (7, 12, 11 inclausa H^{ac})

claudus: 4, 15, 14 (Vet. Lat.) clodus BPR, claud- *cet.* 7, 27, 13 clodi BPHM, claudi DS / 4, 26, 10 claud- *codd.* (6, 11, 18. al.)

coerceo: 1, 9, 5 cohercet BP^{ar} V (3, 26, 2 cohe- B. 4, 3, 14 BDMS. 17 BMS. 5, 10, 16 BK. 6, 23, 3 DVP) / 5, 10, 16 coerc- B (6, 23, 3. al.)

coll-: 1, 7, 11 conlocare BR, coll- *cet.* (11, 27 conl- BHMR^1, coll- R^2 *cet.* 2, 13, 3 conl- B, coll- *cet.* 3, 7, 8 conl- BPR, coll-VHM [D *inc.*]. 5, 22, 16 conl- BDV, coll- *cet.* / 6, 9, 24 conlocetur HMR, collo- B *cet.* 13, 11 collocare B, conl- *cet.*) – 1, 17, 13 conluctatione GDVPHMR, coll- KS. 3, 16, 5 conlata B, conlocata DV, collata *cet.*

comp-: 1, 5, 14 conprehensa BDVPR, cõp- KS. 1, 21, 41 component- BPH, conp- DVR, cõp- MKS. 1, 22, 20 complesse B^1 *cet.*, conp- B^2 (3, 1, 4 conplebit GD, comp- B *cet.* [cõp- H]). 6, 18, 19 conparem GDV, comp- B *cet.*

comprehendo, -hensus: 2, 6, 1 comprensas P. 3, 20, 2 conprendi D. 30, 4 conprendere R. 7, 7, 7 conprensa D

coniunx: 1, 10, 14 -iunx BP^{pc} R, -iux DVP^{ac} HMKS. 22, 28 coniunx BD^2 VPHR, -iux D^1 MKS

contemno: 3, 11, 14 contempnendis BPHM, -mn- *cet.* 12, 23 *pr.* -tempnit B^1 M, -mnit B^3 *cet.; alt.* -mnit B *cet.* 21, 3 –mpnent BPM. 30, 8 -mpnat BPHMKS. 5, 12, 3 -mpnite BPM, -mnite G *spatio indice.* 13, 19 -mpnendam BPKS, -mn- G *cet.* 6, 17, 10 -mpnet B^{ar}. 18, 14 -mpni B^{ar} HM / 1, 18, 8 -mpnunt HMKSR^1, -mn- BR^2 *cet.* 2, 2, 14 -mpnunt DVPM, -mn- B *cet.* 4, 22, 5 -mpni PH, -mni B *cet.* 5, 1, 16 -mpn- VPA, -mn- B *cet.* al. – 2, 4, 12 contemserit GR, -mps- B *cet.* 6, 25, 4

-ms- DVP (B *deest*). 7, 1, 4 -ms- D^{ac} – 7, 9, 11 contemta R, -mpt- B *cet.*

contemptus, -us: 4, 23, 6 -temtum BR (6, 7, 6 BR. 20, 8 BRV). 4, 30, 6 -mtui BKSR. 5, 13, 5 -mtus BSR. 6, 6, 9 -mtu B^2 R, -entu B^1. / 3, 23, 1 -temtu R, -mpt- B *cet.* 1 -ntus *ex* -mtus R, -mptus B *cet.* 6, 4, 10 -temtui GR, -mptui B *cet.*

corr-: 1, 3, 19 conruent BR^1, corr- R^2 *cet.* (18, 4 conruant B^3 HM, corr- B^1 *cet.*). 5, 6, 2 corraderent *codd.* (H *aliter*). 5, 22, 17 conroboret B, corr- *cet.* – 5, 22, 12 conrumpi B^{ac}

corruptibilis: 2, 3, 14 corruptilibus PR (6, 6 PR. 5, 8, 4 BVPR. 7, 3, 11 BP)

cottidie: 1, 4, 3 cottidie B^{ar} R, coti- B^{pr} DVP. 16, 6 coti- *codd.* (B *deest*, G *non legitur*). 2, 6, 3 cotti- B (*pr.* t *eras. uel euan. ut* 4, 13, 17) R, coti- G *cet.* 4, 6, 8 cotti- BHM, coti- *cet.* 19, 1 cotti- B^{ar} DVHM, coti- B^{pr} *cet.* 5, 3, 5 cotti- B^{ar} R (5, 8, 5. 6, 11, 23. 20, 24). 19, 9 cotti- BDVR. 7, 27, 10 coti- *codd.* – 2, 17, 10 cottidian- B^{ar}, coti- B^{pr} *cet.* (3, 7, 4. 26, 3. 4, 16, 11)

cu *pro* quu: 1, 4, 1 locuntur B^1 VHR, -qun- B^3 (11, 34 locuntur BDVHK, -quun- *cet.* 21, 28 -cun- BDVHMR, -quun- PKS. 2, 10, 9 -cun- BV, -quun- *cet.* / 3, 24, 1 -qun- B, -cun- HR. 4, 17, 16 loquntur B, -quuntur *cet.* / 6, 4, 1 locuntur R, -quun- B *cet.* 8, 10 -quun-, *pr.* u *del.* B, -cun- DVPHMR. 12, 1 -cun- PR, -qun- B^{pr}, -quun- B^{ar} *cet.* 20, 27 -cun- DP^3 R, -cuun- P^1, -qun- B^{pr} V, -quun- B^{ar} HM). 1, 11, 36 insecuntur BHMR, -quun- *cet.* 2, 11, 7 secuntur BMR. (3, 11, 4 -cun- BR. 24, 3 BDVHR. 4, 13, 14 BDVR. 26, 20 DVHR, -qun- B. 7, 11, 4 B). 3, 20, 5 consecuntur BHMR. 4, 27, 8 persecuntur BDVR (5, 5, 11 BMR, 9, 1 BR. 21, 3 BV^{ac} MR). 6, 1, 8 adsecuntur BR (7, 6, 7 B). / 1, 20, 5 adsequuntur BPV, -cuntur DHMSR. 6, 6, 12 secuntur PR, sequun- B *cet.* (8, 2 secun- PHMR, sequun- B^1 DV, sequn- B^3). 6, 23, 20 obsequntur B, -cun- R, -quun- *cet.* – 2, 4, 22 *uar. l.* relincunt B^1, -nqunt B^2 V^{ac}, -nquunt G (5, 19, 27 -qunt BA, -ncunt R, -nquunt *cet.*) – 4, 18, 10 prosequutus V, -cut- BD *cet.* 4, 18, 16 loquutus HM

– 5, 9, 22 aecum BR, aequum *cet.* (2, 4, 18 inicum B^{pr} R, iniquum DVP, inimicum B^{ar} G *cet.* 6, 23, 29 inicum GR). 17, 10 equum B^2 PM^2, ecum R, aecum B^1, ęquũ KS, cum DVH (27 equm B^1, ecum VR, equum B^2 *cet.*) – 1, 21, 6 anticum B^1 H, -qum B^3, -quum *cet.* (4, 28, 15 anticos M) quu *pro* cu: 1, 3, 19 quunei B (*alt.* u *s.l.*). 4, 22, 5 (*ante* non maiestatem) quur R, cur *cet.*

d *pro* t final.: 2, 8, 2 capud B. 5, 6, 10 reliquid DV. *u.* at. inquit

daemon: 2, 14, 5 demonum B *(sic 2, 14–15 passim;* 1, 7, 9 daem-*). acc. plur.* -as: 2, 14, 7 daemonas DVP, -nes BHM (12 -nes B *ut* 13. 15, 8 / 2, 15, 3 demonas B). 4, 27, 2 -nas DV^1 PHR, -nes BGV^2 KS. al. – 4, 13, 16 d(a)emoniacas HMR, -nicas B *cet.* (4, 15, 12 -niac- PH. 27, 14 -niac- KS. 30, 9 -nic- *codd.* [*aliter* BKS])

decurro: 6, 10, 14 decurrisse GR – *cf.* 6, 11, 19 succurrit BR, succurrerit *cet.*

del- / dil-: dil- *pro* del-: 3, 10, 4 diludunt R, del- *cet.* (5, 17, 33 dil- R^1, del- R^2 *cet.*). 4, 26, 39 dilibutum BGR^1, del- R^2 *cet.* 6, 4, 3 dilectabilis DV. 11, 15 dilicias HM – del- *pro* dil-: 7, 1, 13 delargitis B, dil- DP, largitis HM

deminuo: 2, 12, 24 diminuta B, dem- *cet.* 13, 3 diminuit DVP. 4, 26, 33 diminutum BG. 7, 12, 9 dim- KS – 2, 5, 18 deminutionesque *codd.*

describo / discribo: *u. adn. crit.* 1, 22, 4. 2, 8, 8. 4, 16, 5. 10. 5, 3, 9. 7, 13, 3. 14, 16 – -scriptio: *u. ad* 2, 10, 2. 7, 3, 25

diabolus: 2, 14, 1 zabolus B^1, zia- B^2, dia- B^3. 4, 14, 6 (Vet. Lat.) zabulus P

dii *nom. plur.*: 1, 15, 31 dii G *cet.* (B *deest*). 2, 2, 5 di *ut uid.* G, dii B *cet.* – diis: 1, 15, 31 diis GP^{pc} HMR, dis P^{ac} *cet.*

di(s)iungo: 3, 10, 9 diiunctum BR^{ac}, disi- R^{pc} *cet.* 4, 3, 4 diiuncta BM^{pc} R^1, disi- M^{ac} R^2 *cet.*

dilabor: 7, 14, 16 dislabentis B^2 D, -tes B^1, dilab- *cet.*

dis- *pro* des-: 2, 8, 43 distruitur R ([44]. 3, 28, 20 distruas ... distruit P^1. 5, 3, 7 distr- R^1. 20, 14 distr- P. 7, 15, 12 distr- B

[13. 19, 1]). 2, 19, 5 disperandum V (3, 20, 15 disp- P. 5, 9, 12 disp- B [6, 24, 1. 3] – 3, 28, 17 disperatione P). 5, 9, 16 dispolient BGHM ([6, 11, 3]. 6, 18, 21 disp- B³ HM, desp- B¹ G *cet.*). 5, 19, 11 distringant BA. 6, 23, 12 designet BM, dissig- *cet.* 7, 16, 2 distitutis B¹. 19, 2 discendentis P (*u. ad* 4, 21, 2 discedens)

dirigo: 6, 3, 7 derigat B¹ D¹ V, dir- B² D² *cet.* 8, 5 derig- B¹, dir- B² *cet.* 16, 11 derig- BR, dir- *cet.* 17, 9 dirigendus *codd.* 12 derig- B. 7, 27, 1 derig- B. 4 derig- P

dirimo: 5, 5, 13 diremtum BR, -rempt- KS, -rept- *cet.*

dirumpo: 4, 12, 18 dirrumpam BGR¹, disr- R² *cet.* 6, 10, 4 dirruperit R, deru- D^ac, diru- D^pc VPHM; inru- B – *cf.* 6, 11, 24 dirruuntur R

domus: *acc. plur.* -mos *nisi* 6, 12, 5 (Cic.) -mus BHM, -mos *cet.*

e *pro* ae *saepe, e. g.*: 1, 21, 43 caerimoniis VR, cer- B *cet.* (2, 4, 25 cerem- B). 2, 8, 48 pene B. 2, 9, 8 coheret BG (5, 8, 10 cohaer- VR, coher- *cet.*). 2, 13, 8 hebraei V, -rei *cet.* (4, 7, 7 hebraeice HR, -rei- BP, -raic- DVMKS. 7 -raeic- HR, -reic- BP, -raic- *cet.* 10, 5 -braeorum R, -breor- *cet.* 8 -braei DHR, -brei BG *cet.* [14]. 26, 37 -braeos R, -breos *cet.* 38 -braei MR, -brei *cet.* 7, 14, 8 -breorum *codd.* [15, 1]). 4, 1, 3 eque B. 30, 1 haereses R, her- *cet.* (13 haereticorum SR, her- *cet.*). 6, 2, 10 prestiterit BVP. 20, 27 scenis BVHMR, scaen- DP (35 scenici B¹ DVHM, scaen- B² PR. 21, 2 scenic- BDHM) – *u. et* faenus

ae *pro* e *saepe, e. g.*: 1, 21, 25 aepulis B^ac PHM (4, 10, 10 aep- B^ac GPHM. 6, 1, 6 aep- B^ac HM – 1, 21, 16 aepulatum B^ac HM, ẹp- K). 2, 5, 15 dispositae . . . ordinatae G. 3, 8, 41 praemi BM (4, 25, 9 praemunt *codd.* [p̃m- HMKS]. 5, 19, 9 praem- B^ac AHMKS. 22, 12 praem- B^ac DP. 16 B^ac DPH, p̃m- KS. 7, 5, 10 praemente *codd.* 12, 13 praem- BDP^ac – 7, 17, 6 praes(s)ura PHM). 4, 2, 4 paenes B³ DVP, pẹn- HS, pen- B¹ MR. 5, 9, 16 laeuia BG (7, 9, 14 B). 5, 18, 15 praetio B^ac DAMH^pc, p̃tio KS, prat- H^ac, pret- B^pc VR (6, 5, 3 pret- B³ DV, praet- *cet.*. 25, 4 pret- H, praet- *cet.* [B *deest*]). 6, 1, 6 praetiosius, a *del.*, B, praetiosum DP^ac. 6, 17, 25 uaecordem

DVP. 7, 5, 24 quaeunt BP – *u. et* precatio

ae *pro* oe: 6, 3, 3 amaena ... amaenitatis B[1], *corr.* B[2] – *u. et* fetus

e *pro* i *saepe, e. g.*: 2, 8, 66 arteficio B[1], -tif- B[3] *cet.* 10, 23 sterelitate BV[1], -ril- V[2] *cet.* (4, 10, 5 -rel- B[1] HM, -riel- K[1], -ril- B[2] K[2] *cet.* – 3, 11, 10 sterele B[3] *ex* -reli). 13, 5 palleo B. 16, 10 inliceant BM[ac]. (5, 9, 11 -cea- B[1] GP[pc], -cia- B[2] P[ac] *cet.*). 3, 16, 15 inredens B[1], -rid- B[3] *cet.* 4, 10, 11 retus G, ritus *cet.* 6, 10, 14 inpremendo B[1], -prim- B[2] *cet.* 20, 16 crimene B[1], -mine B[2] *cet.*

i *pro* e: 3, 3, 8 ribus B. 4, 24, 10 respondibit B. 5, 3, 25 adimisti B. 6, 6, 19 uictig[alia] G. 7, 7 diuerticula P[3] HM, deu- P[1] *cet.* 20, 5 delinitum DVP (33 deliniat D[2] P[3] HM, -laen- P[1], -len- D[1] *cet.*). 23, 6 inrititum B[1]. 7, 3, 23 siminibus B[ac]

ecclesia: 4, 13, 26 aeclesia BG, aeccl- MKS. 14, 1 aecl- BG, ęccl- KS. 21, 2 aeccl- B, ęccl- KS. 30, 4 aeclesiam B (11 aeclesia B. 13 aeclesiam B)

effero: 1, 21, 17 ecferuntur B, effe- DVPR, haec fe- *cet.*

eructo: 4, 8, 14 eructuauit P[ac] R, eruct- *cet.*

esaias: 4, 11, 12 eseias BR; *sic fere semper;* 12, 18 BGR[1]

exim: 1, 14, 2 (Enn.) exim DVP, eximus R[1], -mius R[2], exin HMKS (B *deest, sed* 4, 10, 18 exin *pro* exinde)

exs-: 1, 21, 10 exsecrabile BP, exe- *cet.* (2, 16, 4 exse- BPV, exe- DHM. 3, 15, 19 exse- BVP, exe- G *cet.* 18, 9 exse- D, exe- B *cet.* 6, 17, 7 exse- B[ar], exe- B[pr] *cet.* 7, 26, 10 exse- B, exe- *cet.* – 2, 13, 3 exsecratus B, exe- *cet.* [4, 27, 14 exsecr- PR, exe- B *cet.* 5, 1, 1 exsecretur BPS, exe- *cet.*]) – 1, 2, 6 exsequi BPR, exe- DVM. (1, 6, 17 exequerer BPR, exse- V [D *inc.*]. 23, 7 exse- DPR, exe- B *cet.* 7, 12, 1 executus BKS, exse- DVPHM / 7, 5, 12 exsequi ... exsecuti BDPKS, exe- ... exe- HM) – 1, 21, 17 exserentes K[2] (*ex* esser-; effer- S), exer- B *cet.* (3, 1, 1 exsereret P[ac], exe- P[pc] B *cet.*) – 3, 28, 11 exiliunt *codd.* (6, 20, 32 exsil- B[ac] HM, exil- B[pc] *cet.* 7, 21, 4 exsil- BH, exil- *cet.*) – 3, 3, 15 exsistit BV, exist- P, exstitit

D, extit- HM (6, 8 exstitit D, exti- B *cet.* [4, 14, 20 exstitit P]. 14, 8 exstitisse DR, exti- B *cet.* [19, 22 DR]. 15, 7 exsistant B, exis- *cet.* 22, 11 existit R, extitit *cet.* 5, 10, 11 exsistunt BHR, exstist- V, exist- *cet.* 7, 13, 9 exsistere B) – 4, 12, 9 (Vet. Lat.) exsultent BDVPH, exul- MKSR / 3, 8, 27 exultant *codd.* 4, 13, 9 exultationis *codd.* – 4, 13, 10. exurget KS, exsu- B *cet.* (19 exurget GKS, exsu- B *cet.* 4, 19, 8 exsurrexi BDVR, exu- KS [PHM *aliter*]) – *ceterum nota*: 1, 17, 4 exspectatur R, exp- *cet.* ([B *deest,* G *non legitur*]. 5, 23, 3 exspe- R. 6, 12, 2 exspe- R) – 3, 18, 17 exsistimasset P, exi- BDVPR, aesti- HMKS (5, 13, 11 exsistimant, *pr.* s *s.l.,* B. 6, 13, 3 exsistimet B[ar]. 6, 19, 3 exsistim- R) – 5, 17, 2 exsigi D – 2, 4, 19 exsuuias R. 4, 6, 5 exsorsa B. 5, 19, 31 exsuat A
ext-: 1, 11, 16 extingui *codd.* (19, 3 exti- BGKS, exsti- *cet.*). 1, 20, 22 exstructionibus DP, extr- *cet.* ([G *non legitur*] – 6, 11, 24 exstructis HMR, extr- *cet.* 7, 3, 9 extruuntur *codd.*). 2, 8, 49 exstitit DVP, exti- B *cet.* (3, 12, 22 exstitisset D, exti- *cet.*). 5, 9, 7 extirpare *codd.* (6, 14, 8 extirpari B, exstir- *cet.* 24, 22 exstirp- HM, exterp- B[1], extirp- B[2] *cet.*)

f *pro* ph: 1, 4, 1 profetae B (5, 1. 2, 8, 48. al.). 1, 2, 6 filosofos B (5, 2. 15. al. 2, 10, 16 BG / 2, 8, 48 philosoph- B [3, 1, 2. 13. 4, 2, 2]. 3, 15, 6 filosophiam B). 1, 11, 1 triumfum BR (2 triumfantis BR. 4, 26, 28 -mfa- BGPR. 6, 23, 39 -mfa- R, -mpha- P[2], -mpha- B [h *s.l.*] P[1] *cet.* 7, 24, 4 triumfentur BP, -mphe- DS [HM *aliter*]. 27, 16 -mfantes D[pc], -mpha- D[ac] B *cet.*). 1, 22, 11 amforam DVP. 4, 15, 17 cofini PHMKR. 5, 17, 18 pharetra B[2], par- B[1], far- *cet.* 7, 26, 2 sulfuris B – *u. et* fisic- *sub* i *pro* y – *nomina*: 1, 5, 4 orfeus BDVPR (14 -f- B. 7, 7 -f- BDVP – 1, 22, 16 orfica *codd.*). 1, 7, 1 colofone BDVPR. 9, 11 philocteta HM, fil- B *cet.* 17, 9 hermafroditum G *cet.* (hermaforod- HM, B *deest*). 2, 4, 13 eufranoris ... fidiae *codd.* 3, 18, 5 euforbum *codd.* ([eupo- V[ac]]. 7, 23, 2). 4, 30, 10 phryges R, fr- *cet.*

ph *pro* f: 1, 21, 12 prophanis DV (18 -ophanos KS)

facinerosus: 4, 18, 25 (Vet. Lat.) facinorosos B[ac] V[pc] KS, -ner- B[pc] V[ac] *cet.* 5, 12, 5 (Cic.) -norosum HMKS, -ner- *cet.*

faenus: 1, 20, 6 faenore DVR, fen- BHMS, foen- P (6, 11, 27 faen- DVH, fen- RP, foen- M; facinore B – 6, 12, 2 faeneratio B[3] HR, fen- B[1] DVP, foen- M)

fetus: 1, 21, 10 faetus B[ar], fęt- KS, fet- B[pr] *cet.* 4, 12, 3 foetum B[1] M, faet- HKS, fet- B[2] *cet.* 6, 23, 26 foet- HM. 27 faet- B[ar]

fingo / fictio: 1, 21, 29 ficxerint D (2, 2, 1 finxerunt *ex* -ncse-*uel* -nxse- B[2]. 5, 5, 2 fincxer- D [6, 20, 27]. 18, 13 fincxit D). 1, 21, 29 fincta B[ac] HM[ac] (4, 4, 7 finct- HM. 7, 4, 3 DHM) – 1, 21, 44 finctionibus HMR (2, 10, 5 finct- HM. 12, 2 DVHM. 4, 4, 8 HM. 7, 3, 18 HM) – 2, 11, 19 effincxit H

formosus: 1, 10, 3 formonsum BD[ac] V[ac] H[ac] M[ac]. 17, 7 -mons- HM (B *deest,* G *non legitur*). 2, 16, 16 -mons- BP[1] HM 3, 15, 18 formonsissimam BG (*uar. l.*)

fortuito: 1, 2, 1 -to R, -tu *cet.* (D *euan.*). 3, 20, 7 -tu PM, -to *cet.* 5, 20, 14 -tu D[ac] P, furtuito H, -to D[pc] *cet.* 6, 11, 24 -tu P. 7, 9, 6 -tu D[pc] PS[2], -to D[ac].S[1] *cet.*

frons, -dis: 2, 5, 1 (Ou.) frode R[1]

frugifer: 7, 3, 8 fructiferos B, frugif- *cet.*

fugio: 6, 5, 12 fugire B[1], -gere B[2] *cet.* (13 -gire B[1] P[ac], -gere B[2] P[pc] *cet.*)

fulgur / fulgor: *5ies* -gor- *codd., sed* 7, 6, 4 fulgura B, -gora *cet.* 19, 2 fulgor B, -gur *cet.*

geminae litt. pro simplici: cc: *u.* imbecillus – ll: 1, 15, 33 collumnam R. 3, 17, 5 tollerare HM (*uar. l.*). 19, 8 catillina B[ar] GHMR. 28, 3 sust[ull]erunt? G. 28, 15 mallebat P (5, 5, 5 mallebant B). 4, 3, 12 lucillius HM (5, 9, 20 P. 14, 3 R). 5, 7, 6 quintillianus P – pp: 7, 14, 4 suppremum DP (20, 10 [Verg.] DP). *u. et* reperio – ss: 2, 12, 19 paradissum B. 3, 13, 12 disserte B[ar] HM (15, 11 disserti B[ar] DV. 5, 1, 16 dissert- B[ar] V[2] PA. al.). 4, 21, 5 uespassianus HM, -pessi- R[ac]. 23, 7 excussationem D (23, 8 -cussa- D). 6, 23, 33 occassio V. 7, 1, 10 caussis H – xx: 3, 3, 12 exx B

simplex pro' geminis: 2, 7, 20 suplicium B[1] (4, 26, 29 supl- B [G *non legitur*]. 6, 3, 11 supl- B[1] HM). 6, 11, 14 mercenariam D. 7, 8, 5 solertia DH. *u. et* sollemnis. *cf.* cottidie. medella. sequella *gerund.* -undum *pro* -endum: 1, 15, 31 (Enn.) oriundum *codd.* (B *deest,* G *inc.*). 3, 8, 27 experiundum H. 12, 29 perueniundum P. 16, 9 faciundum V (D *deest*)

gen. -ii / -i: 1, 11, 32 antoni B^1 HM, -nini R, -nii B^3 *cet.* (2, 7, 17 -ni P, -nini HM, -nii *cet.*). 33 triphylii B^{ar} DVP^{ar} KSR, -li B^{pr} P^{pr} HM. 20, 38 (Verg.) capitolii BKS, -li *cet.* 4, 13, 20 consili G. 14, 11 imperi B^1 M, -rii B^3 *cet.* tiberi B^1 H, -rii B^3 *cet.* (*om.* R). 27, 12 aesculapi B^1 DVP^1 HM, -ii B^3 P^3 KSR. 5, 10, 7 mercuri BDVHM, -rii PKSR

gen. plur. -um *pro* -ium: 5, 1, 7 innocentum KS. – -ium *pro* -um: 7, 26, 2 ciuitatium B

gula: 6, 17, 19 guilae R. 22, 1 guyl- HM, guil- R – *cf.* strangulo

-gunt *pro* guunt: 3, 12, 25 extinguunt P, -gunt B *cet.* (6, 1, 9 -guunt MK, -gunt B *cet.*) / 6, 17, 18 distingunt HMR, -guunt B *cet.*

h *ante uocalem addita*: 1, 6, 4 hisdem DVP ([B *deest*]. 20, 32 hisd- B^2 K^{pc} S, isd- B^1 K^{ac} *cet.* 21, 36 isd- B^1 HMR, hisd- B^2 *cet.* 4, 26, 39 hisd- B^2 GHMKS, isd- B^1 *cet.* 6, 15, 1 hisd- B^2 DVP^{pc}, isd- B^1 P^{ac} *cet.* al.). 1, 11, 31 agesilao B, hag- *cet.* 51 hac *pro* ac KS (16, 12 HMKS. 5, 11, 16 R). 63 hennius PHM. 64 homine *plures* (*u. adn. crit.,* B *deest*). 17, 16 abhominatio DVP^{ac} (7, 16, 5 abhominandum S. 25, 8 abhomin- S). 2, 3, 1 nihilhominus VP^{ar} M (3, 4, 5 M. 16, 9 D. 4, 11, 1 DM. 7, 3, 19 B^{ar} D; *cf.* 6, 11, 9 ehominus DVP^{ar}). 5, 37 hedificatus KS. 9, 24 hortum M. 3, 12, 31 himum HM. 19, 20 honeratam S (4, 22, 3 honeraret R; onerare DVH^{pc}, hon- H^{ac}; honorare M. 6, 4, 8 honorauerit BGM, honer- P^1, onor- S^{ac} R, oner- P^2 S^{pc} *cet.* 7, 1, 21 honer- P; *cf.* 4, 17, 19 honera DVPH^{ar} M). 4, 16, 14 habundantia DM. 26, 7 inherat KS. 30, 1 perhenni KS (6, 3, 17 S. 7, 11, 1 KS. 2 KS). 5, 4, 8 hoccasurum V^{ar} (13, 5 hoccasum D. 7, 14, 16 P^{ar}). 11, 10 hodio D. 6, 23, 29 haegre G, *ante* aegre *1 litt. eras.* B

h *omissa*: 1, 7, 4 ortensius KS (6, 2, 15 ortensio BDKS). 5 exortationis K^1 S, exorat- H (3, 15, 11 exorat- DV, exortat-

MKS. 6, 20, 8 exortati DVPHM. 24, 12 exortat- VHM). 8, 8 erbis D[1]. 9, 4 coibere KS[1] (2, 3, 18 exibent KS. 4, 12, 19 exibuit B[1] P, exhi- B[3] G *cet.* 14, 18 exib- B[ac]. 6, 11, 22 exibendis B[1] M, exhi- B[2] *cet.* 18, 22 exib- B[1] M. 23, 29 exibentibus GV. al.). 11, 5 ymni DV (4, 8, 14 ymn- DV). 15, 5 ercules PS (B *deest*). 17, 9 armoniam GMS ([B *deest*]. 7, 13, 9 harm-P[ar] H[ar] M, arm- P[pr] H[pr] B *cet.*). 2, 3, 13 sicabuerunt D. 6, 6 auriant KS (4, 30, 1 aurire HMK[ac]). 4, 1 oratium VHMKS. 3, 7, 7 ieronymus BP. 8 herilli HM, er- *cet.* 17, 25 amis B[1], hamis B[3] DV; *aliter cet.* 25 amata B[ac] P[pr]. 20, 14 abitatore H, abitore M. 24, 1 ortos DKS. 30, 6 extraat KS. 4, 11, 1 ortaretur D[1] V (5, 4, 8 ortatu VM. 19, 9 ortamentis B[1], hort- B[3] *cet.* 10 coortentur B[1], cohor- B[2]). 13 ieremias BP, hier- *cet.* (13, 8 BPR. al.). 13 erundo D[ac] V, ir- D[pc]. 20, 5 exeredato HM. 21, 4 ostium HMKS (5, 13, 13 osti D[1]. 6, 11, 24 ostili P). 26, 6 actenus PHM. 27, 5 aruspices DMKS. 28, 7 ostia ... ostiae HM (6, 1, 5 ostiarum B). 5, 22, 19 orreant KS. 6, 4, 16 exauriant B[1] D[ac] VKS, exha- B[2] *cet.* (11, 9 exaurit MR. 12, 39 exaurias PM). 6, 6 inerent B[1]. 12, 12 ospitalem V. 17, 5 exorruerit B[1]. 7, 12, 22 exalant DMKS. 16, 9 oris B[ac] H. 18, 3 ermes D – *u. et* historia

hiems: 2, 11, 2 hiems HM, -mps *cet.* 7, 16, 9 hiems DS, -mps *cet.*

historia: *fere sic nisi* 1, 14, 8 istoria P, storia V[ac] HM (BG *desunt*). 23, 2 storia HMKS. – 1, 8, 8 historici *codd.* (3, 29, 8 stoicus B[1] G, storicus B[3]. 5, 4, 6 istoricorum P, istoicorum B[ar] R, stoicorum B[pr] HM. 7, 22, 2 stoici B[1], storici B[2])

honor / honos: 2, 16, 9 honor (3, 8, 39. al.) – 1, 18, 21 honos (20, 37. al., 5, 15, 9 -nor DVP, -nos *cet.*)

humilio: 4, 18, 22 humiliare *codd.* 5, 15, 9 humilabitur R, -liab- *cet.*

i *pro* y: 1, 11, 22 ganimedeam DVSR. 1, 12, 3 fisicam DVP ([B *deest ut* 13, 5 coribantes DPS]. 3, 6, 5 fisicos B / 6, 6 fysici BDV, fis- P. 17 fys- *codd.*). 21, 40 coribantes HMKS. 22, 19 didimus PHMKS. 23, 2 autolicum BDHMKS. 2, 4, 17 olimpio G. 3, 2, 6 pitagoras B[3] *ex* pytha-. 4, 30, 10 friges PHMS.

5, 11, 4 hircania D. 7, 24, 11 (Verg.) sandix D^1 S, -dis HM, -dyx BD^2 P

y *pro* i: 1, 21, 40 clypeos P. 3, 24, 4 syderum KS. 25, 7 epycurus K. 4, 11, 13 hyrundo HM. 14, 8 cydarim B. 5, 9, 7 extyrpare R. 15, 11 euripyden P, -pydem B. 6, 20, 23 oedyppi B. 28 tragycae B

inchoatiua -esco / -isco: 2, 16, 19 delitescentes R, -tisc- B *cet.* 4, 27, 14 conticiscet BP^1, -titiciscet R, -ticescet P^3 *cet.* (DV *aliter*). 5, 5, 5 concupesceret R, -pisc- *cet.* 7, 15, 14 iuueniscere P^3, -nesc- P^1 *cet.* 16, 11 contremiscent D^{pc}, -mesc- D^{ac} *cet.* 17, 3 reuiuescet BDP^1 H, -uiuisc- P^3 MS (27, 13 reuiuescent B^2 D^1 HMS, -uiuisc- D^2, reuir- B^1 [P *aliter*])

inf. fut. pass. per -uiri *(u. adn. crit.)*: 1, 6, 13 nominatuiri. 3, 1, 5 oppressuiri. 28, 21 perfectuiri. 4, 13, 18 generatuiri. 17, 3 datuiri. 7, 12, 29 dissolutuiri. 15, 19 sublatuiri. 18, 3 missuiri

imbecillus: 1, 3, 3 inbeccillos B, inbecilles P (*huiusmodi formae et* 11, 16 -cillis KSR [*ras. ex* -lus. *ut ft.* 2, 8, 28]. 4, 22, 5 -lemque R. 7, 5, 9 -cillibus P). 1, 11, 16 inbeccillus B (2, 6, 4 -becci- BG. 8, 28 B. al.). 2, 17, 6 inbeccillius B^{ar} (4, 13, 4. 22, 5. 24, 9. al.). 5, 16, 10 inbeccillior BG – 1, 11, 11 inbeccillitatis B (2, 8, 16. 26. 4, 16, 15. al.). 2, 7, 22 inbecci- B^1 (inbeci- B^3) K. 3, 23, 10 -beci- *ex* -ecci- B (4, 24, 19 -ecci- B^{ar}. al.)

imm-: inm- *fere* B *et alii, e. g.:* 1, 8, 5 immortales R, inm- *cet.* (11, 12 inm- *codd.* 45 imm- R, inm- *cet.* 18, 15 inm- *codd.* al. 18, 8 immortalitatem HMK, inm- *cet.* 16 imm- HKSR, inm- *cet.* al.). 1, 20, 37 immerito HKSR, inm- *cet.* (3, 8, 27 inm- *codd.*). 2, 8, 55 inmutare BHMS, imm- *cet.; nota:* 5, 11, 6 immanitatem B^{ac} HKS, inm- B^{pc} *cet.* 6, 3, 16 immortalitatem B^1, inm- B^3 (4, 11 inm- B^3 R, imm- B^1 *cet.* al. 7, 5, 9 immortalitate B). 2, 14, 5 immundi BV (D *deest*), inm- PHM. 3, 29, 9 immittit VPMKSR, inm- GDH, immittat *ex* immo B^3

imp-: inp- *fere* B *et alii, e. g.* 1, 8, 8 inperiti BV, imp- *cet.* 10, 12 inpietatis BR, imp- *cet.* 17, 10 inpudica GDVPR, imp-

HMKS (B *deest*). 4, 11, 1 inpios B, imp- *cet.* 6, 18, 19 inprobitati BG. *nota:* 6, 4, 1 impia B[1] *cet.*, inp- B[3]. 5, 14, 13 inplere BP, imp- G. 6, 5, 8 inprobe *ex* imp- B

inclytus: 3, 14, 2 (Lucr.) inclyte BPHMR, -clute DV[1], -clite V[2] K (S *deest*). 17, 14 (Cic.) inclita KS, -clyta *cet.*

increpo: 3, 18, 13 increpauerit *codd.* – 4, 11, 3 increpiti DVKR, -pati BPS, -peti HM (14, 17 -iti *codd.* 16, 12 -ati V (*ex* -iti) S

inl-: *sic fere* B *cet., e. g.* 1, 11, 42 illuminamur V[pc] HMR[pc], inlu- V[ac] R[ac] B *cet.* 16, 10 inlepide G *cet.* (B *deest*)

inquit: 1, 13, 14 inquid HM ([B *deest ut* 1, 15, 19]. 18, 13. 2, 2, 14. al. 2, 4, 26 DHMKS). 3, 8, 9 inquid BHM. 29, 6 -id GHM, -it B *cet.* 6, 12, 15 inquid B[3] R, idquidem B[1]. 18, 15 inquid B. 24, 18 inquid B[ac] G

inritus: 7, 1, 4 inrita DP, irrita BHM

is: *dat. et abl. plur. fere* iis, *sed* eis: 4, 11, 4 (Vet. Lat. *ut* 12, 8. 13, 10. 18. 17, 6). 5, 1, 28 eis BRKS, *om. cet.* 6, 2 eis, e *ex* i*? m.1,* R, his *cet.*

is *pro* es*, part. praes.*: 1, 3, 17 bellantis V. 5, 11 (Verg.) liquentis B[1] PMKSR[1], -tes B[2] DVWR[2]. 15, 5 (Cic.) excellentis DVP[1] R[1], -tes P[2] HMKSR[2]. 5, 10, 5 (Verg.) uiuentes P. 8 precantes P (9 -ntis B[1] D[ac] V, -tes B[2] D[pc] *cet.*). 7, 24, 11 (Verg.) pascentis BDS, -tes P, -ti HM – *al. adi.*: 1, 5, 12 omnis BDV[1] PR. 19 omnes B *(e ex* i*).* 15, 7 omnis DVR[1] ([*in* DV omnis *pro* -nes *saepe, e. g.* 1, 9, 1. 14, 12. 19, 3] 2, 14, 12 omnis B[1] D[1] V[1] HM, -nes B[3] D[2] V[2] P. al.)

iucundus: 1, 21, 36 iocundius DPR[2] (5, 22, 20 iocunda *ex* iuc- DP[2] S, ioc- HM, iuc- *cet.* 6, 3, 2 ioc- HM [21, 7]. 21, 9 ioc- V[pc] HM, iuc- V[ac] *cet.* 23, 22 ioc- D[ac] PHM, iuc- D[pc] *cet.* 7, 1, 11 ioc- DHM. 9, 17 ioc- D[2] HMS[2], iuc- D[1] S[1] *cet.* 16, 5 ioc- D[pc] HS[ac], iuc- BD[ac] PHMS[ac]). 5, 1, 12 iocunditate, o *ex* u, VP, ioc- HM, iuc- *cet.* (7, 23, 1 ioc- HM)

k *pro* c: 1, 8, 8 kari R (2, 8, 5 karus). 10, 5 kastor B. 11, 49 kapitolium V. 58 karentibus R. 21, 13 karthaginienses B. 2, 16, 11 karthaginem HM (7, 15, 15 kar- D)

lineamentum / liniam-: 2, 3, 8 liniamentis B *cet.* 5, 11, 3 lineam- B[ac], liniam- B[pc] *cet.*

luxuria *sim.*: 1, 9, 4 luxoria PVHR[ac] ([D *inc.*]. 6, 3, 8 -xor- VH, -xur- D *cet.* 21, 2 -xor- HM). 3, 15, 14 luxorios- VPM ([D *deest*]. 22, 8 -xor- HM. 5, 22, 12 -xor- DVHM. 6, 7, 5 -xor- V[1] HM. 21, 2 -xor- VHM). 3, 15, 16 luxoriaretur HM – 4, 10, 11 luxuriem DVP, -iam *cet.* 5, 22, 14 luxuriam BM, luxoriam H, luxuriem *cet.*

m *pro* n: 1, 21, 42 quamtum HM (7, 21, 5 B[1]). 2, 8, 48 comuenit B[1], conu- B[3] *cet.* 3, 7, 8 quorumdam B, -nd- *cet.* ([G *inc.*]. 5, 2, 5 -mdam PA. 6, 4, 22 -mdam B[1], -nd- B[3] *cet.*). 4, 24, 9 uimcor B[1], -ncor B[2] *cet.* 4, 30, 3 amfractus B[1] P[3], emfr- P[1], anfr- B[2] *cet.*

maiestas: 2, 16, 9 magestatis P (19, 1 P. 7, 26, 12 S). 6, 24, 13 magiestatem, g *exp.*, D, magest- H

medella: 3, 8, 17 medellis B (*ex* -dull-) D[ac] V[ac] H[ar] MR, -delis D[pc] V[pc] PH[pr]. 4, 15, 9 medela PKS, -dell- *cet.* 6, 13, 4 medellam BDVR (G *inc.*), -de|lam P; -della H[ar], -dela H[pr], -delle M. 7, 12, 18 medella BD[ac] HM, -dela D[pc] PKS

misereor: 4, 10, 6 miseritus B[ar], -rtus B[pr] *cet.* (G *non legitur*). 6, 12, 41 -ritus R, -rtus BG *cet.*

mollities / -tia: 6, 22, 5 -litie D[pc] P[pr], -tiae BD[ac] VP[ar] HM, -ti R

monstruosus: 1, 20, 36 monstrusa B[ac], -rosa VPR (D *deest*). 4, 15, 28 monstruosa *ex* -at? B, -rusa P[ac], -rosa SR

monumentum: *sic nisi* 1, 11, 33 monimentum *ex* -num- HMR[2], monumen- B[2] (*ex* momen-) *cet.* 45 -nim- PM[2] R[2] (2, 17, 7 H. 5, 3, 13 P). 18, 6 -nim- ex -num- R[2] (20, 4 DR. 2, 2, 2 R[2])

mpn *pro* mn: 4, 18, 1 condempnarent HMS (18, 26 -dempna- HM). – *u. et* sollemnis. contemno

n *pro graec.* ν: *nom.*: 1, 5, 20 zenon BDVMW, -no PRKS (3, 4, 1 -non BHM [4, 9, 2]. 2 B). 5, 3, 1 -no R, -non *cet.* (A *inc.*) *acc.*: 1, 5, 23 monarchian DVPR, -am BM, -ā WKS. 7, 23, 5 anastasin DS, -sim BP, -tas HM – *nominum*: 1, 23, 3 ganimeden DVP, -dē S, -dem *cet.* (2, 16, 17 -den BD[pc] P, -dem D[ac] VM, -de H, -dē R). 2, 8, 49 socratem B, -ten *cet.* (-te V[pr]). 3, 19, 25 alcibiaden PH[1], -dē KS, -dem H[2] *cet.* 25 critian PR, -iā K, -iam *cet.* 25, 15 themisten BDVPR, -em HMKS. 16 diogenen VP (D *inc.*), -nem *cet.* 18 anacharsim

PR, -sin *cet.* 18 scythan DV, -am *cet.* 4, 8, 1 hieremian DHKR, -am BVP, -ā MS. 5, 14, 3 carneaden BDVPR, -dem HM, -dē KS. 5 aristotelen BDVPR, -lem HM, -lē KS. 15, 11 euripiden DV, -pyden P, -pydem B, -pidem HMR, -pidē KS. 7, 22, 5 minoen KS, -em BDPHM

n *ante* s *addita*: *numeri*: 4, 5, 7 septuagensimo DVP^{ac}, -gessi- M. 12, 3 undeuicensimo, *alt.* n *exp.,* P. 7, 14, 6 sextum milensimum P^1, miles- P^2 – *u. et* formosus. thesaurus

n *omissa*: 6, 20, 28 demostrant B^1, -mons- B^3 *cet.* 23, 30 cosummatio P

n *pro* m *ante labiales*: 5, 14, 9 anplectatur B^1, amp- B^3 *cet.* – 6, 2, 5 conpos B^3 (*ex* cordis) HM – 3, 17, 20 inbres B (7, 6, 4 P, imbres *ex* inmembres B) – 4, 3, 18 inperauerint B, imp- *cet.* (5, 6, 5 inpera- HM, imp- B *cet.* 6, 23, 19 inpera- B). 4, 12, 19 inperium G (5, 16, 4 inperio B. 7, 15, 11 inperium B) – 7, 10, 2 inpetus D – 5, 11, 17 menbra VH

nanciscor, nactus: 1, 10, 9 nactus BD^{pr} P^{pr} H^{pc} KSR, nanct- D^{ar} VP^{ar} H^{ac} M. 5, 16, 11 nactus M^{pr} KS^2 (*ex* natus), nacius R, nanctus BDVPHM^{ar} (G *non legitur*). 17, 20 nactus BHM S^2 R, natus KS^1, nanct- DVPA. 6, 3, 7 nanctus D^{ac} V, nact- D^{pc} *cet.* 18, 19 nacta BD^{pc} V^{pr} HMR, nanct- GD^{ac} V^{ar} P. 24, 14 nactus BGD^{pc} R, nanct- D^{ac} *cet.*

nec ... quidem (*u. ad 1, 6, 7*): 2, 5, 25 ne P^{ac} R, nec P^{pc} *cet.* 26 ne DV^1 S, nec V^2 *cet.* 3, 16, 15 ne KR^1, nec R^2 *cet.* – 2, 5, 27 nec R, ne *cet.* 27 nec B, ne cet (5, 8, 4). 2, 8, 11 nec BP^2 HM, ne P^1 *cet.*

necessarius: 7, 12, 15 necesseria B

neglego: 2, 1, 5 neclegatur B^1 GP, negl- B^2 *cet.* 7, 21 neclexisset BPR, negl- *cet.* 21 neclecto BVR. 16, 17 necleg- B (6, 1, 10. al.). 4, 20, 6 neclexi BKR^1, negl- R^2 *cet.* / 3, 8, 7 neclegant PH, negl- B *cet.* 12, 7 neclegit HM, negl- B *cet.* – 3, 23, 5 neclegentia B

nequaquam: 5, 10, 8 necquaquam B^{ar} HM. 6, 15, 11 nequamquam DV

nequiquam: 5, 2, 2 nequicquam B^{ar} HSR, necquicquam M, -quiquam B^{pr} VPAK (D *deest*)

nequeo, *perf.*: 2, 3, 24 nequiuerunt BDVMR[2], neuer- H, nequie-
PKSR[1]. (7, 7, 14 nequiuer- *codd.*). 2, 5, 5 nec ... quiuerunt
codd. (3, 9, 3 nec ... q. B, *cet. aliter*). 4, 8, 4 nequiuerit HM,
non quiu- *cet.* (*sim.* 4, 19, 6)

nitor, nisus / nixus: 2, 12, 21 nisus *codd.* (5, 3, 22 nisus B, con-
ixius DV, conisus *cet.*). 3, 1, 10 nixa *codd.* (4, 10, 15 subnixi
codd. [-nixa HM]. 5, 6, 5 subnixi *codd.*). 3, 17, 14 (Cic.) nixus *codd.* (5, 16, 10 [Cic.] nixus *codd.*). 7, 27, 8 nixi *codd.*

nongenti: 4, 5, 6 nungentis BDV. 5, 3, 4 nung- BDVPHMR[1]

-nq- *pro* -mq-: 1, 5, 28 tanquam KS (B *deest*). 1, 13, 2 quan-
quam P ([B *deest*]. 3, 30, 10 quanq- DVKS). 3, 25, 15 un-
quam *ex* inquam B[3] (3, 26, 12 unq- D[2] S, ũqu- K)

nubo: 1, 17, 8 nubserit HMR (B *deest*, G *non legitur*)

numeri compositi partim breuiati, partim pleni, e. g. 1, 7, 7 trecentos sexaginta quinque *plene* BHM (*uar. l.*) R, *num. Rom.*
DVP, trecentos LXV KS. 23, 4 mille quadringenti septuagin-
ta] mille.ccclxx S (K *deest*), *plene cet.* 2, 5, 2 mille septin-
gentos] mille·dcc KS, *plene cet.* 4, 10, 6 CCCC·XXX PMKS.
– *simplices fere plene, sed*: 2, 12, 22 xxx P. 23 c·c P. 13, 2
DC P[2] (*in ras.*; sexcent- DV). 4, 1, 9 VII PS. 5, 6 DCCCC S
(K *deest*, nung- BDV). 6 XL PSR (*inde num. Romani plenis
receptis congruentes non notantur; psalmos* 4, 8, 14. 11, 9. al.
semper Romanis numeris laudant codd.)

o *pro* u: 1, 5, 20 noncupat P (22, 20 nonc- P [*ex* nunc-] M).
2, 7, 18 incolome DV[1] (4, 15, 6 -colom- HM. 5, 19, 1 -colom-
D[ac] VHM – 3, 8, 17 incolomitas D[ac] V). 5, 1, 2 postolamus
HM[1] (6, 19, 9 postol- HM). 6, 17, 28 patibolum B[ac]. 7, 6, 6
pecodum KS. 12, 12 obsorduit PKS – *u. et* iucundus. luxuria.
suboles

oblino: 4, 17, 21 obliniunt BS.

obmutesco: 2, 8, 54 ommutuit *codd.*

oboedire / -aud-: 4, 12, 18 (Vet. Lat.) obaud- *codd.* (4, 11, 4 ob-
aud- PKS *uar. l.*) / 1, 5, 24 oboed- *codd.* (4, 15, 23. 6, 11, 2)

obs-: 1, 1, 7 opscuro R (3, 12, 9 opsc- DV). 21, 28 opsceni

D¹ VP¹ (5, 19, 30 opsc- R). 2, 5, 5 opstupefacti BPVHM, obs- DR, stupef- KS (4, 19, 7 opst- R, obst- *cet.*). 4, 9, 3 opstant DV. 5, 1, 4 opstrepent DV

obt-: 1, 11, 30 optigisse B, obt- *cet.* (31). 2, 1, 10 optestatur R. 2, 4, 36 optentu PHMKSR (2, 6, 3 KSR). 3, 12, 22 optulerunt BD (*post* p *1 litt. eras.*) VR, obt- PHM (3, 18, 6 [Lucr.] opt- B. 4, 18, 18 DVR. 6, 1, 4 KS). 3, 15, 9 optemperet DVPKR (4, 12, 20 KS. 5, 22, 15 R. 6, 24, 26 R). 3, 21, 4 obtineat HM, opt- B *cet.* (4, 12, 21 optinebit KSR, obt- *cet.* [obtinet B]). 5, 4, 1 opteri R, obt- PKS, obtiner- DVHM, subt- B (23, 4 opterunt R) – 3, 11, 10 opturpitudinem DR

obt- *falso pro* opt-: 1, 10, 10 obtimus HM (4, 27, 12 obt- H. 5, 12, 5 [Cic.] obt- D). 3, 8, 13 obtare HM, obtauere DV (12, 19 obt- HM [*ex* uoca-]. 6, 4, 9 obtent R, obtinent DV, optent *cet.* 7, 16, 12 obtabitur DP^ac)

occaeco: 2, 14, 7 obscecantibus *ex* obsceneca- B, obc(a)ecantibus *cet.* (4, 18, 1 obc- B³ *uar. l.*) / 7, 24, 7 occaeca- *codd.*

offensi(bi)lis: *u. adn. crit.* 4, 26, 10

off-: 7, 16, 9 obfusa HM (24, 7 obfundetur B)

oppleo *sim.*: 2, 12, 1 obplere B, opp- DVP ([HM *aliter*]. 13, 1 obpletum B, opp- *cet.*) – 6, 11, 5 oprimatur G (7, 19, 1 obpresso D). 2, 15, 1 obprobrium B, opp- *cet.* – 6, 3, 13 obpugnent B (7, 15, 10 obp- BP)

opportunus: 1, 6, 17 oppo- BR, opo- DVPHKS. 3, 13, 3 oppo- R, opo- BDVPHMK (G *inc.*). 5, 7, 3 oppo- BH, opo- *cet.* 6, 18, 27 opor- *codd.* (oppor- R^ac). 7, 3, 25 opportuna B, opor- *cet.*

paelex: 1, 17, 7 *bis, u. adn. crit.* (B *deest*, G *non legitur*).

peiero: 1, 11, 12 perierantes B, peie- *cet.*

2. *pers. sing. pass.* -re: 2, 3, 5 morerere P^pc R, morere D¹ VP^ac, -reris BHKS (*u. adn. crit.*). 6, 11 fatere (fate P). 3, 13, 5 utare (e *exp.* P, utar R). 4, 28, 11 precare DV, -ceris HM, -cere B^pr PKSR; praecedere B^ar. 5, 18, 5 loquere M, -quare *cet.* 6, 12, 12 consequere M, -quare *cet.* 12, 35 uerere (-ris *s.l.* D²). 17, 19 largiare (*ex* -giar B²). 18, 22 persequare (-ris *ex* -re V²)

3. pers. plur. ind. perf. act. -ere: 4, 10, 14 incoluere

pignus: 6, 4, 15 pigneribus PHM. 12, 23 pignerum HM

populus romanus: *compend.* 2, 16, 17 p. r. P

praenomina in BG semper, in HM saepe plene, alias fere breuiata (ubi B et G desunt, nil notatur; sed u. ad 1, 6, 14 Publium), *e. g.* gaius 1, 10, 14. 15, 30 G (B *deest*). 2, 4, 27. al. gneus 6, 6, 17 B. lucii 1, 15, 30 G (B *deest*). marcus 1, 2, 3. 10, 14. 11, 32 marci BR. 3, 1, 1 marco BGHM. al. publius 1, 10, 14. 2, 7, 10 (publio BHM)

praesepe / praesepium: 4, 11, 12 praesepium DVPKSR, -pem BH^{ar} M^{ar}, -pe H^{pr} M^{pr}. 7, 24, 8 praesepe D^{pc} HMS, -pem D^{ac} P, -pium B

praestigiae: *sic codd. (omnes* 5, 3, 11*) nisi* -stri- 2, 8, 1 V. 14, 10 P. 16, 13 P. 4, 15, 4 P

praesto: 2, 2, 7 praesto B (a *s.l.*) G *cet.* (8 presto BG, praes- *cet.*

precatio *sim.*: 1, 10, 10 precatione B^{pc} D^{pc} VP, praec- B^{ac} D^{ac} HMR. 2, 1, 10 praecibus B^{ac} GDPHM, prec- B^{pc} *cet.* (2, 5 prec- B^{pc} R, praec- B^{ac} G *cet.* [p̃c- VKS, pręc- P]). 2, 4 praecamur BGPVH, p̃c- VKS, prec- DMR. (4, 19 precarentur B^{pr} DR, praec- B^{ar} G *cet.* 4, 13, 7 praec- B^{ar} P. 28, 4 praec- B^1 P^1 HMKSR). al.

prodesse: 2, 3, 1 prodeest B, -dest *cet.* (3, 27, 16 prodeest B HM^{ac}. 5, 12, 3 B [G *inc.*]. 6, 5, 7 B *bis.* 12, 40 BG. 24, 5 B [15. 17. 7, 1, 3 *alt.*] / 7, 1, 3 *pr.* -dest B *cet.*). 5, 1, 12 prodeerit B (6, 16, 4). 6, 6, 22 prodeesse B *bis*, -desse G *bis*. (11, 2 -deesse BR^{ar}. 12, 8 -deesse BR. 18, 14 B [G *non legitur*])

profluere: 2, 5, 27 profluuit B – 7, 21, 4 fluuidus DPHM

promisc(u)us: 1, 16, 11 promiscę KS, -ce *cet.* 20, 31 -cue K (u *s.l. m.1*) S, -ce *cet.* 3, 21, 8 -ca D^1 V^1 P^1 HM, -cuam B^3, -cua B^1 D^2 V^2 P^3 KSR

prorsus: 3, 9, 12 prosus P (5, 3, 17). 13, 14 prorsum B (6, 12, 25 prorsum B, prossus M. 7, 1, 8 -sum B)

prosecro: *u. adn. crit.* 3, 20, 16. 4, 27, 5

prosilio: 4, 10, 9 prosiluit GVH, -liuit *cet.*

pulcher *sim.*: 2, 2, 12 pulchritudine B *cet.* (16, 2. al.) / 6, 4, 4 pulcritudine(m) B. 20, 7 pulcerrimum B

pyxis: 3, 15, 11 pyxides DVKSR, pux- BHM, pixyd- P

quadrupes: 2, 18, 6 quadripedis P

quaero, *perf.*: *fere semper* quaesier-; 3, 28, 2 quaesierunt G, -iue- *cet.* 30, 4 -siuer- HMKS. 4, 1, 3 -siuer- HM (4, 2, 2) – 1, 20, 6 quaesiuisset *codd.* – 4, 19, 11 adquisiuit B^3 (*ex* -quaesiu-) *cet.* 6, 6, 23 adquisiuerit DVPHMR, qu(a)esierit B^1 G, quaesiue- B^2 – 6, 7, 3 requaerebant *ex* requir- B^3

quatenus: 1, 21, 20 quatinus KS. 4, 27, 1 -tinus P (11. 30, 3. 7, 14, 1)

quidquid: 1, 10, 3 quidq- BHMR, quicq- DVP (21, 29 -dq- BHMR^{ac}, -cq- R^{pc} *cet.* 39 -cq- PD^{pc} KS, -dq- D^{ac} *cet.*). 2, 6, 3 quidq- BGP^1 R, -cq- P^2 *cet.* 18, 1 quidq- BPV, -cq- DHM. al. quidquam: 1, 8, 2 quicquam BDVPR^2, quidq- HR^1 (2, 1, 19 quicq- B *cet.* [KS *aliter*]. 2, 16 quicq- *codd.* [G *non legitur*]. 8, 19 -dq- H^{ac} MR, -cq- H^{pc} *cet.* 8, 55 quicq- *codd.* [quiq- G]. 9, 14. al. 3, 17, 40 -cq- BG / 5, 9, 12 quidquam B^2, quiq- G, quicq- B^1 *cet.* 19, 10 quidquam *ex* quidquemquam B, quicq- *cet.* 6, 5, 16 -dq- B, -cq- *cet.*). 7, 3, 13 (Lucr.] quidquam B^{pc}, quiq- H^{ac} M, quicq- B^{ac} DPH^{pc}

raeda: 3, 28, 12 raeda B(e s.l.)P, reda D^1 VR, redaa D^2, redis HM, rheda KS

recido: 6, 17, 3 reccidat BVH^{ar} R^{ac}, reci- DH^{pr} MR^{pc}, retci- P. 7, 15, 16 reccidit BPH, recid- M^{ac} S, reced- DM^{pc} (K *deest*)

religio: releg- ex -lig- P^2 1, 1, 7. 10. 19. al. 5, 9, 24 releg- DV

relinquo, *perf.*: 3, 11, 3 reliquaerunt B, -linquer- H^{ac} M (5, 6, 10 -linquer- B^{ar} HM. 6, 12, 26 -linquer- B)

reperio: *praes. stirp.* reppe-: 1, 21, 4 repperiuntur BDVP^{ac} H MR, repe- P^{pc} KS. 30 repperiri *codd.* ([D *inc.*]. 2, 7, 18 repper- *codd.* [G *non legitur*]. 8, 50. 12, 6 [repe- R]). 2, 7, 20 reper- KS, repper- *cet.* 3, 2, 10 *pr.* repperiri BPHM (G *inc.*), *alt.* repperiri GDPHM, reper- B *cet.* 8, 37. al. – 2, 4, 29 repper- tum H, repe- *cet.* – repertor: 1, 18, 21 repertori BG *cet.* (-to- rum KS). 22 reppertores G, repe- B *cet.*

res publica: *plene*: 1, 15, 23 R. 30 GR. 2, 4, 29 re publica

BHMKS (5, 14, 5 BPV). al. / *compendiis*: 1, 15, 23 re·p̃· DVPM, re ·p· HKS. 30 rem p̃ DVPHMKS. 2, 4, 29 rep· PV (D *deest*), rep̃ R[1]. 3, 16, 2 rem pregubernent D (*plene*) V (p̃gub-) (17, 3 rem prepigrum D). 5, 14, 5 rep̃ D, rep. HMR, re. p. KS. al. *uariis compendiis*. 6, 18, 28 *u. adn. crit.*
retundo: 1, 2, 2 rettuderunt B (*ut uid.*) R[1], retu- KSR[2] [DVPM aliter]. 3, 28, 9 rettudissent BVR, redtu- D, retu- PHMKS
rettuli: 1, 6, 14 rettulisse R, retu- *cet.* (B *deest*). 7, 5 rettuli B[3] V[pc] HKSR, retu- B[1] PD[pc], rectu- D[ac] V[ac]. (14, 1 retuli PM [D *inc.*], retu- *ex* r&tu- R [B *deest ut* 16, 1 retu- VPR[pc], r&tu- R[ac]; G *legi nequit*]. 4, 30, 14 rettu- BVKSR, retu- *cet.*). 3, 12, 32 rettulerunt *codd.* (4, 13, 24 rettu- BGDVR, retu- *cet.* 6, 3, 9 retu- DVS. 6, 6 rettu- B, retu- *cet.*). 5, 17, 23 rettulit BAHR, retu- *cet.* (P *deest*).
robigo: 1, 20, 17 robiginem BH (-ne) MR (G *inc.*), rub- DVPS. 6, 12, 35 robiginem R, rub- B *cet.*
rotundus: 3, 24, 5 rutundum BD[1] VP[1] R[ac], -rot- D[2] P[3] R[pc] *cet.* 7 rutundum ... rutundo BR[ac]. 8 rutunda BV. 7 rutunditatem BD[1] VSR[ac]. 8 rutunditas BD[1] VR[ac]
rursus: 1, 13, 4 rursum DVP (B *deest*). 2, 13, 3 -sum B (3, 18, 7. 4, 10, 10 [-sus G]. al. / 1, 3, 16 -sus B [7, 9. al.]). 7, 5, 18 -sum BPKS. 11, 2 -sus HM, -sum B *cet.* 12, 5 (Lucr.) -sum BP – aduersus: 3, 17, 5 aduersum KS (5, 11, 10 DV. 20, 2 HM. 21, 1 BPHMKS. 23, 1 BKS. 7, 16, 12 S. 24, 5 HMS. 26, 8 P – 7, 16, 3 -sum S, aduorsus D)
saeuio *perf.*: 5, 11, 9 saeuiit, pr. i eras., B, siuiuit HM, saeuiuit *cet.* 6, 17, 7 saeuierit *codd.*
saltem: 3, 17, 29 saltim P. 4, 22, 5 saltim DVHM (26, 29)
schola: 3, 6, 13 scolis PHM, schol- BVKSR (D *inc.*). 15, 8 scolis BDHMS, schol- PVKR. 10 scola DVHMS, schol- BPKR. 19 scolam BDHMS (-a), schol- GVPRK (-a). 5, 2, 3 scola DVAHM, schola B *cet.* (P *aliter*). 7, 12, 31 scola BHMS, schola DPK
scribo, -psi, -ptum: 1, 5, 8 conscribsit BDVR, -ps- P (21, 28 -scribs- BDHMR. 4, 26, 39 B) – 1, 11, 1 scripsit B[1] PHM, -bs- B[3]DVR (20, 6 -bs- BDH[2] (*ex* -ibi-) MR, -ps- PVS. 22, 11

-bs- BDHR, -ps- *cet.* 5, 2, 12 -bs- BVR, -ps- *cet.* 6, 2, 15 -bs- B. 7, 23, 3 -bs- BD). 3, 18, 8 scribtus B, -btum V, -pt- *cet.* (4, 18, 13 -btum B [*ex* -pt- *ut uid.*] R, -pt- *cet.* [*om.* HM]. 20, 2 scribtum BR, -pt- *cet.* 21, 2 -bta BR. / 4, 5, 6 scribtos HR, -pt- B *cet.*). 6, 2, 15 scribturus B (*ex* -pt-) R (-ras) – 1, 11, 33 perscribsit B (b *ex* p) DVH. 1, 11, 45 describtis B[pc] D[ac] VH, -pt- B[ac] D[pc] *cet.* (4, 16, 10 describsit *ex* -ps- B). 1, 11, 46 inscribtum BDVH. 5, 14, 8 circumscribt(a)e BH MR. 5, 17, 5 prescribto B (6, 12, 21 praescribsit B [*uar. l.* 6, 23, 13 -btum BHM]) – 1, 11, 33 inscribtionibus BDV. 1, 14, 6 scribtione D (B deest). 5, 20, 7 proscribtione BHM (6, 18, 28 BHMR). 6, 6, 28 describtiones B – 1, 11, 47 scribtores BDVH (4, 5, 8 -bt- BHMR)

sepelio: 1, 9, 11 sepelliuit B[ac] H[ac] R[ac]. 6, 9, 8 sepelliuit R (*om. cet.*). 11, 24 sepelliunt B[ar]. 12, 29 sepeliendi B[3] *(ex saeuiendi)*, -pelli- HM. 12, 39 sepelli B[1], sepile B[2], sepili B[3] G

sepulcrum: 1, 11, 46 sepulchrum B *cet.* 46 -chro B *cet.* 4, 19, 7 sepulcrum V, -chrum B *cet.* 5, 3, 13 sepulchra *codd.* / 4, 19, 7 *pr.* sepulcro BV[ac], -chro V[pc] *cet.*; *alt.* -cro B, -chro *cet.* 4, 26, 33 -chro BG *cet.*

sequella: sequella BD[ac] P[ac] H[ar] (*?*) M, -uela D[pc] P[pc] H[pr], -uęla KS

sibylla: *u. ad* 1, 6, 7 (sibul- HM 1, 6, 7 *bis.* 1, 7, 13)

sinister: 3, 6, 4 sinixtro D[ac]

sollemnis: *sic nisi* 1, 10, 10 sollempni DVR, solemni H. 20, 20 solemni DM, solempni H (p *s.l.*), soll- BG *cet.*

solubilis *sim.*: 7, 1, 9 soluibile D, -lub- *cet.* 3, 16 soluib- B[1] D, solub- B[3] PHM. 13, 1 soluib- DH[ar] M, -lub- BPH[pr] KS – 2, 8, 39 dissoluibile DVR, -lub- *cet.* 4, 8, 10 dissoluib- R[ar], -lub- *cet.*) – 7, 21, 3 insoluibilis BD, -lub- PHMKS 7, 20, 9 inelubilem HM, -luib- BDPKS

strangulo: 5, 9, 15 stringulent B[1], stranguil- GR, strangul- B[2] *cet.* 6, 20, 21 stringuilassent B, stranguil- HM, strangulent *ex* -guil- R[2], strangulassent *cet.*

strid(e)o: 4, 18, 14 striderunt DPHMKS, -duer- BVR. 7, 16, 12 stridunt B, -dent *cet.*

suboles: 1, 8, 5 subolem BHKR, sobo- *cet.* 6, 19, 6 subolem BR, sobol- DVPHM. 23, 18 sobolis D[ac], subo- D[pc] *cet.* 7, 5, 14 subulis P[ac], sobol- P[pc] S[pc], subol- BDKS[ac] (HM *aliter*). 7, 24, 3 sobol- P² HM, subol- BDP¹ S

subm-: 1, 11, 42 sumministrat B, subm- *cet.* (2, 9, 11 summ- P, subm- *cet.* 5, 14, 17 summ- BDVPR, summ- HMKS. 18, 15 summ- R, subm- *cet.* [6, 23, 5]. 7, 4, 9 summ- BPK, subm- DHM. 21, 5 summ- BM, sūmin- K, subm- DPHS). 5, 15, 7 summotius DVP, subm- *cet.*

subr-: *sic nisi* 4, 19, 6 surrepto KS

subt-: *sic nisi* 7, 8, 6 suptile B (13, 8 supt- BP). 7, 12, 4 suptilitate B – 5, 4, 1 subteri B (*uar. l.*)

succ-: *sic nisi* 4, 18, 5 subclamare BPS(?)R(?)

suff-: *sic nisi* 4, 18, 12 subfixus BHM, suff- *cet.* (4, 26, 32 subf- PHM, fixus B, suff- DVKSR [G *non legitur*]). 5, 3, 2 subfulta BR, suff- *cet.*

sum: 4, 3, 12 (Lucil.): *pr.* siet BDV, sit PHMSR. *alt.* siet BDPSR, sicet V, et HM

sumo, sumps-, sumpt-: 2, 4, 9 sumserunt B¹ R, -mps- B³ *cet.* (5, 16, 2 -msit R. 7, 3, 21 -msit D) – 4, 14, 20 adsumsit R – 1, 7, 12 consumtis R, -matis DVP, -mptis B *cet.* (10, 10 -msit B, -mtis R¹, -mpsit R² *cet.* 3, 30, 2 -sūta G) – 2, 5, 31 adsumtione R, -mpt- B *cet.* (4, 1, 8 -sumtione R *uar. l.* 7, 2, 3 -sumt- HM, -mpt- BDP)

superl. -rimus *pro* -rissimus: 2, 5, 1 clarimum B¹, -rissimum B² *cet.* (*ut* B *cet.* 1, 9, 1. al.) – -limus *pro* -lissimus: 7, 24, 15 tranquillimam B¹, -linam HM, -lissima(m) B³ DPS

superuacaneus: 6, 12, 27 superuacuaneam B³ DVP, -uacaneam B¹ HMR (*alias 20ies* superuacuus)

supp-: *sic fere nisi:* 5, 9, 16 subponant VHM (6, 15, 10 subpon- BHM). 6, 5, 7 subpetant DVP

sursum: 2, 1, 16 susum P *bis*. 7, 21, 4 susum HM

sustuli: 1, 14, 9 substul- HM (B *deest*). 5, 14, 4 substul- KS

t *pro* d *final.*: 2, 3, 14 aliquit B (10, 6. 3, 17, 27. 20, 9. 24, 2. al.
3, 29, 3 BG [30, 2]. 9 -it B, -id G) / 1, 8, 3 -id B (11, 11.
3, 30, 6. al.) − 1, 20, 21 aliut B ([G *inc.*]. 2, 5, 16. 6, 6. al.
3, 29, 12 aliut BG [4, 10, 4. 5, 14, 11. 6, 11, 1]) / 3, 2, 7 *pr.*
aliud B[pc], aliut B[ac] G (3, 3, 5.), *alt.* aliut B, *om.* G. 3, 12, 18
aliud *ex* -t B (19, 3 d *ex* t B, -t G. 6, 15, 15 -d B, -t R) −
1, 6, 17 aput B (7, 4. 18, 11 BR[ac]. 22, 1. al. 2, 5, 7 BG. 7, 9
BGP[1]) / 1, 21, 2 apud (d *ex* t *ut* 2, 16, 19 [-t G]) B (1, 21, 21
-d B, -t R. 4, 11, 16 -d B, -t G) − 4, 8, 13 dauit B (14, 1) −
3, 13, 10 haut B (5, 10, 8) − 1, 5, 10 illut B (7, 4. 9, 7. 10, 12.
11, 30. al.; 2, 2, 10 BG [3, 30, 4. 5, 10, 7]. 2, 10, 16 B, -d G) /
1, 11, 31 illud B (4, 1, 7 -t B[ac] G, -d B[pc] *cet.*) − 2, 1, 13 istut
BG (5, 13, 19 BGR) − 1, 21, 29 ne quit B ([5, 17, 21]. 5, 9, 22
si quit B. 13, 19 si quit G) − 1, 9, 8 set B (*raro.* 6, 17, 11 *ex* et
B[3] [7, 22, 3 B[2]]; *u. ad* 6, 9, 12 et. 21, 10 ut)

tantopere: 1, 1, 3 tanto op- MR (B *deest*). 2, 1, 2 -to op- BP.
2, 14 -to op- R, -top- B *cet.* 6, 12 -top- PKS, -to op- B *cet.*

temporarius: 2, 12, 21 temporalia P[ac], -ralis HM, -raria P[pc] *cet.*
6, 4, 12 -ralia BGHMR, -raria DVP, -ra S (K *deest*). 14, 6
-rariae *codd.* 21, 12 -ralia HMR, -ra B[1], -raria B[3] GDVP

tempto: 4, 16, 8 (Vet. Lat.) temtemus KSR[1], tempt- R[2] *cet.*
6, 13, 1 temtari GR, -mpt- B *cet.*

th *pro* t: 1, 9, 11 oetheo B. 11, 58 athlantis DVPHMR[2] (h *s.l.,* B
deest). 18, 5 thoros VP (D *deest*). 2, 7, 20 thiberio ... athinio
HM. 7, 24, 5 cathenis B − t *pro* th: 1, 11, 59 tybris PHMKS
(B *deest*). 21, 8 tiryntius BKS. 22, 15 chiteron B. 4, 30, 11
catolica B / 13 catholicam B. 5, 10, 16 teatris HM[ac]

thesaurus: 2, 7, 18 tensauro B, thens- HM, thes- P (s *sup. 2 litt.
eras.*) *cet.* 4, 2, 3 tens- B, thens- P[1] HMR (n *exp.*), thes- P[3]
cet. 12, 18 tens- B, thens- GP[ac] H[2] R[ac], thes- P[pc] H[1] R[pc] *cet.*
6, 12, 35 thens- B. 17, 19 tens- B. / 7, 6, 8 thesauro BDPKS,
thens- HM. 27, 1 thens- B[3] P, thes- B[1] *cet.*

ti *pro* ci *saepe inde a saec. IX, e. g.*: 2, 4, 31 prouintia R. 3, 1, 3
mendatium DM (6, 3, 17 DMS). 27, 14 aspitiat M. 28, 3 spetiae VP[ac]. 4, 27, 12 pertitus D. 5, 23, 4 uoratibus V. 7, 5, 13

conditionem B^1, -dicio- B^3. 11, 8 dissotiare D – ci *pro* ti: 4, 17, 8 prepucium P (14 P^2 *s.l.*). 5, 3, 9 domicianus DVP. 11, 4 sacietatem D

tormenta, ae: *u. adn. crit.* 4, 16, 9

trames: 5, 18, 11 trames *codd.* (*aliter* HM). 7, 1, 20 -mis B, -mes *cet.*

trans- / tra-: 1, 11, 20 tranasse / 21 transnatasse: *u. adn. crit.* – traduco: trad- *codd.* (*nisi* transd- HM 4, 8, 11. 5, 1, 8) – 4, 10, 7 transiecit B, traie- *cet.* (G *non legitur*)

trismegistus: 2, 8, 48 trismegesto B (12, 4. 14, 6 [*m.2 ex* -git-]. 4, 6, 3) / 2, 15, 8 -gist- B (4, 6, 9. 13, 2. al.)

u *pro* b: 2, 12, 20 tractauimus $B^1 DV^1$, -abi- $B^3 V^2$ *cet.* (*sic 'perf. pro fut.' saepe, e. g.* 3, 3, 10 disputauit BDV^{ac}. 4, 18, 22 sperauimus $B^1 DVR^1$. 5, 19, 19 damnauit $B^1 D^{ac}$ AKS. 6, 12, 30 inpleuimus B. 18, 19 excitauit B^1 GR; *cf.* 3, 4, 4 dauimus B. 5, 12, 10 pendeuit G. 6, 3, 5 doceuimus B^1). 3, 17, 38 nouissime B, nobis sine G *cet.* 4, 12, 19 transiuit G, -ibit *cet.* 21, 4 aceruissime B^1 DVPHM, acerbi- B^2 KSR (26, 18 aceruitates $B^1 D^{ac}$ V, -rbi- $B^3 D^{pc}$ *cet.* 5, 1, 14 -rui- $B^1 D^{ac} V^{ac} HM^{ac}$, -rbi- B^3 *cet.* 28 -rui- B^1 DVPH, -rbi- B^2 AMKSR. al. / 5, 3, 3 acerua D^1 VH, -rba BD^2 *cet.*). 4, 26, 11 lauibus D^{ac} V (7, 22, 8 laue M). 6, 2, 4 heuetatos B^1 (7, 3, 26 heuetes B^1). 3, 3 *bis* laui B^1, labi B^3 (17, 13 lauetur B^1). 11, 23 ureuis B^{ac}. 12, 20 auicientium B^1. 15, 4 liuidinis B^1 (20, 31). 16, 8 prabum *ut uid.* B^{ac}. 19, 6 prouitatem B^1. 20, 2 uiuendi B. 7, 13, 1 uocauo B^1 – 4, 10, 12 bouis] uobis G

u *pro* o: 3, 17, 5 pulenta HM. 4, 10, 10 cuturnices G, cot- B *cet.*

ualetudo: 3, 8, 17 ualitudo DVP, -let- B *cet.* 6, 24, 16 -lit- $BD^2 P^2$, -let- $D^1 P^1$ *cet.* 24 -lit- BP^2, -let- P^1 *cet.*

ueridicus: 3, 1, 16 ueredicos BP^3, -rid- P^1 *cet.* 7, 1, 10 uiridicus B^1, uered- P^3, uerid- $B^3 P^1$ *cet.* 27, 6 uiridicis B, uered- P, uerid- *cet.*

uinculum: *sic fere; nota*: 1, 14, 10 uincla R. 4, 20, 12 -clis HM (13). 5, 22, 14 -cula BD, -culaque P, -cla *cet.*

umerus: *sic nisi* 1, 21, 17 humeris DVPKS (46 hum- D^2 [*ex* um-] P^{ar} KS). 4, 12, 10 humeros HMKS (*ex* -rum)

umor: 1, 5, 16 umore B¹ (-em) MKR¹, hum- B³ DVPWSR².
2, 9, 2 umore BPHMR, hum- DV. 15 hum- B² DV, um- B¹
cet. 16. 19. al. − 2, 8, 62 umida B¹ PHMR, hum- B² DV.
9, 20 umidus B¹ GPHM, hum- B² DV

unanimis: 3, 21, 8 unanimes R, una *cet.* 4, 29, 8 unianimes
BDV, unan- *cet.*

unguo: 4, 7, 7 ungui BPKS, ungi DVHM, unci R − 4, 7, 6 per-
ungui BPKS, -ungi *cet.* − 2, 4, 15 ungenta HMR, -guenta *cet.*
(4, 7, 6 -gentum V^{ac} MR. 6 -genti HMR. 6, 22, 1 -gentis R)

uoluntas / uoluptas: 2, 5, 13 uolunptates B^{ar} (G *inc.*). 3, 9, 12
-lumtatis G. 4, 26, 20 -lumptatibus D^{ac} V, -lupt- V^{pc} *cet.*
29, 13 -lunptas, n *eras.* B, -lun- *cet.* 6, 4, 20 -lumptati B^{ar}
(20, 10. 21, 1)

urg(u)eo: 3, 13, 14 urguere BDVP¹, -gere P³ HMR. 4, 15, 20
urguente DVPR, urge- BHMS (K *deest*). 7, 21, 4 urguetur
BD, urge- PHMKS

perf. -xi- scribitur: 1, 7, 13 instrucsit B¹, *corr.* B². 2, 7, 19 ex-
tincsit B¹ (*corr. B²*, G *inc.*), -cxit DP (4, 21, 5 -ncxit DHM).
4, 13, 9 uncxit DM. 28, 12 constrincxit D. 5, 6, 3 sancserunt
B¹, saxe- D^{ac} V¹, sanxe- B² D^{pc} V² *cet.* (16, 3 sancsisse B,
-ncxisse D^{ac} PM, -nxisse D^{pc} *cet.* 6, 9, 3 sanxsit B. 10, 23
sancserint B¹, -ncxe- D, -nxe- B² *cet.*). 6, 4, 24 obstrucsit B¹,
-uxi- B² G *cet.* 8, 6 depincsit B¹, *corr.* B³. 9, 15 aspecserit
B¹. 7, 27, 5 distincxit B − *u. et* fingo

xs *pro* x: 2, 10, 20 contexsat B^{ar}. 12, 1 sexsus B¹, sexus B³ *cet.*
(6, 5, 16 D). 4, 16, 16 uexsatione V^{ar} − 5, 20, 3 (Cic.) fassit
B¹, facsit DVM, faxsit H, faxit B³ *cet.* − *u. et* exs-

cx *pro* x: 6, 12, 35 fluxum *ex* flucxum B³

Bei Fragen zur Produktsicherheit wenden Sie sich bitte an:
If you have any questions regarding product safety,
please contact:

Walter de Gruyter GmbH
Genthiner Straße 13
10785 Berlin
productsafety@degruyterbrill.com